汽车性能建模与仿真

崔胜民 编著

化学工业出版社
·北京·

内 容 简 介

本书全面系统地介绍了汽车动力性、汽车燃料经济性、汽车制动性、汽车操纵稳定性和汽车平顺性的评价指标、建模与仿真，以及汽车先进驾驶辅助系统的建模与仿真。该书以汽车性能建模与仿真为主线，以工程应用为背景，内容编排新颖，实用性强，反映了现代汽车设计所涉及的理论内容和仿真技术。

本书可作为高等学校车辆工程专业本科生和研究生的参考教材，也可供工程领域的工程技术和研究人员参考。

图书在版编目（CIP）数据

汽车性能建模与仿真/崔胜民编著.—北京：化学工业出版社，2021.3(2023.4重印)
ISBN 978-7-122-38168-2

Ⅰ.①汽… Ⅱ.①崔… Ⅲ.①汽车-性能检测-系统建模②汽车-性能检测-系统仿真 Ⅳ.①U472.9

中国版本图书馆 CIP 数据核字（2020）第 243241 号

责任编辑：陈景薇　　　　　　　　　　文字编辑：冯国庆
责任校对：刘　颖　　　　　　　　　　装帧设计：王晓宇

出版发行：化学工业出版社（北京市东城区青年湖南街13号　邮政编码100011）
印　　装：涿州市般润文化传播有限公司
710mm×1000mm　1/16　印张19　字数341千字　2023年4月北京第1版第2次印刷

购书咨询：010-64518888　　　　　　　售后服务：010-64518899
网　　址：http://www.cip.com.cn
凡购买本书，如有缺损质量问题，本社销售中心负责调换。

定　价：69.00元　　　　　　　　　　　　　　　版权所有　违者必究

前言

在汽车产品开发初期，就要对汽车性能进行分析和评价，掌握现代汽车性能仿真技术，可以缩短产品开发周期，降低产品开发成本，提高汽车性能。汽车性能建模与仿真已经成为所有车辆工程专业的学生和车辆工程领域的科技人员必须掌握的基本专业知识及基本专业技能。

本书全面系统地介绍了汽车性能建模与仿真技术。全书共分六章：第一章介绍了汽车动力性评价指标、汽车动力性建模与仿真、自动变速汽车动力性评价指标、电动汽车动力性建模与仿真；第二章介绍了汽车燃料经济性评价指标、汽车燃料经济性建模与仿真、电动汽车经济性评价指标、电动汽车经济性建模与仿真；第三章介绍了汽车制动性评价指标、汽车制动性建模与仿真、汽车防抱死制动系统建模与仿真；第四章介绍了汽车操纵稳定性评价指标、轮胎动力学建模与仿真、汽车操纵稳定性建模与仿真；第五章介绍了汽车平顺性评价指标、汽车路面输入建模与仿真、汽车平顺性建模与仿真；第六章介绍了车道保持辅助系统建模与仿真、自动紧急制动系统建模与仿真、自适应巡航控制系统建模与仿真、路径跟踪系统建模与仿真。其中仿真主要采用 MATLAB/Simulink 建模方法，重点采用 Simulink 建立了 40 个汽车性能仿真模型，这些仿真模型通过下载可直接使用。通过大量的仿真训练，可以提高实践能力。

由于笔者水平有限，书中难免存在不足之处，恳切希望广大读者批评指正。

编著者

目录

第一章 汽车动力性建模与仿真

第一节 汽车动力性评价指标 …………………………………… 1
第二节 汽车动力性建模 ………………………………………… 3
第三节 汽车动力性仿真 ………………………………………… 14
第四节 自动变速汽车动力性评价指标 ………………………… 26
第五节 电动汽车动力性建模 …………………………………… 32
第六节 电动汽车动力性仿真 …………………………………… 34

第二章 汽车燃料经济性建模与仿真

第一节 汽车燃料经济性评价指标 ……………………………… 40
第二节 汽车燃料经济性建模 …………………………………… 44
第三节 汽车燃料经济性仿真 …………………………………… 49
第四节 电动汽车经济性评价指标 ……………………………… 58
第五节 电动汽车经济性建模 …………………………………… 62
第六节 电动汽车经济性仿真 …………………………………… 65

第三章 汽车制动性建模与仿真

第一节 汽车制动性评价指标 …………………………………… 86
第二节 汽车制动性建模 ………………………………………… 87
第三节 汽车制动性能仿真 ……………………………………… 101
第四节 汽车防抱死制动系统建模 ……………………………… 110
第五节 汽车防抱死制动系统仿真 ……………………………… 112

第四章 汽车操纵稳定性建模与仿真

第一节 汽车操纵稳定性评价指标 ……………………………… 119
第二节 轮胎动力学建模 ………………………………………… 131
第三节 轮胎动力学仿真 ………………………………………… 139
第四节 汽车操纵稳定性建模 …………………………………… 149
第五节 汽车操纵稳定性仿真 …………………………………… 155

第五章　汽车平顺性建模与仿真

第一节　汽车平顺性评价指标 …………………………………… 182
第二节　汽车路面输入建模 ……………………………………… 187
第三节　汽车路面输入仿真 ……………………………………… 189
第四节　汽车平顺性建模 ………………………………………… 191
第五节　汽车平顺性仿真 ………………………………………… 213

第六章　汽车先进驾驶辅助系统建模与仿真

第一节　车道保持辅助系统建模与仿真 ………………………… 229
第二节　自动紧急制动系统建模与仿真 ………………………… 247
第三节　自适应巡航控制系统建模与仿真 ……………………… 258
第四节　路径跟踪系统建模与仿真 ……………………………… 275

附录　Simulink 常用模块

参考文献

扫描二维码，下载附赠资料。

1. 模型图

模型图名称	模型图内容	页码
T1_9	基于汽车驱动力-行驶阻力平衡图的汽车动力性仿真模型	16
T1_17	基于汽车动力特性图的汽车动力性仿真模型	21
T1_21	基于汽车功率平衡图的汽车动力性仿真模型	24
T1_35	电动汽车动力性仿真模型	35
T2_9	等速工况百公里能量消耗量仿真模型	66
T2_11	循环工况百公里能量消耗量仿真模型	67
T2_12	等速行驶工况电动汽车续驶里程仿真模型	71
T2_20	循环工况电动汽车续驶里程仿真模型	77
T3_11	汽车制动力分配仿真模型	102
T3_13	汽车利用附着系数仿真模型	104
T3_15	汽车制动效率仿真模型	106
T3_17	制动初速度对汽车制动距离影响的仿真模型	107
T3_19	附着系数对汽车制动距离的影响仿真模型	109
T3_22	汽车 ABS 仿真模型	113
T4_14	自由滚动轮胎侧偏特性仿真模型	139
T4_21	基于魔术公式的轮胎动力学仿真模型	143
T4_32	汽车横摆角速度增益仿真模型	156
T4_34	汽车前、后轮侧偏角之差仿真模型	157
T4_36	汽车转向半径比值仿真模型	158
T4_38	汽车稳定性因数和静态储备系数仿真模型	159
T4_39	两轮转向汽车瞬态响应时域特性仿真模型	160
T4_43	汽车横摆角速度传递函数系数仿真模型	163
T4_45	不同速度下的汽车横摆角速度传递函数仿真模型	164
T4_47	不同轮胎侧偏刚度下的汽车横摆角速度传递函数仿真模型	165
T4_49	不同转动惯量下的汽车横摆角速度传递函数仿真模型	166
T4_51	四轮转向汽车操纵稳定性仿真模型	167
T4_54	前轮转向和四轮转向的汽车操纵稳定性仿真模型	170
T4_58	六轮转向汽车稳态横摆角速度增益仿真模型	176

续表

模型图名称	模型图内容	页码
T4_60	六轮转向汽车时域特性仿真模型	177
T5_2	汽车路面输入时域特性仿真模型	190
T5_15	1/4 被动悬架汽车平顺性仿真模型	214
T5_22	汽车半主动悬架最优控制仿真模型	219
T5_27	1/2 被动悬架汽车平顺性仿真模型	223
T6_4	基于模型预测控制的车道保持辅助系统仿真模型	232
T6_14	车道保持辅助系统测试平台	239
T6_27	自动紧急制动系统测试平台	249
T6_47	基于模型预测控制的自适应巡航控制系统仿真模型	262
T6_55	自适应巡航控制系统测试平台	268
T6_65	基于非线性模型预测控制的路径跟踪系统仿真模型	277
T6_76	路径跟踪系统测试平台	284

2. 彩色图

图号	图片内容	页码
图 4-46	不同速度下的汽车横摆角速度频域特性曲线	165
图 4-48	不同轮胎侧偏刚度下的汽车横摆角速度频域特性曲线	165
图 4-50	不同转动惯量下的汽车横摆角速度频域特性曲线	166
图 6-23	车道保持辅助系统动态仿真	246
图 6-24	两种驾驶路径的比较	246
图 6-40	AEB 测试的驾驶场景	257
图 6-41	AEB 的仿真结果	257
图 6-42	仪表板状态	258

3. MATLAB 程序代码

第一章
汽车动力性建模与仿真

汽车动力性是指汽车在良好路面上直线行驶时，由汽车受到的纵向外力决定的、所能达到的平均行驶速度。

第一节　汽车动力性评价指标

汽车动力性评价指标分为未用汽车的动力性评价指标和在用汽车的动力性评价指标。未用汽车的动力性评价指标主要有汽车最高车速、汽车加速能力和汽车爬坡能力，它们是通过道路试验按规定方法测试出来的，主要用于汽车定型；在用汽车的动力性评价指标主要是汽车驱动轮输出功率，是通过台架试验按规定方法测试出来，主要用于评价汽车动力性的变化，保障汽车处于良好技术状态。本书的汽车动力性评价指标主要是指未用汽车的动力性评价指标，即汽车最高车速、汽车加速能力和汽车爬坡能力，这些汽车动力性评价指标在汽车设计时必须满足要求。

1. 汽车最高车速

汽车最高车速是指汽车在水平良好路面（混凝土或沥青）上，汽车能达到的最高行驶速度，它表示汽车的极限行驶能力。此时变速器处于最高挡，发动机节气门全开（汽油机）或高压油泵处于最大供油位置（柴油机）。汽车最高车速主要取决于发动机和传动系统的配置。一般来说，在其他配置相同的前提下，发动机排量越大，汽车最高车速越高；手动挡汽车比自动挡汽车的最高车速更高；车身越小，汽车最高车速越高。

发动机排量为 2.0~2.5L 的中型轿车，它们的最高车速一般在 200km/h 左右；发动机排量为 1.6L 的紧凑型轿车，它们的最高车速一般在 180km/h 左右。同一级别汽车的最高车速差别不大，但不同级别汽车的最高车速差别较大，这主要与发动机和变速器的配置有关。

2. 汽车加速能力

汽车加速能力是指汽车在水平良好路面上所能达到的最大加速度，常用汽车加速时间来表示，它对平均行驶车速有很大影响。加速时间又分为原地起步加速时间与超车加速时间。

（1）原地起步加速时间　原地起步加速时间是指汽车从静止状态下，由1挡或2挡起步，并以最大的加速强度（包括选择最恰当的换挡时机）逐步换至高挡后，达到某一预定的距离或车速所需的时间。一般用0～100km/h所需的时间来表明汽车原地起步加速能力。

（2）超车加速时间　超车加速时间是用最高挡或次高挡由某一较低车速全力加速至某一高速所需要的时间。汽车加速时间越短，其加速能力越好。常用汽车加速过程曲线，即车速-时间关系曲线来全面反映汽车的加速能力。

加速能力是轿车的重要指标之一，是跑车追求的重要参数，0～100km/h的加速时间在逐渐缩短。发动机排量为2.0～2.5L的中型轿车，0～100km/h的加速时间一般都在10s之内；发动机排量为1.6L的紧凑型轿车，0～100km/h的加速时间一般在10～13s之间；对于跑车，0～100km/h的加速时间一般在5s左右。

3. 汽车爬坡能力

汽车爬坡能力是指汽车满载时在良好路面上等速行驶能爬上的最大坡度，简称最大爬坡度。汽车爬坡能力可用坡度的角度值［以（°）表示］或以坡高与其水平距离之比（％）来表示。汽车变速器挡位不同，爬坡能力也不同。通常是指汽车变速器最低挡的最大爬坡能力，它代表了汽车的极限爬坡能力，它应比实际行驶中遇到的道路最大爬坡度超出很多。这是因为考虑到在坡道上停车后，顺利起步加速、克服松软坡道路面的大阻力等要求的缘故。

轿车的最高车速高，发动机功率大，经常在较好的路面上行驶，一般不强调它的最大爬坡度；货车在各种路面上行驶，要求它具有足够的爬坡度，一般为30％即16.5°左右。最大爬坡度对于越野汽车是一个极为重要的参数，这个参数数值的高低，在表征汽车爬坡能力高低的同时，也可以说是界定越野汽车和非越野汽车的一个重要指标。业界通常认为只有最大爬坡度不小于57.73％（30°）的汽车才称得上是真正的越野汽车。

第二节　汽车动力性建模

汽车动力性建模与汽车动力性分析方法密切相关。汽车动力性分析方法主要有汽车驱动力-行驶阻力平衡图、汽车动力特性图、汽车功率平衡图和解析法。

一、汽车驱动力-行驶阻力平衡图

汽车驱动力-行驶阻力平衡图是利用图解法分析汽车行驶方程式，从而确定汽车动力性评价指标。

1. 汽车驱动力

汽车驱动力是由发动机的转矩经传动系统传至驱动轮上得到的。汽车驱动力与发动机转矩之间的关系为

$$F_{t}=\frac{T_{tq}i_{t}\eta_{t}}{R} \tag{1-1}$$

式中，F_t 为汽车驱动力；T_{tq} 为发动机转矩；i_t 为传动系统的总传动比；η_t 为传动系统效率；R 为车轮半径。

（1）发动机转矩　发动机转矩与转速之间的关系是进行汽车动力性仿真的主要依据，可由发动机台架试验来测定。发动机台架试验所得到的一系列发动机转速与转矩的离散数据点，用 MATLAB 进行多项式曲线拟合，即

$$T_{tq}=a_0+a_1 n+a_2 n^2+\cdots+a_k n^k \tag{1-2}$$

式中，a_0、a_1、a_2、a_k 为待拟合系数；拟合阶数 k 随特性曲线而异，一般在 2~5 中选取；n 为发动机转速。

（2）传动系统的总传动比　汽车传动系统的总传动比与动力传递路线有关，也就是与汽车动力传动系统布置形式有关。四轮汽车传动系统常见布置形式主要有 4×2 后驱、4×2 前驱和 4×4 全驱。对于 4×2 汽车，传动系统总的传动比等于变速器传动比和主减速器传动比的乘积；对于 4×4 全驱汽车，传动系统的总传动比等于变速器传动比、分动器传动比和主减速器传动比的乘积；对于载重货车、大型客车、越野汽车及其他一些大型工矿用车，如果有轮边减速器，还要考虑轮边减速器的传动比。

（3）传动系统效率　传动系统效率是指驱动轮上的功率与发动机发出的功率之比。汽车传动系统效率受多种因素的影响而不断变化，但对汽车进行一般动力性分析时可将它视为常数。轿车传动系统效率取 0.9~0.92；单级主减速

器的货车取 0.9；双级主减速器的货车取 0.85；4×4 汽车取 0.85；6×6 汽车取 0.8；越野汽车取 0.8~0.85。

（4）车轮半径　车轮半径分为自由半径、静力半径和滚动半径。车轮无载荷时的半径称为自由半径；车轮静止不动时，车轮中心至轮胎与道路接触面之间的距离称为静力半径；车轮运转时，汽车运行速度与车轮角速度的比值称为车轮滚动半径。在一般的分析中常不计它们的差别，统称为车轮半径，常用轮胎滚动半径来表示。汽车常用轮胎滚动半径见表 1-1。

表 1-1　汽车常用轮胎滚动半径

轮胎规格	滚动半径/m	轮胎规格	滚动半径/m
6.50R15LT	0.355	185R14LT	0.318
6.50R16LT	0.360	145/70R12	0.247
9.00R20	0.484	155/80R12	0.268
10.00R20	0.500	165/70R13	0.273
11.00R20	0.512	175/70R13	0.280
12.00R20	0.531	185/60R14	0.281
145R12LT	0.262	185/70R13	0.286
155R12LT	0.267	195/75R14	0.315
155R13LT	0.278	215/70R14	0.319
175R13LT	0.290	215/70R15	0.332

2. 汽车行驶阻力

汽车行驶过程中受到的阻力主要有滚动阻力、空气阻力、坡度阻力和加速阻力。

（1）滚动阻力　滚动阻力是指轮胎行驶单位距离的能量损失，主要是由轮胎和路面的变形引起的。当轮胎在坚硬的路面上滚动时，路面的变形很小，主要是轮胎的变形；当轮胎在松软的路面上滚动时，轮胎的变形很小，主要是路面的变形。汽车滚动阻力为

$$F_f = mgf\cos\alpha_G \tag{1-3}$$

式中，F_f 为汽车滚动阻力；m 为汽车质量；f 为滚动阻力系数；α_G 为坡度角。

滚动阻力系数是指滚动阻力与轮胎试验载荷的比值，通常用于表示轮胎滚动阻力的大小，它不仅与轮胎结构有关，还和轮胎载荷、气压、行驶速度等使用因素有关，可通过试验确定。表 1-2 列出了汽车在不同路面上以中、低速行驶时的滚动阻力系数值。滚动阻力系数主要受路面的种类和状态影响。

表 1-2　汽车在不同路面上以中、低速行驶时的滚动阻力系数

路面类型	路面状态	滚动阻力系数
沥青或混凝土路面	良好	0.010~0.018
	一般	0.018~0.020
碎石路面	干燥	0.020~0.025
坑洼的卵石路面	干燥	0.035~0.050
压实土路	干燥	0.025~0.035
	潮湿	0.050~0.150
	泥泞	0.100~0.250
沙路	干燥	0.100~0.300
	潮湿	0.060~0.150
雪路	压实	0.030~0.050
冰路面	气温在零下状态	0.015~0.030

滚动阻力系数随汽车行驶速度的增高而增大,但变化规律十分复杂。仿真时,经常假设滚动阻力系数为一个常数。严格来说,在进行汽车动力性仿真时,滚动阻力系数应由试验给出。

汽车轮胎的发展趋势是低滚动阻力,低滚动阻力轮胎的滚动阻力系数要小于 0.01。

(2) 空气阻力　空气阻力指汽车直线行驶时受到的空气作用力在行驶方向上的分力,它不仅与行驶速度有关,还与汽车迎风面积、空气阻力系数有关。汽车空气阻力为

$$F_w = \frac{C_D A u^2}{21.15} \qquad (1\text{-}4)$$

式中,F_w 为汽车空气阻力;C_D 为空气阻力系数;A 为汽车迎风面积;u 为汽车行驶速度。

为了降低汽车空气阻力,设计时必须降低空气阻力系数。空气阻力系数与汽车造型有很大关系,各大汽车公司都致力于降低空气阻力系数,以达到提高汽车动力性和燃料经济性的目的。

汽车空气阻力系数值的测试方法是进行风洞试验,用汽车原型或汽车模型在风洞中进行空气阻力系数的测试。目前,轿车的空气阻力系数一般在 0.25~0.35 之间。

(3) 坡度阻力　汽车上坡行驶时,汽车重力沿坡道的分力称为坡度阻力。汽车坡度阻力为

$$F_i = mg \sin\alpha_G \qquad (1\text{-}5)$$

式中，F_i 为汽车坡度阻力。

（4）加速阻力　汽车加速阻力是指汽车加速行驶时，需要克服其质量加速运行时的惯性力。汽车加速阻力为

$$F_j = \delta m a_j \tag{1-6}$$

式中，F_j 为汽车加速阻力；δ 为汽车旋转质量换算系数；a_j 为汽车行驶加速度。

汽车旋转质量换算系数主要与飞轮、车轮的转动惯量以及传动系统的传动比有关，对于某一具体汽车，汽车旋转质量换算系数只与变速器挡位变化有关。汽车旋转质量换算系数为

$$\delta = 1 + \delta_1 + \delta_2 i_g^2 \tag{1-7}$$

式中，δ_1 为与车型有关的系数，轿车 $\delta_1 = 0.05 \sim 0.07$，货车 $\delta_1 = 0.04 \sim 0.05$；$\delta_2$ 为系数，一般取 $0.03 \sim 0.05$；i_g 为变速器传动比。

3. 汽车行驶方程式

汽车行驶过程中，驱动力和各种阻力之和的等式称为汽车行驶方程式，即

$$F_t = F_f + F_w + F_i + F_j \tag{1-8}$$

或

$$\frac{T_{tq} i_t \eta_t}{R} = mgf\cos\alpha_G + \frac{C_D A u^2}{21.15} + mg\sin\alpha_G + \delta m a_j \tag{1-9}$$

汽车行驶方程式表明了汽车直线行驶时驱动力与各种行驶阻力之间的数量关系，但有些力并不表示真正作用于汽车上的外力，如滚动阻力。

4. 绘制汽车驱动力-行驶阻力平衡图

汽车的行驶速度 u 与发动机转速 n 之间的关系为

$$u = \frac{0.377 R n}{i_t} \tag{1-10}$$

根据式(1-1)和式(1-10)分别计算出变速器处于各挡位、不同发动机转速时的驱动力和行驶速度，利用 MATLAB 绘制出汽车驱动力-速度曲线图。再根据式(1-3)和式(1-4)计算汽车滚动阻力和空气阻力，并把它们之和与速度的关系绘制在汽车行驶阻力-速度曲线图中，可以得到汽车驱动力-行驶阻力平衡图。如图 1-1 所示为某五挡汽车驱动力-行驶阻力平衡图。

5. 根据汽车驱动力-行驶阻力平衡图求汽车动力性评价指标

（1）汽车最高车速　当汽车驱动力与行驶阻力平衡时，即汽车驱动力曲线与行驶阻力曲线有交点时，交点所对应的车速就是汽车的最高车速，如图 1-2(a) 所示，第四挡驱动力曲线与行驶阻力曲线的交点对应的车速 88km/h 就是最高车速。当车速低于最高车速时，驱动力大于行驶阻力，汽

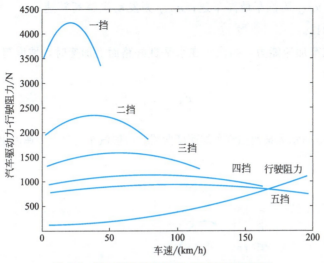

图 1-1 某五挡汽车驱动力-行驶阻力平衡图

车就可以利用剩余驱动力进行加速或爬坡。当需要在低于最高车速的某一车速（如 60km/h）等速行驶时，驾驶员可以减小节气门开度，发动机只用部分负荷特性工作，相应地得到图 1-2(a) 虚线所示驱动力曲线，驱动力和行驶阻力得到新的平衡。

当汽车驱动力始终大于行驶阻力时，即驱动力曲线与行驶阻力曲线没有交点，如图 1-2(b) 所示，汽车的最高车速由发动机的最高转速决定，即

$$u_{\max} = \frac{0.377 R n_{\max}}{i_{t_{\min}}} \quad (1\text{-}11)$$

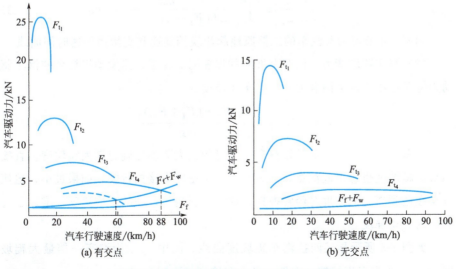

图 1-2 某四挡汽车驱动力-行驶阻力平衡图

式中，u_{max} 为汽车最高车速；n_{max} 为发动机最高转速；$i_{t_{min}}$ 为传动系统的最小传动比。

(2) 汽车加速能力　当汽车在水平良好路面上加速时，坡度阻力为零，汽车加速度为

$$a_j = \frac{F_t - (F_f + F_w)}{\delta m} \tag{1-12}$$

如图 1-3 所示为某四挡汽车加速度曲线。一般汽车的最大加速度出现在一挡。

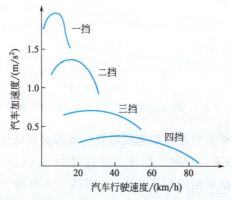

图 1-3　某四挡汽车加速度曲线

原地起步加速时间和超车加速时间可以通过对加速度倒数曲线进行积分获得。加速过程中假设均在最佳换挡位置进行换挡，换挡过程花费时间忽略不计。汽车由某一车速 u_1 加速到某一较高车速 u_2 所需要的时间为

$$t = \int_0^t dt = \int_{u_1}^{u_2} \frac{1}{a_j} du = \int_{u_1}^{u_2} \frac{\delta m}{3.6[F_t - (F_f + F_w)]} du \tag{1-13}$$

如图 1-4 所示为某汽车的二挡原地起步换挡加速和直接挡加速时间曲线。

(3) 汽车爬坡能力　汽车爬坡时的加速阻力为零。当发动机提供的汽车驱动力等于或小于地面附着力时，汽车爬坡度为

$$i_\alpha = \tan\left[\arcsin\frac{F_t - (F_f + F_w)}{mg}\right] \tag{1-14}$$

汽车最大爬坡度一般是按汽车一挡时的最大驱动力确定最大爬坡度。直接挡最大爬坡度也应引起注意，因为汽车经常是以直接挡行驶，如果过小，迫使汽车在遇到较小的坡度时经常换挡，这样就影响了行驶的平均速度，增加了驾驶员的劳动强度。

如图 1-5 所示是某四挡汽车爬坡度曲线。图中 i_{max} 为汽车一挡最大爬坡度；i_{0max} 为汽车直接挡（四挡）最大爬坡度。

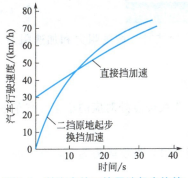

图1-4 某汽车的二挡原地起步换挡加速和直接挡加速时间曲线

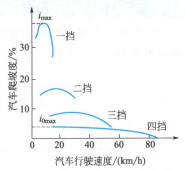

图1-5 某四挡汽车爬坡度曲线

二、汽车动力特性图

1. 汽车动力因数

利用汽车驱动力-行驶阻力平衡图可以确定汽车的动力性,但不能用来直接评价不同种类汽车的动力性。因为汽车种类不同,其质量或外形不同,因此各行驶阻力也不同,也就是说,即使驱动力相近的汽车,其动力性也不相近。所以表征汽车动力性的指标应该是一种既考虑驱动力,又包含汽车自重和空气阻力在内的综合性参数。

通常把汽车动力因数作为表征汽车动力特性的指标,汽车动力因数为

$$D = \frac{F_t - F_w}{mg} = \phi + \delta \frac{a_j}{g} \tag{1-15}$$

式中, $\phi = f\cos\alpha_G + \sin\alpha_G$,为道路阻力系数。

汽车动力因数是表示单位车重所具有的克服道路阻力和加速阻力的能力。无论汽车自重等参数有何不同,只要有相等的汽车动力因数,便能克服同样的坡度和产生同样的加速度。

2. 绘制汽车动力特性图

利用汽车驱动力和空气阻力,计算出各挡动力因数并作出汽车动力因数-速度关系曲线,称为汽车动力特性图。再将汽车滚动阻力系数绘制在汽车动力特性图上,就可以方便地分析汽车动力性。如图1-6所示为某四挡汽车动力特性图。

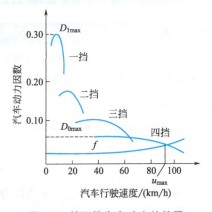

图1-6 某四挡汽车动力特性图

3. 根据汽车动力特性图求汽车动力性评价指标

（1）汽车最高车速　汽车以最高车速行驶时，坡度阻力和加速阻力为零，汽车动力因数为

$$D = f \tag{1-16}$$

高速挡动力因数曲线与滚动阻力系数曲线交点处对应的车速为汽车最高车速。此时滚动阻力系数一般是速度的函数。

（2）汽车加速能力　评定汽车加速能力时，坡度阻力为零，汽车加速度为

$$a_j = \frac{g}{\delta}(D - f) \tag{1-17}$$

因此，在汽车动力特性图上，D 曲线与 f 曲线之间距离的 g/δ 倍，就是汽车各挡的加速度。只要能确定汽车各挡位下的旋转质量换算系数，就可以绘制出汽车加速度图。

（3）汽车爬坡能力　汽车以各挡爬最大坡度时，加速度为零，汽车动力因数为

$$D = f\cos\alpha_G + \sin\alpha_G \tag{1-18}$$

坡度角约为

$$\alpha_G = \arcsin\frac{D - f\sqrt{1 - D^2 + f^2}}{1 + f^2} \tag{1-19}$$

汽车爬坡度为

$$i_a = \tan\alpha_G \tag{1-20}$$

由此可见，用汽车动力特性图求解汽车动力性评价指标十分合适和方便。

三、汽车功率平衡图

1. 汽车驱动功率和行驶阻力功率

利用汽车驱动力与行驶阻力的平衡关系和汽车的动力特性可以确定汽车动力性评价指标，但需要分析发动机特性对汽车动力性影响时，需要用到汽车的平衡功率。

汽车行驶时，汽车驱动功率为

$$P_e = \frac{F_t u}{3600} \tag{1-21}$$

汽车行驶阻力功率包括滚动阻力功率、空气阻力功率、坡度阻力功率及加速阻力功率，分别为

$$P_\mathrm{f} = \frac{mgfu\cos\alpha_\mathrm{G}}{3600}$$

$$P_\mathrm{w} = \frac{C_\mathrm{D}Au^3}{76140}$$

$$P_\mathrm{i} = \frac{mgu\sin\alpha_\mathrm{G}}{3600}$$

$$P_\mathrm{j} = \frac{\delta mua_\mathrm{j}}{3600}$$

(1-22)

式中，P_f 为滚动阻力功率；P_w 为空气阻力功率；P_i 为坡度阻力功率；P_j 为加速阻力功率。

汽车行驶时，汽车驱动功率始终等于行驶阻力功率，即

$$P_\mathrm{e} = P_\mathrm{f} + P_\mathrm{w} + P_\mathrm{i} + P_\mathrm{j}$$

(1-23)

2. 绘制汽车功率平衡图

以纵坐标表示功率，横坐标表示车速，将汽车驱动功率、滚动阻力功率和空气阻力功率之和与车速的关系曲线绘在坐标图上，可以得到汽车功率平衡图，如图1-7所示。

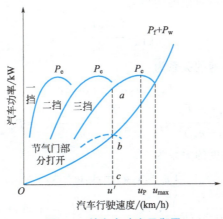

图 1-7　某汽车功率平衡图

3. 根据汽车功率平衡图求汽车动力性评价指标

汽车动力性评价指标也可以通过汽车功率平衡图来获得。

（1）汽车最高车速　汽车以最高车速行驶时，加速阻力和坡度阻力为零，则

$$P_\mathrm{e} = P_\mathrm{f} + P_\mathrm{w}$$

(1-24)

在汽车功率平衡图中，汽车驱动功率曲线与阻力功率曲线的交点对应的速度为汽车最高车速。

(2) 汽车加速能力　评价汽车加速能力时,坡度阻力为零,则不同车速时汽车的加速度为

$$a_j = \frac{3600}{\delta m u}[P_e - (P_f + P_w)] \tag{1-25}$$

(3) 汽车爬坡能力　评价汽车爬坡能力时,加速阻力为零,粗略计算求出汽车的爬坡度为

$$i_\alpha = \tan\left\{\arcsin\frac{3600}{mgu}[P_e - (P_f + P_w)]\right\} \tag{1-26}$$

四、解析法求解汽车动力性评价指标

如果没有发动机转矩-转速特性曲线,可以根据发动机最大功率及其所对应的转速、发动机最大转矩及其所对应的转速,估算发动机的转矩-转速特性。发动机转矩为

$$T_{tq} = T_{tq_{max}} - \frac{T_{tq_{max}} - T_P}{(n_P - n_{tq})^2}(n_{tq} - n)^2 \tag{1-27}$$

式中,$T_{tq_{max}}$ 为发动机最大转矩;n_{tq} 为发动机最大转矩所对应的转速;T_P 为发动机最大功率所对应的转矩;n_P 为发动机最大功率所对应的转速。

发动机最大功率所对应的转矩为

$$T_P = \frac{9549 P_{e_{max}}}{n_P} \tag{1-28}$$

发动机转矩与转速的关系为

$$T_{tq} = a_1 n^2 + a_2 n + a_3 \tag{1-29}$$

式中,$a_1 = -\dfrac{T_{tq_{max}} - T_P}{(n_P - n_{tq})^2}$;$a_2 = 2n_{tq}\dfrac{T_{tq_{max}} - T_P}{(n_P - n_{tq})^2}$;$a_3 = T_{tq_{max}} - n_{tq}^2\dfrac{T_{tq_{max}} - T_P}{(n_P - n_{tq})^2}$。

发动机转矩与速度的关系为

$$T_{tq} = A_1 u^2 + A_2 u + A_3 \tag{1-30}$$

式中,$A_1 = a_1\left(\dfrac{i_t}{0.377R}\right)^2$;$A_2 = a_2\left(\dfrac{i_t}{0.377R}\right)$;$A_3 = a_3$。

汽车动力因数为

$$D = \frac{F_t - F_w}{mg} = \frac{\dfrac{T_{tq} i_t \eta_t}{R} - \dfrac{C_D A}{21.15}u^2}{mg}$$

$$= \frac{\left(\dfrac{i_t \eta_t}{R}A_1 - \dfrac{C_D A}{21.15}\right)u^2 + \dfrac{i_t \eta_t}{R}A_2 u + \dfrac{i_t \eta_t}{R}A_3}{mg} \tag{1-31}$$

$$= B_1 u^2 + B_2 u + B_3$$

式中，$B_1 = \dfrac{i_t \eta_t}{mgR}A_1 - \dfrac{C_D A}{21.15mg}$；$B_2 = \dfrac{i_t \eta_t}{mgR}A_2$；$B_3 = \dfrac{i_t \eta_t}{mgR}A_3$。

汽车动力因数又可写成

$$D = f\cos\alpha_G + \sin\alpha_G + \delta\frac{a_j}{g} \tag{1-32}$$

假设滚动阻力系数为

$$f = f_1 + f_2 u \tag{1-33}$$

式中，f_1、f_2 为待定常数。

由式(1-31)～式(1-33)可得

$$B_1 u^2 + B_2 u + B_3 = f_1 \cos\alpha_G + f_2 u \cos\alpha_G + \sin\alpha_G + \delta\frac{a_j}{g} \tag{1-34}$$

(1) 汽车最高车速 根据汽车最高车速定义，此时坡度角和加速度为零，且变速器为直接挡或超速挡，汽车最高车速为

$$u_{\max} = \frac{-(B_2 - f_2) - \sqrt{(B_2 - f_2)^2 - 4B_1(B_3 - f_1)}}{2B_1} \tag{1-35}$$

(2) 汽车加速能力 汽车在水平路面加速时，坡度角为零，汽车加速度为

$$a_j = \frac{g}{\delta}[B_1 u^2 + (B_2 - f_2)u + B_3 - f_1] \tag{1-36}$$

(3) 汽车爬坡能力 当汽车以稳定车速爬最大坡度时，一般用变速器第一挡，由于此时车速很低，故 $f_1 \approx f_2$，且加速度为零。对式(1-31)两边求导得

$$\frac{dD}{du} = 2B_1 u + B_2 \tag{1-37}$$

当 $\dfrac{dD}{du} = 0$ 时，D 取最大值，此时车速为 $u_0 = -\dfrac{B_2}{2B_1}$。

当汽车以变速器一挡爬最大坡度时，其动力因数为

$$D_{1\max} = B_1 u_0^2 + B_2 u_0 + B_3 = \frac{4B_1 B_3 - B_2^2}{4B_1} \tag{1-38}$$

汽车最大坡度角为

$$\alpha_{G\max} = \arcsin\frac{D_{1\max} - f_1\sqrt{1 - D_{1\max}^2 + f_1^2}}{1 + f_1^2} \tag{1-39}$$

汽车最大爬坡度为

$$i_{\max} = \tan\alpha_{G\max} \times 100\% \tag{1-40}$$

第三节　汽车动力性仿真

汽车动力性仿真所需的汽车基本参数见表 1-3。

表 1-3　汽车动力性仿真所需的汽车基本参数

汽车总质量/kg	滚动阻力系数	空气阻力系数	迎风面积/m²	车轮半径/m
1100	0.011	0.28	1.8	0.28
旋转质量换算系数	传动系统效率	主减速器传动比	变速器各挡传动比	
$1.05+0.03i_g^2$	0.92	4.388	3.416,1.894,1.280,0.914,0.757	

汽车动力性仿真所需的发动机转速与转矩数据见表 1-4。

表 1-4　汽车动力性仿真所需的发动机转速与转矩数据

转速/(r/min)	1000	1500	2000	2500	3000	3500	4000	4500	5000
转矩/(N·m)	78.6	83.0	85.0	86.6	87.1	85.9	84.7	82.5	80.5

一、基于汽车驱动力-行驶阻力平衡图的汽车动力性仿真

1. 建立发动机转矩与转速的关系

利用表 1-4 中的发动机转速与转矩数据,编写发动机转矩与转速关系曲线拟合的 MATLAB 程序如下。

```
n=[1000,1500,2000,2500,3000,3500,4000,4500,5000];
T=[78.6,83.0,85.0,86.6,87.1,85.9,84.7,82.5,80.5];
cftool
```

在 MATLAB 命令行窗口输入这些程序,进入曲线拟合工具箱界面"Curve Fitting Tool";利用"X data"和"Y data"下拉菜单读入转速数据 n 和转矩数据 T;选择多项式函数"Polynomial",再选择拟合阶数"2";自动拟合,就会在结果窗口和曲线窗口显示出拟合结果,如图 1-8 所示。

发动机转矩与转速的关系为

$$T_{tq}=-1.813\times10^{-6}n^2+0.01104n+69.99 \tag{1-41}$$

其中误差平方和(SSE)为 1.9828;复相关系数(R-square)为 0.9698;均方根误差(RMSE)为 0.5749。

2. 建立汽车动力性仿真模型

基于汽车驱动力-行驶阻力平衡图的汽车动力性仿真模型如图 1-9 所示。

第一章 汽车动力性建模与仿真

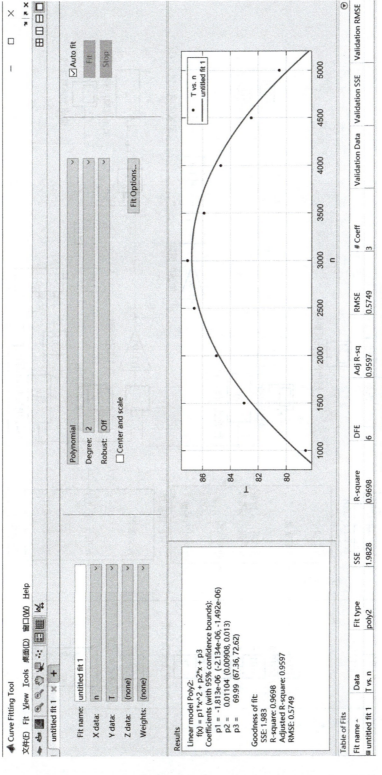

图 1-8 发动机转矩与转速拟合界面

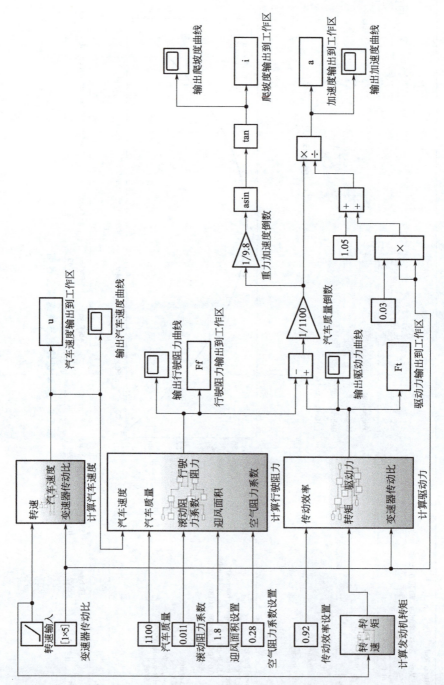

图 1-9 基于汽车驱动力-行驶阻力平衡图的汽车动力性仿真模型

计算汽车速度模块如图 1-10 所示。

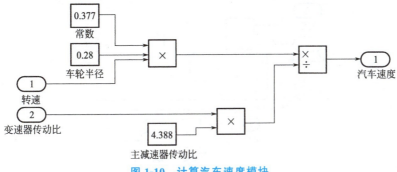

图 1-10　计算汽车速度模块

计算行驶阻力模块如图 1-11 所示。

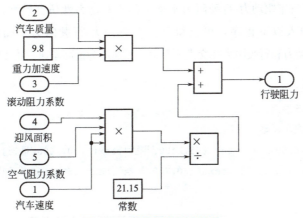

图 1-11　计算行驶阻力模块

计算发动机转矩模块如图 1-12 所示。

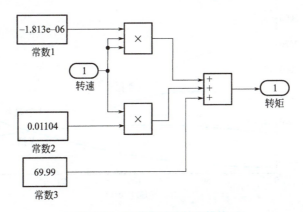

图 1-12　计算发动机转矩模块

计算驱动力模块如图 1-13 所示。

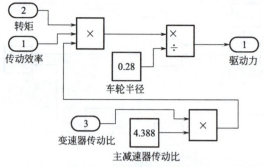

图 1-13　计算驱动力模块

3. 绘制汽车动力性仿真曲线

运行基于汽车驱动力-行驶阻力平衡图的汽车动力性仿真模型，在 MATLAB 命令行窗口输入以下程序，可以得到汽车驱动力-行驶阻力平衡图，如图 1-14 所示。Ⅴ挡驱动力和行驶阻力相交点所对应的车速即为最高车速，约 174km/h。

```
plot(u,Ft,u,Ff)
xlabel('车速/(km/h)')
ylabel('汽车驱动力/行驶阻力/N')
text(35,4100,'Ⅰ挡'),text(55,2400,'Ⅱ挡'),text(100,1600,'Ⅲ挡')
text(140,1200,'Ⅳ挡'),text(170,700,'Ⅴ挡'),text(165,1150,'行驶阻力')
```

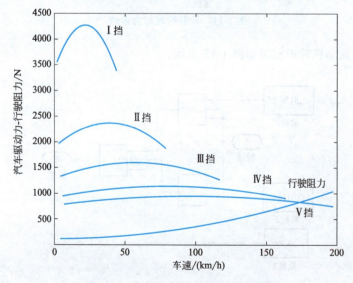

图 1-14　汽车驱动力-行驶阻力平衡图

在 MATLAB 命令行窗口输入以下程序，可以得到汽车加速度曲线，如图 1-15 所示。由图可知，汽车在 Ⅰ 挡时获得最大加速度，约为 2.69m/s²。

```
plot(u,a)
xlabel('车速/(km/h)')
ylabel('加速度/(m/s^2)')
text(35,2.7,'Ⅰ挡'),text(55,1.8,'Ⅱ挡'),text(85,1.2,'Ⅲ挡')
text(120,0.7,'Ⅳ挡'),text(165,0.2,'Ⅴ挡')
```

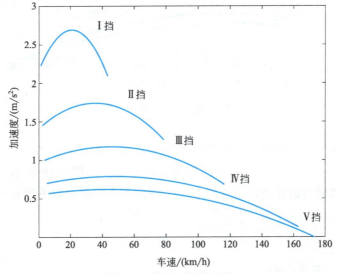

图 1-15　汽车加速度曲线

在 MATLAB 命令行窗口输入以下程序，可以得到汽车爬坡度曲线，如图 1-16 所示。由图可知，汽车在 Ⅰ 挡时获得最大爬坡度，约为 41.66%（22.62°）。

```
plot(u,i*100)
xlabel('车速/(km/h)')
ylabel('爬坡度/%')
text(35,40,'Ⅰ挡'),text(55,22,'Ⅱ挡'),text(85,14,'Ⅲ挡')
text(120,8,'Ⅳ挡'),text(165,3,'Ⅴ挡')
```

二、基于汽车动力特性图的汽车动力性仿真

基于汽车动力特性图的汽车动力性仿真模型如图 1-17 所示。

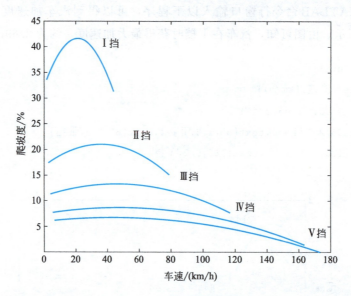

图 1-16　汽车爬坡度曲线

运行基于汽车动力特性图的汽车动力性仿真模型，在 MATLAB 命令行窗口输入以下程序，可以得到汽车动力特性图，如图 1-18 所示。再将滚动阻力系数以同样的比例尺画在汽车动力特性图上，就可以方便地分析汽车动力性。

```
plot(u,D)
xlabel('车速/(km/h)')
ylabel('汽车动力因数')
text(40,0.35,'Ⅰ挡'),text(50,0.24,'Ⅱ挡'),text(100,0.14,'Ⅲ挡')
text(140,0.08,'Ⅳ挡'),text(165,0.03,'Ⅴ挡')
hold on
plot([0,180],[0.011,0.011])
```

在汽车动力特性图上有几个重要参数如下。

① 汽车在水平良好路面上的最高车速。

② Ⅰ挡最大动力因数，它可粗略地代表汽车最大爬坡能力。

③ 最高挡的最大动力因数，它说明了汽车以最高挡行驶时的爬坡与加速能力，该值对汽车行驶的平均速度有很大影响。

在 MATLAB 命令行窗口输入以下程序，可以得到汽车加速度曲线，如图 1-19 所示。

第一章 汽车动力性建模与仿真

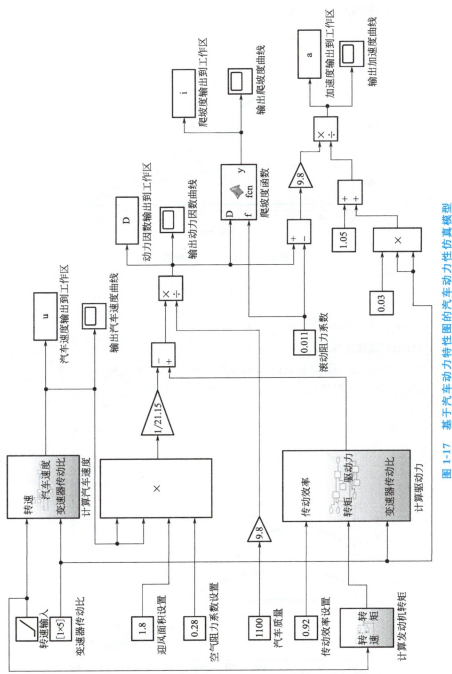

图 1-17 基于汽车动力特性图的汽车动力性仿真模型

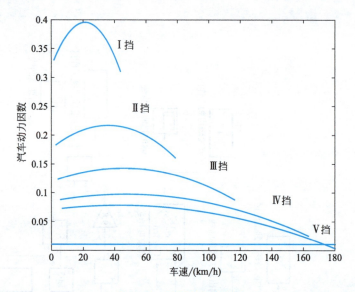

图 1-18　汽车动力特性图

```
plot(u,a)
xlabel('车速/(km/h)')
ylabel('加速度/(m/s^2)')
text(35,2.7,'Ⅰ挡'),text(55,1.8,'Ⅱ挡'),text(85,1.2,'Ⅲ挡')
text(120,0.7,'Ⅳ挡'),text(165,0.2,'Ⅴ挡')
```

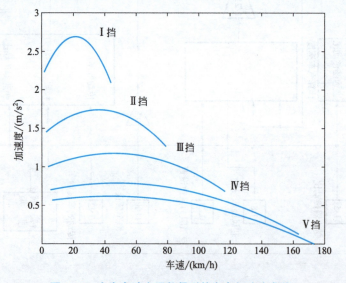

图 1-19　由汽车动力因数得到的汽车加速度曲线

在 MATLAB 命令行窗口输入以下程序，可以得到汽车爬坡度曲线，如图 1-20 所示。

```
plot(u,i*100)
xlabel('车速/(km/h)')
ylabel('爬坡度/%')
text(35,40,'Ⅰ挡'),text(55,22,'Ⅱ挡'),text(85,14,'Ⅲ挡')
text(120,8,'Ⅳ挡'),text(165,3,'Ⅴ挡')
```

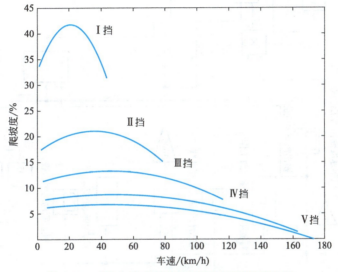

图 1-20 由汽车动力因数得到的汽车爬坡度曲线

三、基于汽车功率平衡图的汽车动力性仿真

基于汽车功率平衡图的汽车动力性仿真模型如图 1-21 所示。

运行汽车功率平衡图的汽车动力性仿真模型，在 MATLAB 命令行窗口输入以下程序，可以得到汽车功率平衡图，如图 1-22 所示。Ⅴ挡驱动功率和行驶阻力功率相交点所对应的车速即为最高车速。

```
plot(u,Pt,u,Pf)
xlabel('车速/(km/h)')
ylabel('汽车功率/kW')
text(40,42,'Ⅰ挡'),text(70,42,'Ⅱ挡'),text(100,42,'Ⅲ挡')
text(140,42,'Ⅳ挡'),text(170,42,'Ⅴ挡功率'),text(150,50,'阻力功率')
```

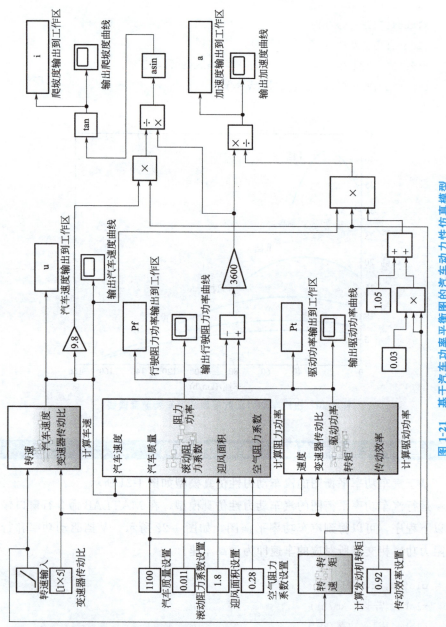

图 1-21　基于汽车功率平衡图的汽车动力性仿真模型

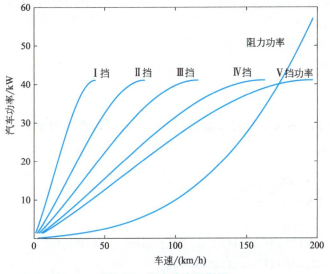

图 1-22 汽车功率平衡图

汽车功率平衡图上，各挡功率曲线表示汽车在该挡上不同车速时可能发出的功率。总阻力功率曲线表示在平直良好路上，以不同车速等速行驶时所需要的功率。两者间的功率差值称为后备功率，它可以用来使汽车加速、爬坡等。

在 MATLAB 命令行窗口输入以下程序，可以得到汽车加速度曲线，如图 1-23 所示。

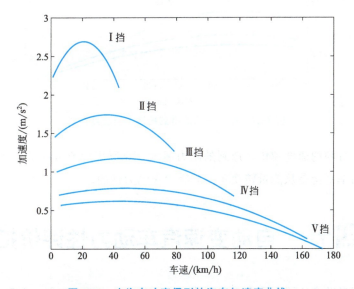

图 1-23 由汽车功率得到的汽车加速度曲线

```
plot(u,a)
xlabel('车速/(km/h)')
ylabel('加速度/(m/s^2)')
text(35,2.7,'Ⅰ挡'),text(55,1.8,'Ⅱ挡'),text(85,1.2,'Ⅲ挡')
text(120,0.7,'Ⅳ挡'),text(165,0.2,'Ⅴ挡')
```

在 MATLAB 命令行窗口输入以下程序，可以得到汽车爬坡度曲线，如图 1-24 所示。

```
plot(u,i*100)
xlabel('车速/(km/h)')
ylabel('爬坡度/%')
text(35,40,'Ⅰ挡'),text(55,22,'Ⅱ挡'),text(85,14,'Ⅲ挡')
text(120,8,'Ⅳ挡'),text(165,3,'Ⅴ挡')
```

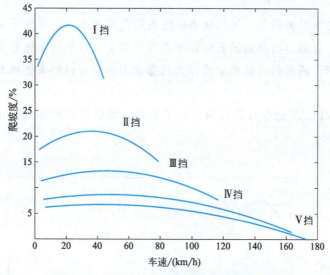

图 1-24　由汽车功率得到的汽车爬坡度曲线

汽车行驶的速度越快，遇到的阻力越大，克服阻力所消耗的功率就越大，因此，功率平衡是从能量转换角度研究汽车动力性的。

第四节　自动变速汽车动力性评价指标

汽车自动变速器主要有 3 种型式，分别是液力自动变速器（AT）、机械无级自动变速器（CVT）和电控机械自动变速器（AMT）。目前轿车普遍使用的是液力自动变速器。本书中的自动变速汽车就是指装有液力自动变速器的汽车。4×2 发动机前置后驱自动变速汽车传动系统如图 1-25 所示。

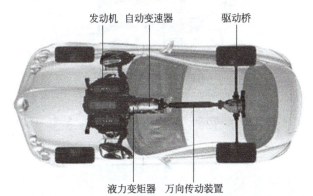

图 1-25　4×2 发动机前置后驱自动变速汽车传动系统

一、液力自动变速器组成

液力自动变速器由液力变矩器、齿轮变速机构和液压控制系统组成，通过液力传递和齿轮组合的方式来达到变速变矩，如图 1-26 所示。

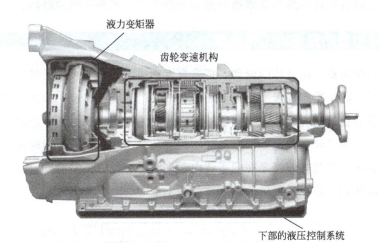

图 1-26　液力自动变速器结构

液力变矩器是液力自动变速器最重要的部件，由泵轮、涡轮和导轮等构件组成，如图 1-27 所示。它安装在曲轴后端，内部充满自动变速器油，依靠油液的循环流动将发动机的动力柔和地传给齿轮变速机构，并能随外界负荷的增加而降低输出转速，同时自动增大输出转矩。

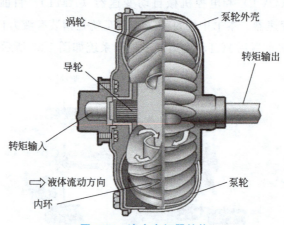

图 1-27　液力变矩器结构

发动机动力通过液力变矩器输入齿轮变速机构，与手动变速器不同的是，液力控制自动变速器的齿轮变速机构内有很多离合器和制动器，不同的离合器接合、制动器制动，使齿轮变速机构各元件进行不同的传动组合，从而得到不同的传动挡位。液压控制系统通过控制这些离合器和制动器工作，实现自动换挡。

液压控制系统内部有很多滑阀，根据驾驶员的意图和汽车的行驶状况，控制齿轮变速机构内部的离合器接合或制动器制动，实现升挡或降挡。

二、液力自动变速器工作原理

液力变矩器利用液体的流动，把来自发动机的转矩增大后传给行星齿轮机构。同时，液压控制装置根据行驶需要（节气门开度、车速）来操作行星齿轮系统，使其获得相应的传动比和旋转方向，实现升挡、降挡、前进或倒退。转矩的增大、油门开度和车速信号对液压控制装置的操纵、行星齿轮机构传动比和旋转方向的改变等，都是在变矩器内部自动进行的，不需要驾驶员操作，即进行自动换挡，该过程工作原理框图如图 1-28 所示。

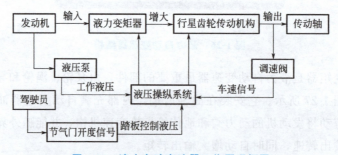

图 1-28　液力自动变速器工作原理框图

三、液力变矩器无量纲特性

液力变矩器的变矩比为涡轮输出转矩和泵轮输入转矩之比,即

$$K=\frac{T_\mathrm{T}}{T_\mathrm{P}} \tag{1-42}$$

式中,K 为液力变矩器的变矩比;T_T 为涡轮输出转矩;T_P 为泵轮输入转矩。

液力变矩器的速比为涡轮转速与泵轮转速之比,即

$$i=\frac{n_\mathrm{T}}{n_\mathrm{P}} \tag{1-43}$$

式中,i 为液力变矩器的速比;n_T 为涡轮转速;n_P 为泵轮转速。

液力变矩器的效率为涡轮输出功率和泵轮输入功率之比,即

$$\eta=\frac{T_\mathrm{T}n_\mathrm{T}}{T_\mathrm{P}n_\mathrm{P}}=Ki \tag{1-44}$$

式中,η 为液力变矩器的效率。

泵轮输入转矩为

$$T_\mathrm{P}=\lambda_\mathrm{P}\rho g D^5 n_\mathrm{P}^2 \tag{1-45}$$

式中,λ_P 为液力变矩器的转矩系数;ρ 为工作油的密度;D 为液力变矩器有效直径。

液力变矩器的无量纲特性曲线如图 1-29 所示。无量纲特性曲线又称原始特性曲线,同一系列所有变矩器的无量纲特性曲线都是一样的,有了无量纲特性曲线,就可以作该系列的任一变矩器的输出特性曲线,而不需要每一个都去做试验。

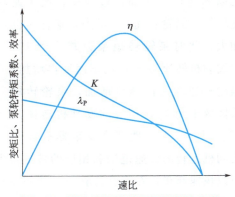

图 1-29 液力变矩器的无量纲特性曲线

四、液力变矩器的透过性

液力变矩器的透过性是指液力变矩器涡轮轴上的转矩和转速变化时,是否影响泵轮轴上的转矩和转速也相应变化的能力。当液力变矩器运用到汽车动力传动系统中时,则是指负载变化时是否影响发动机转矩和转速也相应变化的能力。

在任何速比下，泵轮转矩系数维持不变的液力变矩器称为非透过性液力变矩器。变矩器涡轮轴上的转矩和转速变化不会引起泵轮轴上的转矩和转速变化，即发动机的输入转矩和转速不会受到外载荷变化的影响。发动机工况的改变只受油门开度控制，能够充分保护发动机。非透过性液力变矩器的泵轮转矩与转速的关系只是一条抛物线，如图 1-30 所示。它与发动机转矩曲线

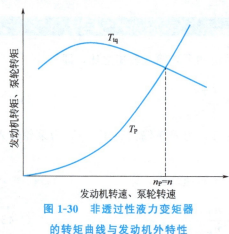

图 1-30　非透过性液力变矩器的转矩曲线与发动机外特性

的交点就是发动机的工作转速。

泵轮转矩系数随速比变化的液力变矩器称为透过性液力变矩器。透过性液力变矩器的泵轮转矩曲线是一组曲线，如图 1-31 所示，这些曲线与发动机外特性曲线的交点，就是发动机的工作转速。例如，汽车起步时，涡轮转速 $n_T = 0$，即速比 $i = 0$，相应的泵轮转矩系数为 λ_P'，若节气门全开，发动机以 n_P' 运转。在加速过程中，汽车速度增加，涡轮转速 n_T 增加，速比 i 也加大，此时泵轮转矩系数减小到 λ_P''，则发动机转速为 n_P''；汽车速度再增加，涡轮转速和速比继续增加，泵轮转矩系数减小到 λ_P'''，相应的发动机转速为 n_P'''。因此，透过性液力变矩器扩展了

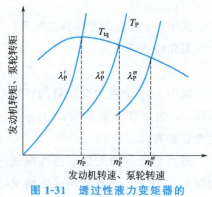

图 1-31　透过性液力变矩器的转矩曲线与发动机外特性

发动机运转的转速范围和相应的转矩范围，在汽车起步时能够获得较大的转矩以快速起步，在正常行驶时，能使发动机处在较大功率的工况下，以利于提升汽车的经济性。

液力变矩器的透过性可用透过度表示，其定义为

$$p = \frac{T_{P_0}}{T_{P_c}} = \frac{\lambda_{P_0}}{\lambda_{P_c}} \tag{1-46}$$

式中，p 为透过度；T_{P_0} 和 λ_{P_0} 分别为涡轮不转动时，泵轮的转矩和转矩系数；T_{P_c} 和 λ_{P_c} 分别为偶合工况，即变矩比为 $K = 1$ 时，泵轮的转矩和转矩系数。

若 $P=1\sim 1.2$，则为非透过性液力变矩器；若 $p>1.2$，则为透过性液力变矩器。

五、液力变矩器的输出特性

液力变矩器的输出特性是指节气门全开时，液力变矩器的输出转矩与转速的关系曲线。利用液力变矩器的转矩曲线与发动机外特性曲线的交点，确定发动机的工作转速，再根据变矩器无量纲特性，便可求出液力变矩器的输出转矩与转速，如图 1-32 和图 1-33 所示。

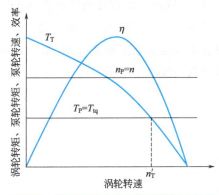

图 1-32　非透过性液力变矩器的输出特性　　图 1-33　透过性液力变矩器的输出特性

非透过性液力变矩器的泵轮转矩和转速不随涡轮转速变化；透过性液力变矩器的泵轮转矩和转速随涡轮转速变化。

六、自动变速汽车的动力性

自动变速汽车的驱动力为

$$F_t = \frac{T_T i' \eta_T}{R} \tag{1-47}$$

式中，T_T 为涡轮输出转矩；i' 为液力变矩器后面传动装置的传动比；η_T 为液力变矩器后面传动装置的传动效率。

汽车行驶速度与涡轮转速之间的关系为

$$u = 0.377 \frac{R n_T}{i'} \tag{1-48}$$

利用液力变矩器输出特性和式(1-47)、式(1-48)，就可绘制汽车的驱动力曲线。

确定了自动变速汽车的驱动力和换挡规律以后，其动力性评价指标的求法就和手动变速器汽车基本一样。

第五节　电动汽车动力性建模

电动汽车动力性与燃油汽车动力性不同之处在于产生驱动力的动力源，燃油汽车动力源来源于发动机，电动汽车动力源来源于驱动电机。

1. 电机外特性

电动汽车驱动电机的外特性曲线如图 1-34 所示。该特性曲线分为两个区域：恒转矩区和恒功率区。恒转矩区是从零转速到额定转速，电机的输出转矩恒定，而功率随转速的提高线性增加；恒功率区是从额定转速到最大转速，电机的输出功率恒定，而转矩随转速的提高呈双曲线逐渐下降。

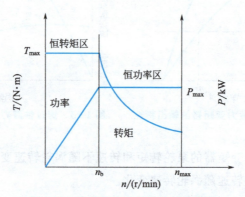

图 1-34　电动汽车电机的外特性曲线

电机输出转矩与转速关系为

$$T_e = \begin{cases} T_c & n \leqslant n_b \\ \sum_{i=0}^{k} a_i n^i & n > n_b \end{cases} \quad (1\text{-}49)$$

式中，T_e 为电机输出转矩；T_c 为电机恒转矩；n 为电机转速；n_b 为电机基速；k 为多项式的阶次；a_i 为多项式拟合系数。

电机输出功率为

$$P_e = \frac{T_e n}{9550} \quad (1\text{-}50)$$

式中，P_e 为电机输出功率。

为了建立电机外特性的数学模型，需在专门的电动汽车动力测功平台上测试电机的外特性，然后利用 MATLAB 对电机外特性试验数据进行拟合，建立电机外特性数学模型。

电机基速可近似表示为

$$n_b = \frac{9550 P_r}{T_r} \tag{1-51}$$

式中，P_r 为电机额定功率；T_r 为电机额定转矩。

电机输出转矩与转速关系可近似表示为

$$T_e = \begin{cases} T_m & n \leqslant n_b \\ \dfrac{9550 P_m}{n} & n > n_b \end{cases} \tag{1-52}$$

式中，P_m 为电机峰值功率。

2. 电动汽车驱动力和行驶阻力

电动汽车在行驶过程中，动力电池储存的电能通过控制器输出给电机，电机输出功率，电机产生的转矩经传动系统传到驱动轮上。

电动汽车驱动力为

$$F_t = \frac{T_e i_t \eta_t}{R} \tag{1-53}$$

式中，T_e 为电机转矩；i_t 为传动系统的总传动比；η_t 为传动系统效率。

在恒功率区，电动汽车驱动力是电机转速的函数。

电动汽车的行驶阻力也包括滚动阻力、空气阻力、坡度阻力和加速阻力，其表达式和燃油汽车的一样。

3. 电动汽车动力性评价指标

电动汽车动力性评价指标和燃油汽车一样，也是最高车速、加速能力和爬坡能力。

(1) 最高车速　当电动汽车达到最高车速时，电机处于恒功率区运行，汽车的驱动力与行驶阻力（滚动阻力和空气阻力之和）处于平衡状态。求出电动汽车驱动力与行驶阻力曲线的交点，得出最高车速。

(2) 加速能力　电动汽车行驶加速度为

$$a_j = \frac{F_t - (F_f + F_w)}{\delta m} \tag{1-54}$$

电动汽车从静止起步全力加速至车速 u_a 的加速时间为

$$t = \int_0^{u_a} \frac{\delta m}{3.6[F_t - (F_f + F_w)]} du \tag{1-55}$$

(3) 爬坡能力　电动汽车爬坡度为

$$i_\alpha = \tan\left[\arcsin\frac{F_t-(F_f+F_w)}{mg}\right] \quad (1\text{-}56)$$

第六节　电动汽车动力性仿真

电动汽车动力性仿真所需参数见表 1-5。

表 1-5　电动汽车动力性仿真所需参数

整车质量/kg	车轮滚动半径/m	迎风面积/m²	总传动比
1575	0.318	2.5	8.3
峰值功率/kW	峰值转矩/(N·m)	额定功率/kW	额定转矩/(N·m)
70	210	35	105
传动系统效率	空气阻力系数	滚动阻力系数	旋转质量换算系数
0.9	0.3	0.012	1.1

一、建立电动汽车动力性仿真模型

根据表 1-5 中相关数据，可求得电机基速约为 3183r/min。

电动汽车动力性仿真模型如图 1-35 所示。

二、绘制电动汽车动力性仿真曲线

运行电动汽车动力性仿真模型，在 MATLAB 命令行窗口输入以下程序，可以得到电动汽车驱动力-行驶阻力平衡图，如图 1-36 所示。驱动力曲线和行驶阻力曲线的交点对应的车速，即为最高车速，约为 176km/h。

```
plot(out.u.signals.values,out.Ft.signals.values)
hold on
plot(out.u.signals.values,out.Ff.signals.values)
xlabel('速度/(km/h)')
ylabel('电动汽车驱动力/行驶阻力/N')
text(110,2200,'驱动力'),text(70,600,'行驶阻力')
```

在 MATLAB 命令行窗口输入以下程序，可以得到电动汽车加速度曲线，如图 1-37 所示。

第一章 汽车动力性建模与仿真

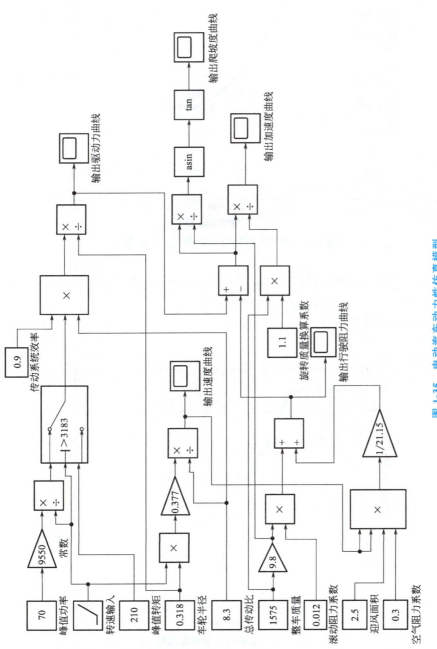

图 1-35 电动汽车动力性仿真模型

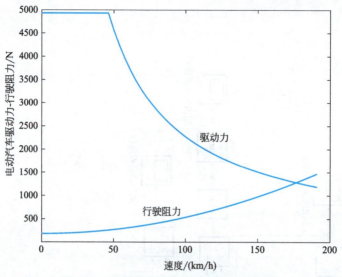

图 1-36 电动汽车驱动力-行驶阻力平衡图

```
plot(out.u.signals.values,out.a.signals.values)
xlabel('速度/(km/h)')
ylabel('加速度/(m/s^2)')
```

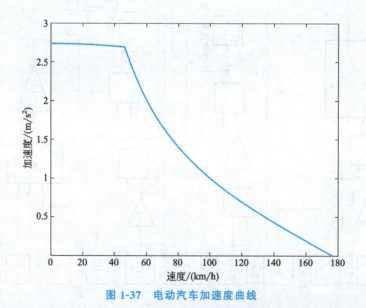

图 1-37 电动汽车加速度曲线

在 MATLAB 命令行窗口输入以下程序，可以得到电动汽车爬坡度曲线，如图 1-38 所示。可以看出，最大爬坡度为 32.3%。

```
plot(out.u.signals.values,out.i.signals.values*100)
xlabel('速度/(km/h)')
ylabel('爬坡度/%')
```

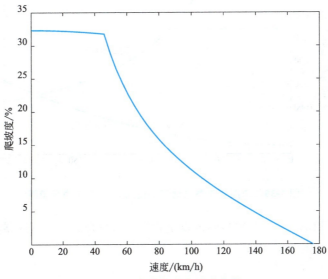

图 1-38　电动汽车爬坡度曲线

电动汽车驱动电机的外特性特征是低速区恒转矩输出，高速区恒功率输出。电机本身具有很宽的工作范围，基本不必通过变速机构即可提供汽车正常行驶所需要的动力性能。因此绘制出来的电动汽车驱动力-行驶阻力平衡图、加速度曲线图以及爬坡度图比燃油汽车的简单。

假设电动汽车改用二挡变速器，其中一挡传动比为 1.824，二挡传动比为 1，主减速器传动比为 4.55，其他参数不变，则将电动汽车动力性仿真模型中的总传动比改为 [8.3，4.55]。

运行修改后的电动汽车动力性仿真模型，在 MATLAB 命令行窗口输入以下程序，可以得到二挡变速器电动汽车驱动力-行驶阻力平衡图，如图 1-39 所示。

```
plot(out.u.signals.values,out.Ft.signals.values)
hold on
plot(out.u.signals.values,out.Ff.signals.values)
xlabel('速度/(km/h)')
ylabel('电动汽车驱动力/行驶阻力/N')
text(60,4000,'一挡驱动力'),text(110,2200,'二挡驱动力'),text(60,600,'行驶阻力')
```

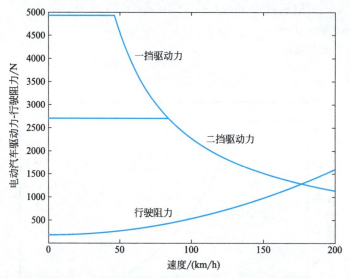

图 1-39 二挡变速器电动汽车驱动力-行驶阻力平衡图

在 MATLAB 命令行窗口输入以下程序,可以得到二挡变速器电动汽车加速度曲线,如图 1-40 所示。

```
plot(out.u.signals.values,out.a.signals.values)
xlabel('速度/(km/h)')
ylabel('加速度/(m/s^2)')
text(60,2,'一挡加速度'),text(140,0.5,'二挡加速度')
```

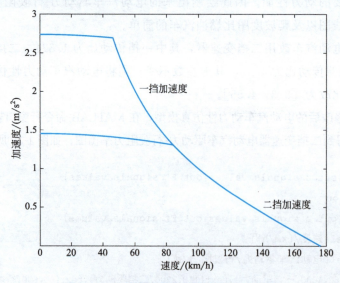

图 1-40 二挡变速器电动汽车加速度曲线

在 MATLAB 命令行窗口输入以下程序，可以得到二挡变速器电动汽车爬坡度曲线，如图 1-41 所示。

```
plot(out.u.signals.values,out.i.signals.values*100)
xlabel('速度/(km/h)')
ylabel('爬坡度/%')
text(60,25,'一挡爬坡度'),text(145,5,'二挡爬坡度')
```

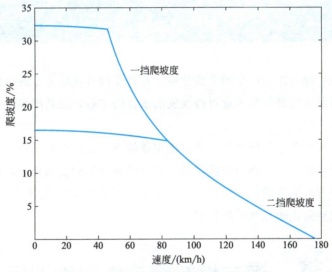

图 1-41　二挡变速器电动汽车爬坡度曲线

第二章
汽车燃料经济性建模与仿真

汽车燃料经济性是汽车的重要性能，是汽车拥有者最关心的指标之一。提高汽车燃料经济性是汽车工业可持续发展永恒的主题，也是汽车制造商和消费者追求的主要目标。

汽车燃料经济性是指汽车在一定使用条件下，以最小的燃料消耗量完成一定行驶里程数的能力。燃料经济性好，可以降低汽车的使用费用，减少对石油的依赖，节省石油资源；同时，也能降低发动机产生的温室效应气体 CO_2 的排放量，起到防止地球变暖的作用。

第一节 汽车燃料经济性评价指标

汽车燃料经济性常用一定运行工况下汽车行驶百公里的燃料消耗量或一定燃料量能使汽车行驶的里程来评价。在我国，汽车燃料经济性评价指标的单位为 L/100km，即汽车行驶 100km 所消耗的燃料体积（L）。其数值越大，汽车燃料经济性越差。

汽车燃料经济性评价指标主要有等速行驶工况百公里燃料消耗量和循环行驶工况百公里燃料消耗量。

1. 等速行驶工况百公里燃料消耗量

等速行驶工况百公里燃料消耗量是指汽车在一定载荷下，以最高挡在水平良好路面上等速行驶 100km 的燃料消耗量。试验时，常测出每隔 10km/h 或 20km/h 的速度间隔的等速百公里燃料消耗量，然后在图上连成曲线，称为等速百公里燃料消耗量曲线，用它来评价汽车燃料经济性。

如图 2-1 所示为搭载 1.6L 发动机某国产轿车的等速行驶工况百公里燃料

消耗量曲线，图中实线为测量曲线，虚线是预测曲线。可以看出，当车速为 90km/h 时，燃料消耗量最低，为 6L/100km，说明该轿车的经济车速是 90km/h；当车速为 120km/h 时，燃料消耗量为 7.5L/100km；当车速为 5km/h，即怠速行驶时，燃料消耗量为 21L/100km。

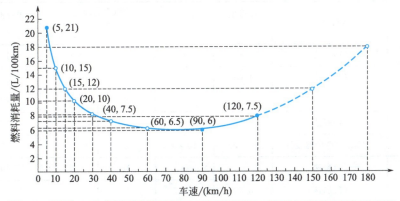

图 2-1 搭载 1.6L 发动机某国产轿车的等速行驶工况百公里燃料消耗量曲线

等速行驶工况百公里燃料消耗量可以用于比较相同排量的汽车燃料经济性，也可用于分析不同部件（如发动机、传动系统等）装在同一种汽车上对其燃料经济性的影响。

2. 循环行驶工况百公里燃料消耗量

等速行驶工况并没有完全反映汽车的实际运行状况，特别是在市区道路行驶中所频繁出现的加速、减速、怠速、停车等行驶工况。所以在对实际行驶的汽车进行跟踪测试统计的基础上，各国也都制定了一些相应的典型循环试验工况来模拟汽车实际的运行状况，并以其百公里燃料消耗量来评定其相应行驶工况下的燃料经济性。

轻型汽车在底盘测功机上试验运转循环工况（NDEC）如图 2-2 所示，它

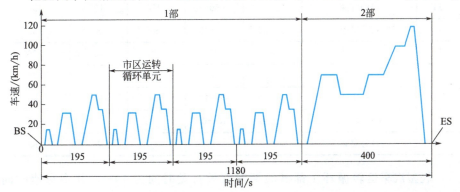

图 2-2 轻型汽车在底盘测功机上试验运转循环工况

由1部（市区运转循环）和2部（市郊运转循环）组成，图中BS代表采样开始，ES代表采样结束。

轻型汽车运转循环1部15工况试验参数见表2-1。

表 2-1 轻型汽车运转循环 1 部 15 工况试验参数

工况	运转次序	加速度 /(m/s²)	速度 /(km/h)	每次时间/s 操作	每次时间/s 工况	累计时间 /s
1	(1)怠速	—	—	11	11	11
2	(2)加速	1.04	0→15	4	4	15
3	(3)等速	—	15	8	8	23
4	(4)减速	−0.69	15→10	2	5	25
	(5)减速/离合器脱开	−0.92	10→0	3		28
5	(6)怠速	—	—	21	21	49
6	(7)加速	0.83	0→15	5	12	54
	(8)换挡			2		56
	(9)加速	0.94	15→32	5		61
7	(10)等速	—	32	24	24	85
8	(11)减速	−0.75	32→10	8	11	93
	(12)减速/离合器脱开	−0.92	10→0	3		96
9	(13)怠速	—	—	21	21	117
10	(14)加速	0.83	0→15	5	26	122
	(15)换挡			2		124
	(16)加速	0.62	15→35	9		133
	(17)换挡			2		135
	(18)加速	0.52	35→50	8		143
11	(19)等速	—	50	12	12	155
12	(20)减速	−0.52	50→35	8	8	163
13	(21)等速	—	35	13	13	176
14	(22)换挡			2	12	178
	(23)减速	−0.86	35→10	7		185
	(24)减速/离合器脱开	−0.92	10→0	3		188
15	(25)怠速	—	—	7	7	195

轻型汽车运转循环1部试验期间有效行驶时间为195s，其中怠速时间60s，占30.8%；怠速、减速、离合器脱开9s，占4.6%；换挡8s，占4.1%；

加速 36s，占 18.5%；等速 57s，占 29.2%；减速 25s，占 12.8%。平均车速为 19km/h，每个循环理论行驶距离为 1.013km，4 个循环的行驶距离是 4.052m。

轻型汽车运转循环 2 部 13 工况试验参数见表 2-2。

表 2-2　轻型汽车运转循环 2 部 13 工况试验参数

工况	运转次序	加速度 /(m/s^2)	速度 /(km/h)	每次时间/s 操作	每次时间/s 工况	累计时间 /s
1	(1)怠速	—	—	20	20	20
2	(2)加速	0.83	0→15	5		25
	(3)换挡	—	—	2		27
	(4)加速	0.62	15→35	9		36
	(5)换挡	—	—	2	41	38
	(6)加速	0.52	35→50	8		46
	(7)换挡	—	—	2		48
	(8)加速	0.43	50→70	13		61
3	(9)等速	0	70	50	50	111
4	(10)减速	−0.69	70→50	8	8	119
5	(11)等速	—	50	69	69	188
6	(12)加速	0.43	50→70	13	13	201
7	(13)等速	—	70	50	50	251
8	(14)加速	0.24	70→100	35	35	286
9	(15)等速		100	30	30	316
10	(16)加速	0.28	100→120	20	20	336
11	(17)等速		120	10	10	346
12	(18)减速	−0.69	120→80	16		362
	(19)减速	−1.04	80→50	8	34	370
	(20)减速/离合器脱开	−1.39	50→0	10		380
13	(21)怠速			20	20	400

轻型汽车运转循环 2 部试验期间有效行驶时间为 400s，其中怠速时间 40s，占 10.0%；减速、离合器脱开 10s，占 2.5%；换挡 6s，占 1.5%；加速 103s，占 25.8%；等速 209s，占 52.2%；减速 32s，占 8.0%。平均车速为 62.6km/h，每个循环理论行驶距离为 6.955km，最高车速为 120km/h，最大加速度为 0.833m/s^2，最大减速度为 −1.389m/s^2。

第二节 汽车燃料经济性建模

一、汽车等速行驶工况的燃料消耗量

汽车在水平路面等速行驶时,发动机功率等于滚动阻力功率和空气阻力功率之和,即

$$P_e = \frac{1}{\eta_t}\left(\frac{mgfu}{3600} + \frac{C_D A u^3}{76140}\right) \tag{2-1}$$

发动机转速为

$$n = \frac{u i_t}{0.377R} \tag{2-2}$$

发动机万有特性曲线是计算汽车燃料经济性的基础。发动机万有特性是描述发动机燃料消耗率与转速、转矩之间的关系,是转速和转矩的二维函数,如图 2-3 所示。

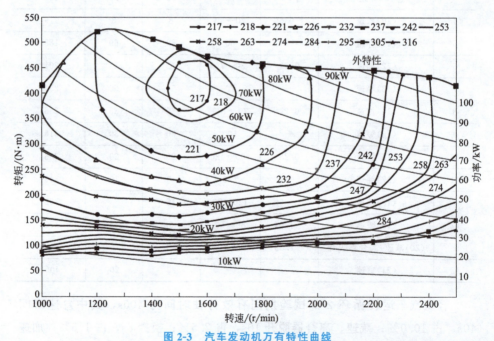

图 2-3 汽车发动机万有特性曲线

根据发动机万有特性曲线,利用二维插值法可以确定发动机的燃料消耗率为

$$b = b(n, T_e) \tag{2-3}$$

式中，b 为发动机燃料消耗率；T_e 为发动机转矩。

发动机转矩为

$$T_e = \frac{9550 P_e}{n} \tag{2-4}$$

根据发动机转矩和转速，在万有特性曲线图上利用插值法可以确定此时的燃料消耗率，从而计算出以该车速等速行驶时单位时间内的燃料消耗量为

$$Q_t = \frac{P_e b}{367.1 \rho g} \tag{2-5}$$

式中，Q_t 为等速行驶单位时间内的燃料消耗量；ρ 为燃料的密度。

等速行驶 S 行程的燃料消耗量为

$$Q = \frac{P_e b S}{102 u \rho g} \tag{2-6}$$

折算成等速行驶工况百公里燃料消耗量为

$$Q_s = \frac{P_e b}{1.02 u \rho g} \tag{2-7}$$

汽车等速行驶工况的行驶距离为

$$S_s = u_0 t \tag{2-8}$$

式中，u_0 为汽车等速工况的行驶速度；t 为汽车等速工况的行驶时间。

轻型汽车运转循环 1 部等速行驶工况的试验参数见表 2-3。

表 2-3　轻型汽车运转循环 1 部等速行驶工况的试验参数

行驶速度/(km/h)	行驶时间/s
15	8
32	24
35	13
50	12

轻型汽车运转循环 2 部等速行驶工况的试验参数见表 2-4。

表 2-4　轻型汽车运转循环 2 部等速行驶工况的试验参数

行驶速度/(km/h)	行驶时间/s
70	50
50	69
70	50
100	30
120	10

二、汽车加速行驶工况的燃料消耗量

汽车加速行驶时,发动机需要克服滚动阻力、空气阻力和加速阻力所消耗的功率,即

$$P_e = \frac{1}{\eta_t}\left(\frac{mgfu}{3600} + \frac{C_D Au^3}{76140} + \frac{\delta m u a_j}{3600}\right) \quad (2-9)$$

汽车加速行驶的燃料消耗量可以看成是由若干个等速行驶工况燃料消耗量的累加而成。计算由初始速度 u_1 以等加速度行驶至终了速度 u_2 的燃料消耗量,如图 2-4 所示。把加速过程分为 n 个区间,若按速度每增加 1km/h 为一个小区间,每个区间的燃料消耗量可根据平均的单位时间燃料消耗量与行驶时间之积来求得。各区间起始或终了的速度所对应时刻的单位时间燃料消耗量可由等速百公里燃料消耗量计算公式求得。

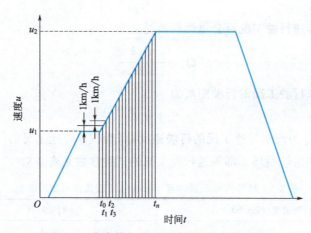

图 2-4 汽车等加速过程的燃料消耗量计算

汽车行驶速度每增加 1km/h 所需的时间为

$$\Delta t = \frac{1}{3.6 a_j} \quad (2-10)$$

汽车从初速度 u_1 加速至 u_1+1 的燃料消耗量为

$$Q_1 = \frac{1}{2}(Q_{t_0} + Q_{t_1})\Delta t \quad (2-11)$$

式中,Q_{t_0} 为行驶速度 u_1 时,即 t_0 时刻的单位时间燃料消耗量;Q_{t_1} 为行驶速度 u_1+1 时,即 t_1 时刻的单位时间燃料消耗量。

以此类推,汽车整个加速工况的燃料消耗量为

$$Q_a = \frac{1}{2}(Q_{t_0} + Q_{t_n})\Delta t + \sum_{i=1}^{n-1} Q_{t_i} \Delta t \quad (2-12)$$

式中，Q_{t_n} 为 t_n 时刻的单位时间燃料消耗量；Q_{t_i} 为 t_i 时刻的单位时间燃料消耗量。

汽车加速工况的行驶距离为

$$S_a = \frac{u_2^2 - u_1^2}{25.92 a_j} \tag{2-13}$$

轻型汽车运转循环 1 部加速行驶工况的试验参数见表 2-5。

表 2-5 轻型汽车运转循环 1 部加速行驶工况的试验参数

加速度/(m/s²)	行驶速度/(km/h)	行驶时间/s
1.04	0→15	4
0.83	0→15	5
0.94	15→32	5
0.83	0→15	5
0.62	15→35	9
0.52	35→50	8

轻型汽车运转循环 2 部加速行驶工况的试验参数见表 2-6。

表 2-6 轻型汽车运转循环 2 部加速行驶工况的试验参数

加速度/(m/s²)	行驶速度/(km/h)	行驶时间/s
0.83	0→15	5
0.62	15→35	9
0.52	35→50	8
0.43	50→70	13
0.43	50→70	13
0.27	70→100	35
0.28	100→120	20

三、汽车减速行驶工况的燃料消耗量

汽车减速行驶时，油门松开（关至最小位置）并进行轻微制动，发动机处于强制怠速状态，其燃料消耗量为正常怠速油耗。因此，减速工况燃料消耗量等于减速行驶时间与怠速油耗的乘积。减速时间为

$$t = \frac{u_2 - u_3}{3.6 a_j} \tag{2-14}$$

式中，u_2、u_3 分别为减速起始速度和终了速度。

汽车减速行驶工况的燃料消耗量为

$$Q_d = \frac{u_2 - u_3}{3.6 a_j} Q_i \tag{2-15}$$

式中，Q_i 为怠速燃料消耗率。

汽车减速工况的行驶距离为

$$S_d = \frac{u_2^2 - u_3^2}{25.92 a_j} \tag{2-16}$$

轻型汽车运转循环 1 部减速行驶工况的试验参数见表 2-7。

表 2-7 轻型汽车运转循环 1 部减速行驶工况的试验参数

加速度/(m/s²)	行驶速度/(km/h)	行驶时间/s
−0.69	15→10	2
−0.92	10→0	3
−0.75	32→10	8
−0.92	10→0	3
−0.52	50→35	8
−0.86	35→10	7
−0.92	10→0	3

轻型汽车运转循环 2 部减速行驶试验参数见表 2-8。

表 2-8 轻型汽车运转循环 2 部减速行驶工况的试验参数

加速度/(m/s²)	行驶速度/(km/h)	行驶时间/s
−0.69	70→50	8
−0.69	120→80	16
−1.04	80→50	8
−1.39	50→0	10

四、汽车怠速停车时的燃料消耗量

若怠速停车时间为 t_s，则汽车怠速停车时的燃料消耗量为

$$Q_{id} = Q_i t_s \tag{2-17}$$

轻型汽车运转循环工况 1 部包含的怠速时间为 60s；工况 2 部包含的怠速时间为 40s。

五、汽车循环行驶工况的百公里燃料消耗量

对于由等速、等加速、等减速和怠速停车组成的循环行驶工况，其百公里燃料消耗量为

$$Q_S = \frac{Q_s + Q_a + Q_d + Q_{id}}{S_s + S_a + S_d} \tag{2-18}$$

第三节　汽车燃料经济性仿真

汽车燃料经济性仿真所需基本参数见表2-9。

表2-9　汽车燃料经济性仿真所需基本参数

汽车质量/kg	滚动阻力系数	空气阻力系数	迎风正面面积/m²	滚动半径/m
2470	0.012	0.42	2.7	0.358
旋转质量换算系数	传动效率	主减速器传动比	变速器各挡传动比	
1.1	0.95	4.1	4.016,2.318,1.501,1,0.711	

发动机转速与转矩、燃料消耗率数据见表2-10。

表2-10　发动机转速与转矩、燃料消耗率数据

转速/(r/min)	1400								
转矩/(N·m)	399.8	354.1	318.5	278.1	236.2	203.6	185.3	157.2	117.2	80.8
燃料消耗率/[g/(kW·h)]	222.8	220.4	232.4	228.5	227.8	232.6	248.5	245.9	272.4	329.7
转速/(r/min)	1600								
转矩/(N·m)	409.1	365.7	328.5	284.1	243.7	203.2	164.3	123.9	83.5	39.7
燃料消耗率/[g/(kW·h)]	222	221.7	235.4	226.5	230.5	236.8	249.1	276.1	407.9	487
转速/(r/min)	1800								
转矩/(N·m)	408.3	368.3	328.3	289	244.4	208.8	167.7	132.1	89.5	46.1
燃料消耗率/[g/(kW·h)]	226	225.3	226.4	233.9	242.1	283.3	253.9	271.4	323.5	468.6
转速/(r/min)	2000								
转矩/(N·m)	425.6	380.3	332.7	290.9	244.4	205.1	160.2	114.5	68.8	30.7
燃料消耗率/[g/(kW·h)]	206.5	231.1	231.1	233	242	244.9	265	299.8	398	596.8
转速/(r/min)	2200								
转矩/(N·m)	420.7	379.6	334.6	291.4	244.4	202.8	157.5	116	74.1	37.8
燃料消耗率/[g/(kW·h)]	234.7	259.8	235.5	237.6	242.8	292.3	277.9	308.7	396.2	605.9
转速/(r/min)	2400								
转矩/(N·m)	404.6	360.5	322.7	283	243.3	205.5	162.1	124.7	86.8	52.4
燃料消耗率/[g/(kW·h)]	174.2	242.2	252.1	287.4	253.6	264.6	290.6	316.8	378	518.8

续表

转速/(r/min)	2600								
转矩/(N·m)	378	344.7	310.3	264.3	226.1	186.8	154.2	115.3	76.3	34.1
燃料消耗率/[g/(kW·h)]	256.9	253.7	253.5	260	303.8	280.7	300.6	346.6	435.6	812.9
转速/(r/min)	2800								
转矩/(N·m)	315.6	275.5	242.5	210.3	178.5	145.6	118.5	72.6	52.8	22.4
燃料消耗率/[g/(kW·h)]	257.9	295.3	282.4	288.7	301.9	329.7	357	475.4	580.3	1080.1

一、汽车等速行驶工况的燃料消耗量仿真

根据汽车等速行驶工况百公里燃料消耗量数学模型，编写预测汽车等速行驶工况百公里燃料消耗量的 MATLAB 程序。

在 MATLAB 命令行窗口输入以下程序。

```
1  m=2470;f=0.012;Cd=0.42;A=2.7;nt=0.95;R=0.358;g=9.8;  %汽车有关常量赋值
   midu=0.7;
2  u=input('请输入车速:');                                %输入车速
3  ne=[1400  1400  1400  1400  1400  1400  1400  1400   %转速赋值
       1400  1400  1600  1600  1600  1600  1600  1600
       1600  1600  1600  1600  1800  1800  1800  1800
       1800  1800  1800  1800  1800  1800  2000  2000
       2000  2000  2000  2000  2000  2000  2000  2000
       2200  2200  2200  2200  2200  2200  2200  2200
       2200  2200  2400  2400  2400  2400  2400  2400
       2400  2400  2400  2400  2600  2600  2600  2600
       2600  2600  2600  2600  2600  2800  2800
       2800  2800  2800  2800  2800  2800  2800]';
4  tp=[399.8  354.1  318.5  278.1  236.2  203.6  185.3   %转矩赋值
       157.2  117.2  80.8   409.1  365.7  328.3  284.1
       243.7  203.2  164.3  123.9  83.5   39.7   408.3
       368.3  328.1  289    244.4  208.4  167.7  132.1
       89.5   46.1   425.6  380.3  332.7  290.9  244.4
       205.1  160.2  114.5  68.8   30.7   420.7  379.6
       334.6  291.6  244.4  202.8  157.5  116    74.1
       37.8   404.6  360.5  322.7  283    243.3  205.5
       162.1  124.7  86.8   52.4   378    344.7  310.3
       264.3  226.1  186.8  154.2  115.3  76.3   34.1
       315.6  275.5  242.5  210.3  178.5  145.6  118.6
       72.6   52.8   22.4]';
```

5	`be=[222.8  220.4  232.4  228.5  227.8  232.6  248.5`	%燃油消耗率赋值
	`    245.9  272.4  329.7  222    221.7  235.4  226.5`	
	`    230.5  236.8  249.1  276.1  407.9  487    226`	
	`    225.3  226.4  233.9  242.1  283.3  253.9  271.4`	
	`    323.5  468.6  206.5  231.1  231.1  233    242`	
	`    244.9  265    299.8  398    596.8  234.7  259.8`	
	`    235.5  237.6  242.8  292.3  277.9  308.7  396.2`	
	`    605.9  174.2  242.2  252.1  287.4  253.6  264.6`	
	`    290.6  316.8  378    518.8  256.9  253.7  253.5`	
	`    260    303.8  280.7  300.6  346.6  435.6  812.9`	
	`    257.9  295.3  282.4  288.7  301.9  329.7  357`	
	`    475.4  580.3  1080.1]';`	
6	`X=[ones(80,1),ne,tp,ne.^2,ne.*tp,tp.^2,ne.^3,ne.^2.`	%多元线性回归设置
	`    *tp,ne.*tp.^2,tp.^3];`	
7	`[b,bint,r,rint,stats]=regress(be,X);`	%多元线性回归函数
8	`ne1=linspace(1400,4000,200);`	%定义转速范围
9	`tp1=linspace(0,600,200);`	%定义转矩范围
10	`[X,Y]=meshgrid(ne1,tp1);`	%生成二维网格矩阵
11	`be1=b(1)*ones(200,200)+b(2)*X+b(3)*Y+b(4)*X.^2+b(5)*X.*Y+`	%计算燃油消耗率
	`    b(6)*Y.^2+b(7)*X.^3+b(8)*X.^2.*Y+b(9)*X.*Y.^2+ b(10)*`	
	`    Y.^3;`	
12	`pe1=tp1.*ne1/9550;`	%计算功率
13	`it=0.778*4.1;`	%计算传动比
14	`pe=1/nt*(m*g*f*u/3600+Cd*A*u^3/76140);`	%匀速行驶所需功率
15	`n=u*it/(0.377*R);`	%计算发动机转速
16	`be=interp2(pe1,ne1,be1,pe,n);`	%插值得燃油消耗率
17	`Qs=pe*be/1.02/midu/g/u;`	%百公里燃油消耗量
18	`fprintf('等速百公里燃料消耗量 Qs=%f\n',Qs)`	%输出结果

在MATLAB编辑器中输入这些程序,点击运行按钮,按命令行提示输入想要计算的车速,输入后按回车键,可以得到计算结果。

```
请输入车速:60
等速百公里燃料消耗量 Qs=13.899430
请输入车速:70
等速百公里燃料消耗量 Qs=9.973862
请输入车速:80
等速百公里燃料消耗量 Qs=7.685801
请输入车速:90
等速百公里燃料消耗量 Qs=7.064306
```

```
请输入车速:100
等速百公里燃料消耗量 Qs=7.941033
请输入车速:110
等速百公里燃料消耗量 Qs=9.824412
请输入车速:120
等速百公里燃料消耗量 Qs=11.776197
请输入车速:130
等速百公里燃料消耗量 Qs=12.289413
```

把仿真结果绘制成曲线，如图 2-5 所示。

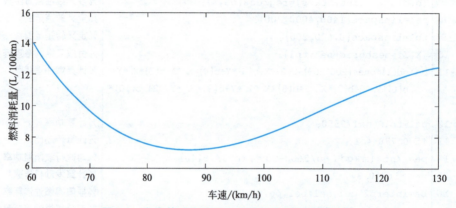

图 2-5　汽车等速行驶百公里燃料消耗量仿真曲线

二、汽车循环行驶工况的燃料消耗量仿真

该部分仿真程序主要分为主程序部分和函数部分，主程序用来计算 NEDC 工况燃料消耗量，在主程序内调用了三个函数，三个函数分别用来计算 NEDC 工况中的等速工况燃料消耗量、加速工况燃料消耗量以及减速工况燃料消耗量。在 MATLAB 中新建四个脚本文件，分别保存以下四部分程序，主程序可任意命名，函数部分文件保存时使用默认的函数名。另外注意四个文件应保存在同一路径下，保存好后在主程序编辑器界面点击运行按钮，命令行窗就会输出仿真结果。

1. 等速行驶工况的燃料消耗量计算函数

在 MATLAB 编辑器中输入等速行驶工况的燃料消耗量计算程序，点击保存，命名为"yunsu"。

1	`function Q=yunsu(u,t)`	%定义函数
2	`m=2470;f=0.012;Cd=0.42;A=2.7;nt=0.95;R=0.358;sigma=1.1;g=9.8;midu=0.7;`	%汽车参数赋值

3	`ne=[1400  1400  1400  1400  1400  1400  1400  1400`
	`    1400  1400  1600  1600  1600  1600  1600  1600`
	`    1600  1600  1600  1600  1800  1800  1800  1800`
	`    1800  1800  1800  1800  1800  1800  2000  2000`
	`    2000  2000  2000  2000  2000  2000  2000  2000`
	`    2200  2200  2200  2200  2200  2200  2200  2200`
	`    2200  2200  2400  2400  2400  2400  2400  2400`
	`    2400  2400  2400  2400  2600  2600  2600  2600`
	`    2600  2600  2600  2600  2600  2600  2800  2800`
	`    2800  2800  2800  2800  2800  2800  2800]';`
		%转速赋值

4	`tp=[399.8  354.1  318.5  278.1  236.2  203.6  185.3`
	`    157.2  117.2  80.8  409.1  365.7  328.3  284.1`
	`    243.7  203.2  164.3  123.9  83.5  39.7  408.3`
	`    368.3  328.3  289  244.4  208.8  167.7  132.1`
	`    89.5  46.1  425.6  380.3  332.7  290.9  244.4`
	`    205.1  160.2  114.5  68.8  30.7  420.7  379.6`
	`    334.6  291.6  244.4  202.8  157.5  116  74.1`
	`    37.8  404.6  360.5  322.7  283  243.3  205.5`
	`    162.1  124.7  86.8  52.4  378  344.7  310.3`
	`    264.3  226.1  186.8  154.2  115.3  76.3  34.1`
	`    315.6  275.5  242.5  210.3  178.5  145.6  118.6`
	`    72.6  52.8  22.4]';`
		%转矩赋值

5	`be=[222.8  220.4  232.4  228.5  227.8  232.6  248.5`
	`    245.9  272.4  329.7  222  221.7  235.4  226.5`
	`    230.5  236.8  249.1  276.1  407.9  487  226`
	`    225.3  226.4  233.6  242.1  283.3  253.9  271.4`
	`    323.5  468.6  206.5  231.1  231.1  233  242`
	`    244.9  265  299.8  398  596.8  234.7  259.8`
	`    235.5  237.6  242.8  292.3  277.9  308.7  396.2`
	`    605.9  174.2  242.2  252.2  287.2  253.6  264.6`
	`    290.6  316.8  378  518.8  256.9  253.7  253.5`
	`    260  303.8  280.7  300.6  346.6  435.6  812.9`
	`    257.9  295.3  282.4  288.7  301.9  329.7  357`
	`    475.4  580.3  1080.1]';`
		%燃料消耗量赋值

6	`X=[ones(80,1),ne,tp,ne.^2,ne.*tp,tp.^2,ne.^3,ne.^2.*tp,ne.*tp.^2,tp.^3];`	%多元线性回归设置
7	`b=regress(be,X);`	%多元线性回归函数
8	`ne1=linspace(100,4000,200);`	%转速范围取点数
9	`tp1=linspace(0,600,200);`	%转矩范围取点数
10	`[X,Y]=meshgrid(ne1,tp1);`	%生成二维网格矩阵

11	`be1=b(1)*ones(200,200)+b(2)*X+b(3)*Y+b(4)*X.^2+`
	`    b(5)*X.*Y+b(6)*Y.^2+b(7)*X.^3+b(8)*X.^2.*Y+`
	`    b(9)*X.*Y.^2+b(10)*Y.^3;`
		%计算燃料消耗率

12	`pe1=tp1.*ne1/9550;`	%计算功率
13	`if(u>=0 && u<=15)`	%判断一挡车速范围
14	`    it=4.016*4.1;`	%计算一挡传动比
15	`end`	%结束
16	`if(u>15 && u<=25)`	%判断二挡车速范围
17	`    it=2.318*4.1;`	%计算二挡传动比
18	`end`	%结束
19	`if(u>25 && u<=35)`	%判断三挡车速范围
20	`    it=1.401*4.1;`	%计算三挡传动比
21	`end`	%结束
22	`if(u>35 && u<=55)`	%判断四挡车速范围
23	`    it=4.1;`	%计算四挡传动比
24	`end`	%结束
25	`if(u>55)`	%判断五挡车速范围
26	`    it=0.778*4.1;`	%计算五挡传动比
27	`end`	%结束
28	`pe=1/nt*(m*g*f*u/3600+Cd*A*u^3/76140);`	%计算匀速行驶功率
29	`n=u*it/(0.377*R);`	%计算发动机转速
30	`b=interp2(pe1,ne1,be1,pe,n);`	%插值得燃料消耗率
31	`Qs=pe*b/1.02/midu/g/u;`	%计算燃油消耗
32	`Ss=u*t/3600;`	%计算行驶距离
33	`Q=Qs*Ss/100;`	%计算燃油消耗量
34	`end`	%循环结束

2. 等加速行驶工况的燃料消耗量计算函数

在 MATLAB 编辑器中输入等加速行驶工况的燃料消耗量计算程序，点击保存，命名为"jiasu"。

1	`function Qa=jiasu(a,u1,u2)`	%定义函数
2	`m=2470;f=0.012;Cd=0.42;A=2.7;nt=0.95;R=0.358;sigma=` `  1.1;g=9.8;midu=0.7;`	%汽车参数赋值

3	`ne=[1400  1400  1400  1400  1400  1400  1400`
	`    1400  1400  1600  1600  1600  1600  1600  1600`
	`    1600  1600  1600  1600  1800  1800  1800  1800`
	`    1800  1800  1800  1800  1800  1800  2000  2000`
	`    2000  2000  2000  2000  2000  2000  2000  2000`
	`    2200  2200  2200  2200  2200  2200  2200  2200`
	`    2200  2200  2400  2400  2400  2400  2400  2400`
	`    2400  2400  2400  2400  2600  2600  2600  2600`
	`    2600  2600  2600  2600  2600  2600  2800  2800`
	`    2800  2800  2800  2800  2800  2800  2800  2800]';`
		%转速赋值

4	tp=[399.8　354.1　318.5　278.1　236.2　203.6　185.3 　　157.2　117.2　80.8　409.1　365.7　328.3　284.1 　　243.7　203.2　164.3　123.9　83.5　39.7　408.3 　　368.3　328.3　289　244.4　208.8　167.7　132.1 　　89.5　46.1　425.6　380.3　332.7　290.9　244.4 　　205.1　160.2　114.5　68.8　30.7　420.7　379.6 　　334.6　291.6　244.4　202.8　157.5　116　74.1 　　37.8　404.6　360.5　322.7　283　243.3　205.5 　　162.1　124.7　86.8　52.4　378　344.7　310.3 　　264.3　226.1　186.8　154.2　115.3　76.3　34.1 　　315.6　275.5　242.5　210.3　178.5　145.6　118.6 　　72.6　52.8　22.4]';	%转矩赋值
5	be=[222.8　220.4　232.4　228.5　227.8　232.6　248.5 　　245.9　272.4　329.7　222　221.7　235.4　226.5 　　230.5　236.8　249.1　276.1　407.9　487　226 　　225.3　226.4　233.9　242　283　253.6　271.4 　　323.5　468.6　206.5　231.1　231　233　242 　　244.9　265　299.8　398　596.8　234.7　259.8 　　235.5　237.6　242.8　292.3　277.9　308.7　396.2 　　605.9　174.2　242.2　252.2　287　253.6　264.6 　　290.6　316.8　378　518.8　256.9　253.7　253.5 　　260　303.8　280.7　300.6　346.5　435.6　812.9 　　257.9　295.3　282.4　288.7　301.9　329.7　357 　　475.4　580.3　1080.1]';	%燃料消耗率赋值
6	X=[ones(80,1),ne,tp,ne.^2,ne.*tp,tp.^2,ne.^3,ne.^2. 　*tp,ne.*tp.^2,tp.^3];	%多元线性回归设置
7	b=regress(be,X);	%多元线性回归函数
8	ne1=linspace(0,3000,200);	%定义转速范围
9	tp1=linspace(0,600,200);	%定义转矩范围
10	[X,Y]=meshgrid(ne1,tp1);	%生成二维网格矩阵
11	be1=b(1)*ones(200,200)+b(2)*X+b(3)*Y+b(4)*X.^2+ 　b(5)*X.*Y+b(6)*Y.^2+b(7)*X.^3+b(8)*X.^2.*Y+b(9)*X.* 　Y.^2+b(10)*Y.^3;	%计算燃料消耗率
12	pe1=tp1.*ne1/9550;	%计算功率
13	x=u2-u1+1;	%以1等间隔划分
14	Qt=zeros(x,1);	%生成 x×1 维矩阵 Q_t
15	for i=1:x	%循环开始
16	u=u1+i-1;	%计算速度
17	if(u>=0 && u<=15)	%判断一挡车速范围
18	it=4.016*4.1;	%计算一挡传动比
19	end;	%结束
20	if(u>15 && u<=25)	%判断二挡车速范围
21	it=2.318*4.1;	%计算二挡传动比
22	end	%结束

23	if(u>25 && u<=35)	%判断三挡车速范围
24	it=1.401*4.1;	%计算三挡传动比
25	end	%结束
26	if(u>35 && u<=55)	%判断四挡车速范围
27	it=4.1;	%计算四挡传动比
28	end	%结束
29	if(u>55)	%判断五挡车速范围
30	it=0.711*4.1;	%计算五挡传动比
31	end	%结束
32	pe=1/nt*(m*g*f*u/3600+Cd*A*u^3/76140+sigma*m*u*a/3600);	%计算匀速行驶功率
33	n=u*it/(0.377*R);	%计算发动机转速
34	b=interp2(pe1,ne1,be1,pe,n);	%插值得燃料消耗率
35	Qt(i)=pe*b/367.1/midu/g/1000;	%计算燃油消耗量
36	end	%结束
37	deltat=1/3.6/a;	%计算加速时间
38	Qa=0;	%将 Q_a 赋值为 0
39	for j=2:x-1	%循环开始
40	Qa=Qa+Qt(j)*deltat;	%计算总燃料消耗量
41	end	%循环结束
42	Qa=Qa+(Qt(1)+Qt(x))/2*deltat;	%计算总燃料消耗量
43	end	%循环结束

3. 等减速行驶工况的燃料消耗量计算函数

在 MATLAB 编辑器中输入等减速行驶工况的燃料消耗量计算程序,点击保存,命名为 "jiansu"。

1	function Qd=jiansu(a,u2,u3)	%定义函数
2	Qi=1.5;	%单位时间怠速燃料消耗量
3	t=(u2-u3)/3.6/a/3600;	%计算减速时间
4	Qd=Qi*t;	%减速工况百公里燃料消耗量
5	end	%循环结束

4. 主程序

在 MATLAB 编辑器中输入以下主程序,点击运行按钮,在命令行窗口即可看到仿真结果输出。

1	Qs1=yunsu(15,8)+yunsu(32,24)+yunsu(35,13)+yunsu(50,12);	%城市等速燃料消耗量
2	Ss1=(15*8+32*24+35*13+50*12)/3.6/1000;	%城市等速行驶距离
3	Qs2=yunsu(70,50)+yunsu(50,69)+yunsu(70,50)+yunsu(100,30)+yunsu(120,10);	%计算市郊等速行驶工况燃料消耗量
4	Ss2=(70*50+50*69+70*50+100*30+120*10)/3.6/1000;	%郊区等速行驶距离

5	Qa1=jiasu(1.04,0,15)+jiasu(0.83,0,15)+jiasu(0.94,15,32)+jiasu(0.83,0,15)+jiasu(0.62,15,35)+jiasu(0.52,35,50);	%计算城市部分加速行驶工况燃料消耗量
6	Sa1=(15^2/1.04+15^2/0.83*2+(32^2-15^2)/0.94+(35^2-15^2)/0.62+(50^2-35^2)/0.52)/25.92/1000;	%计算城市部分加速行驶工况行驶距离
7	Qa2=jiasu(0.83,0,15)+jiasu(0.62,15,35)+jiasu(0.52,35,50)+jiasu(0.43,50,70)+jiasu(0.43,50,70)+jiasu(0.27,70,100)+jiasu(0.28,100,120);	%计算市郊部分加速行驶工况燃料消耗量
8	Sa2=(15^2/0.83+(35^2-15^2)/0.62+(50^2-35^2)/0.52+(70^2-50^2)/0.43*2+(100^2-70^2)/0.27+(120^2-100^2)/0.28)/25.92/1000;	%计算市郊部分加速行驶工况行驶距离
9	Qd1=jiansu(0.69,15,10)+jiansu(0.92,10,0)+jiansu(0.75,32,10)+jiansu(0.92,10,0)+jiansu(0.52,50,35)+jiansu(0.86,35,10)+jiansu(0.92,10,0);	%计算城市部分减速行驶工况燃料消耗量
10	Sd1=((15^2-10^2)/0.69+(10^2)/0.92+(32^2-10^2)/0.75+(10^2)/0.92+(50^2-35^2)/0.52+(35^2-10^2)/0.86+(10^2)/0.92)/25.92/1000;	%计算城市部分减速行驶工况行驶距离
11	Qd2=jiansu(0.69,70,50)+jiansu(0.69,120,80)+jiansu(1.04,80,50)+jiansu(1.39,50,0);	%计算市郊部分减速行驶工况燃料消耗量
12	Sd2=((70^2-50^2)/0.69+(120^2-80^2)/0.69+(80^2-50^2)/1.04+(50^2)/1.39)/25.92/1000;	%计算市郊部分减速行驶工况行驶距离
13	Qi=3;	%急速工况单位时间燃油消耗
14	Qid1=Qi*60/3600;	%计算城市急速燃料消耗量
15	Qid2=Qi*40/3600;	%计算市郊急速燃料消耗量
16	S1=4*(Ss1+Sa1+Sd1);	%市区部分行驶距离
17	Q1=4*(Qs1+Qa1+Qd1+Qid1)/S1*100;	%市区部分平均燃料消耗量
18	S2=Ss2+Sa2+Sd2;	%市郊部分行驶距离
19	Q2=(Qs2+Qa2+Qd2+Qid2)/S2*100;	%市郊部分平均燃料消耗量
20	s=S1/(S1+S2);	%计算市区行驶距离比例
21	Q=Q1*s+Q2*(1-s);	%计算综合燃料消耗量
22	fprintf('汽车综合工况燃料消耗量:%f\n',Q)	%输出汽车综合工况油耗
23	fprintf('市区工况燃料消耗量:%f\n',Q1)	%输出市区工况油耗
24	fprintf('市郊工况燃料消耗量:%f\n',Q2)	%输出市郊工况油耗

输出结果为

汽车综合工况燃料消耗量＝8.70L/100km
市区工况燃料消耗量＝12.67L/100km
市郊工况燃料消耗量＝6.43L/100km

第四节 电动汽车经济性评价指标

电动汽车与燃油汽车在驱动系统、动力源方面存在着质的差别，由此导致这两种车辆在经济性评价指标、评价方法上存在着很大的差异。动力电池作为电动汽车唯一的动力源，能量存储密度不能达到燃油的水平，致使车辆续驶里程短，因此降低能量消耗率、提高能耗经济性对电动汽车更加重要。

电动汽车经济性评价指标主要是以一定的车速或循环行驶工况为基础，以车辆行驶一定里程的能量消耗量来衡量，主要有续驶里程和单位里程能量消耗率。

1. 续驶里程

续驶里程是指电动汽车电池组充满电后可连续行驶的里程，可以分为等速工况续驶里程和循环工况续驶里程。等速工况续驶里程是指电动汽车在良好的水平路面上一次充满电后等速行驶直至消耗掉全部携带的电能为止所行驶的里程；循环工况续驶里程是指充满电后，基于一定的运动工况需求进行行驶，其所能实现的最大的行驶里程。

电动汽车 NEDC 循环工况由 4 个市区循环和 1 个市郊循环组成，理论试验距离为 11.022km，试验时间为 1180s，如图 2-6 所示。

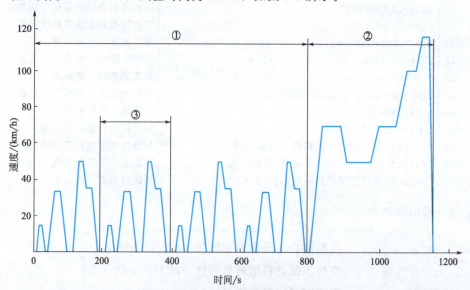

图 2-6 电动汽车 NEDC 循环工况

①—市区循环；②—市郊循环；③—市区基本循环

市区基本循环如图 2-7 所示。

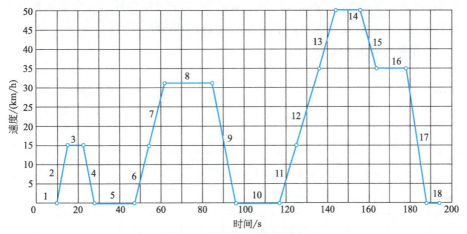

图 2-7 市区基本循环工况

市区基本循环试验参数见表 2-11。

表 2-11 市区基本循环试验参数

运转次序	操作状态	工况序号	加速度 /(m/s²)	速度 /(km/h)	操作时间/s	工况时间/s	累计时间 /s
1	停车	(1)	0.00	0	11	11	11
2	加速	(2)	1.04	0→15	4	4	15
3	等速	(3)	0.00	15	8	8	23
4	减速	(4)	−0.83	15→0	5	5	28
5	停车	(5)	0.00	0	21	21	49
6	加速	(6)	0.69	0→15	6	12	55
7	加速		0.79	15→32	6		61
8	等速	(7)	0.00	32	24	24	85
9	减速	(8)	−0.81	32→0	11	11	96
10	停车	(9)	0.00	0	21	21	117
11	加速	(10)	0.69	0→15	6	26	123
12	加速		0.51	15→35	11		134
13	加速		0.46	35→50	9		143
14	等速	(11)	0.00	50	12	12	155
15	减速	(12)	−0.52	50→35	8	8	163
16	等速	(13)	0.00	35	15	15	178
17	减速	(14)	−0.97	35→0	10	10	188
18	停车	(15)	0.00	0	7	7	195

一个市区基本循环时间是195s,其中停车60s,占30.77%;加速42s,占21.54%;等速59s,占30.26%;减速34s,占17.44%。一个市区基本循环的理论行驶距离是1017m,平均车速为18.77km/h。

市郊循环如图2-8所示。

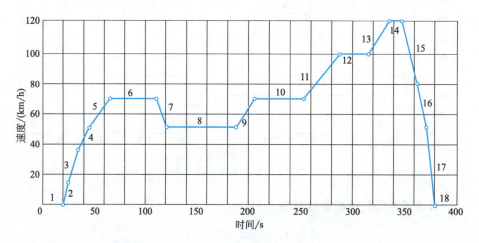

图2-8 市郊循环工况

市郊循环试验参数见表2-12。

表2-12 市郊循环试验参数

运转次序	操作状态	工况序号	加速度 /(m/s²)	速度 /(km/h)	操作时间 /s	工况时间 /s	累计时间 /s
1	停车	(1)	0.00	0	20	20	20
2	加速	(2)	0.69	0→15	6	41	26
3	加速		0.51	15→35	11		37
4	加速		0.42	35→50	10		47
5	加速		0.40	50→70	14		61
6	等速	(3)	0.00	70	50	50	111
7	减速	(4)	−0.69	70→50	8	8	119
8	等速	(5)	0.00	50	69	69	188
9	加速	(6)	0.43	50→70	13	13	201
10	等速	(7)	0.00	70	50	50	251
11	加速	(8)	0.24	70→100	35	35	286
12	等速	(9)	0.00	100	30	30	316

续表

运转次序	操作状态	工况序号	加速度/(m/s²)	速度/(km/h)	操作时间/s	工况时间/s	累计时间/s
13	加速	(10)	0.28	100→120	20	20	336
14	等速	(11)	0.00	120	10	10	346
15	减速	(12)	−0.69	120→80	16		362
16	减速		−1.04	80→50	8	34	370
17	减速		−1.39	50→0	10		380
18	停车	(13)	0.00	0	20	20	400

一个市郊循环时间是 400s，其中停车 40s，占 10%；加速 109s，占 27.25%；等速 209s，占 52.25%；减速 42s，占 10.50%。一个市郊循环的理论行驶距离是 6956m，平均车速为 62.60km/h。

续驶里程对于综合评价电动汽车电池组、电机及传动效率、电动汽车实用性具有积极意义。但此指标与电动汽车电池组装车容量及电池水平有关，在不同车型和装配不同容量电池组的同种车型间不具有可比性。即使装配相同容量同种电池的同一车型，续驶里程也受到电池组状态、天气、环境因素等使用条件影响而有一定的波动。

2. 单位里程能量消耗率

单位里程能量消耗率又可分为单位里程电网交流电能量消耗率和电池组直流电能量消耗率，其中交流电能量消耗率受到不同类型充电设备的效率影响；直流电能量消耗率仅以车载电池组的能量状态作为标准，脱离了充电机的影响，可以比较直接地反映电动汽车的实际性能。

交流电能量消耗率是指电动汽车经过规定的试验循环后对动力蓄电池重新充电至试验前的容量，从电网上得到的电能除以续驶里程所得的值，即

$$E = \frac{W}{S} \qquad (2\text{-}19)$$

式中，E 为电动汽车单位里程能量消耗率；W 为蓄电池在充电期间来自电网的能量；S 为试验期间电动汽车所能行驶的总距离，即续驶里程。

交流电能量消耗率评价指标不仅与电动汽车本身经济性有关，还受电网、充电设备等影响，因此，也可以选择以动力电池组的直流电能量消耗率作为评价指标。

第五节　电动汽车经济性建模

一、电动汽车单位里程能量消耗率建模

电动汽车单位里程能量消耗率为

$$E_\mathrm{p} = \frac{\int_0^{t_0} P_\mathrm{e}\,\mathrm{d}t}{S} \tag{2-20}$$

式中，E_p 为电动汽车单位里程能量消耗率；P_e 为工况行驶的功率需求；t_0 为工况行驶时间；S 为工况行驶的距离。

工况分为加速工况、等速工况、减速工况和驻车工况。

1. 加速工况单位里程能量消耗率

电动汽车在平坦路面上加速工况行驶所需要的功率为

$$P_\mathrm{j} = \frac{u(t)}{3600\eta_\mathrm{t}} \left[mgf + \frac{C_\mathrm{D}Au^2(t)}{21.15} + \delta m a_\mathrm{j} \right] \tag{2-21}$$

式中，P_j 为电动汽车加速工况行驶所需要的功率；$u(t)$ 为电动汽车行驶速度。

电动汽车行驶速度为

$$u(t) = u_0 + 3.6 a_\mathrm{j} t \tag{2-22}$$

式中，u_0 为加速初始速度；t 为加速时间。

电动汽车加速工况行驶的距离为

$$S_\mathrm{j} = \frac{u_\mathrm{j}^2 - u_0^2}{25920 a_\mathrm{j}} \tag{2-23}$$

式中，u_j 为加速终了速度。

电动汽车加速时间为

$$t = \frac{u_\mathrm{j} - u_0}{3.6 a_\mathrm{j}} \tag{2-24}$$

电动汽车加速工况单位里程能量消耗率为

$$E_\mathrm{j} = \frac{1}{\eta_\mathrm{t}} \left[\frac{C_\mathrm{D}A}{2 \times 21.15}(u_\mathrm{j}^2 + u_0^2) + (mgf + \delta m a_\mathrm{j}) \right] \tag{2-25}$$

可以看出，电动汽车加速工况单位里程能量消耗率是加速段初始速度和终了速度平方和的函数，在平均速度相同的情况下，加速段初始速度平方和小时能耗低。提高初始速度和增加速度间隔，单位里程能量消耗率都将增加。

2. 等速工况单位里程能量消耗率

电动汽车在平坦道路上等速工况行驶所需的功率为

$$P_d = \frac{u_0}{3600\eta_t}\left[mgf + \frac{C_D A u_0^2}{21.15}\right] \quad (2\text{-}26)$$

电动汽车等速工况行驶的距离为

$$S_d = u_0 t_0 \quad (2\text{-}27)$$

电动汽车等速工况单位里程能量消耗率为

$$E_d = \frac{1}{3600\eta_t}\left(\frac{C_D A u_0^2}{21.15} + mgf\right) \quad (2\text{-}28)$$

可以看出，电动汽车等速工况单位里程能量消耗率是速度平方的函数，提高行驶速度，单位里程能量消耗率将增加。

3. 减速工况单位里程能量消耗率

电动汽车减速工况行驶包含两种情况：一种是滑行减速或无再生制动功能下的制动减速，此时电机处于关断状态，电能输出为零，电动汽车单位里程能量消耗率为零；另一种是有再生制动功能下的制动减速，此时车轮拖动电机，电机处于发动机工作状态。电动汽车能量消耗为负，即动力电池处于充电工作状态。

电动汽车减速工况行驶的距离为

$$S_b = \frac{u_{b_0}^2 - u_{b_j}^2}{25920 a_j} \quad (2\text{-}29)$$

式中，u_{b_0}为减速初速度；u_{b_j}为减速终了速度。

4. 驻车工况单位里程能量消耗率

对于驻车工况，电机处于关断状态，电动汽车单位里程能量消耗率为零。

因此，电动汽车能量消耗主要发生在加速和等速运行工况，减速和驻车阶段能量消耗可忽略不计。

5. 循环工况单位里程能量消耗率

电动汽车 NEDC 循环工况的单位里程能量消耗率为

$$E = \frac{E_j S_j + E_d S_d}{S_j + S_d + S_b} \quad (2\text{-}30)$$

二、电动汽车续驶里程建模

电动汽车续驶里程分为等速行驶工况续驶里程和循环行驶工况续驶里程。

1. 等速行驶工况续驶里程建模

电动汽车在平坦道路上等速行驶时所需的功率见式(2-26)。

电池组携带的总能量为

$$E = Q_m U_e \tag{2-31}$$

式中，E 为电池组携带的总能量；Q_m 为电池组容量；U_e 为电池组额定电压。

电动汽车等速工况续驶里程为

$$S_d = \frac{E u_0}{1000 P_d} \eta_e \tag{2-32}$$

式中，S_d 为电动汽车等速工况续驶里程；η_e 为电池放电效率。

2. 循环行驶工况续驶里程建模

电动汽车行驶工况主要包括等速、加速、减速、驻车，分别建立这些工况下的电动汽车续驶里程数学模型。

(1) 等速工况　电动汽车在平坦道路上等速行驶所需的功率见式(2-26)。

电动汽车等速工况行驶里程见式(2-27)。

等速工况动力电池所消耗的能量为

$$E_d = \frac{1000 P_d S_d}{u_0 \eta_e} \tag{2-33}$$

(2) 加速工况　电动汽车在平坦道路上加速行驶所需的功率见式(2-21)。

电动汽车加速工况行驶速度见式(2-22)。

电动汽车加速工况行驶里程见式(2-23)。

加速工况动力电池所消耗的能量为

$$E_j = \frac{1000 P_j S_j}{u(t) \eta_e} \tag{2-34}$$

(3) 减速工况　电动汽车减速行驶包含两种情况：一种是滑行减速或无再生制动功能下的制动减速，此时电机处于关断状态，电能输出为零，动力电池消耗的能量为零；另一种是有再生制动功能下的制动减速，此时车轮拖动电机，电机处于发动机工作状态。动力电池消耗的能量为负，即动力电池处于充电工作状态。

(4) 驻车工况　驻车工况的电机处于关断状态，动力电池消耗的能量为零。

因此，动力电池能量消耗主要发生在加速和等速运行工况，减速和停车阶段能量消耗可忽略不计，而且不考虑制动能量回收。

动力电池组携带的总能量见式(2-31)。

一个 NEDC 循环工况的行驶里程为

$$S_1 = \sum_{i=1}^{k} S_i \tag{2-35}$$

式中，S_1 为一个 NEDC 循环工况的行驶里程；S_i 为每个状态行驶的距离；k 为电动汽车能够完成的状态总数。

一个 NEDC 循环工况行驶动力电池所消耗的能量为

$$E_1 = \sum_{i=1}^{k} E_i \tag{2-36}$$

式中，E_1 为一个 NEDC 循环工况行驶动力电池所消耗的能量；E_i 为每个状态动力电池所消耗的能量。

电动汽车循环工况续驶里程为

$$S = \frac{S_1 E}{E_1} \tag{2-37}$$

式中，S 为电动汽车循环工况续驶里程。

第六节 电动汽车经济性仿真

电动汽车经济性仿真所需参数见表 2-13。

表 2-13 电动汽车经济性仿真所需参数

整车质量/kg	滚动阻力系数	空气阻力系数	迎风面积/m²
1200	0.012	0.28	2.0
轮胎滚动半径/m	电机效率	机械传动效率	电池放电效率
0.3	0.9	0.92	0.95
旋转质量换算系数	电池组容量/(A·h)	电池组额定电压/V	
1.1	100	320	

一、电动汽车能量消耗仿真

1. 等速工况百公里能量消耗量

等速工况百公里能量消耗量仿真模型如图 2-9 所示。

等速工况百公里能量消耗量计算函数如下。

```
function E= fcn(u,m,f,Cd,A,nt)
E= (Cd*A*u.^2/21.15+ m*9.8*f)/nt/36;
```

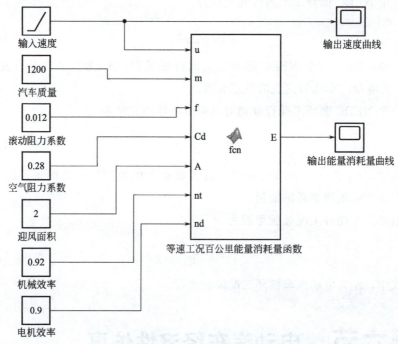

图 2-9 等速工况百公里能量消耗量仿真模型

运行等速工况百公里能量消耗量仿真模型，在 MATLAB 命令行窗口输入以下程序，可以得到电动汽车等速工况百公里能量消耗量曲线，如图 2-10 所示。

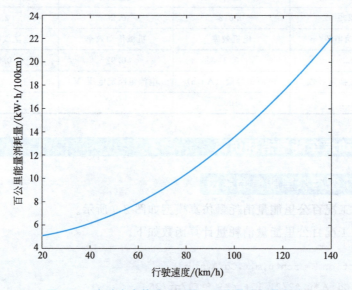

图 2-10 电动汽车等速工况百公里能量消耗量曲线

```
plot(out.u.signals.values,out.E.signals.values)
xlabel('行驶速度/(km/h)')
ylabel('百公里能量消耗量/(kW.h/100km)')
```

2. 循环工况百公里能量消耗量

循环工况百公里能量消耗量仿真模型如图 2-11 所示。

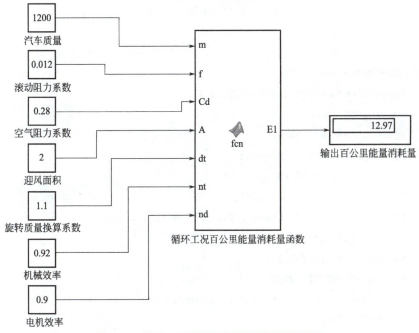

图 2-11　循环工况百公里能量消耗量仿真模型

循环工况百公里能量消耗量计算函数如下。

```
function E1=fcn(m,f,Cd,A,dt,nt)
g=9.8;
uj1=15;u01=0;aj1=1.04;
Sj1=(uj1^2-u01^2)/25920/aj1;
Pj1=uj1*(m*g*f+Cd*A*uj1^2/21.15+dt*m*aj1)/3600/nt;
Ej1=Pj1*Sj1/uj1;
ud1=15;t1=8;
Sd1=ud1*t1/3600;
Pd1=ud1*(m*g*f+Cd*A*ud1^2/21.15)/3600/nt;
Ed1=Pd1*Sd1/ud1;
```

```
uj2=0;u02=15;aj2=-0.83;Sj2=(uj2^2-u02^2)/25920/aj2;
uj3=15;u03=0;aj3=0.69;
Sj3=(uj3^2-u03^2)/25920/aj3;
Pj3=uj3*(m*g*f+Cd*A*uj3^2/21.15+dt*m*aj3)/3600/nt;
Ej3=Pj3*Sj3/uj3;
uj4=32;u04=15;aj4=0.79;
Sj4=(uj4^2-u04^2)/25920/aj4;
Pj4=uj4*(m*g*f+Cd*A*uj4^2/21.15+dt*m*aj4)/3600/nt;
Ej4=Pj4*Sj4/uj4;
ud2=32;t2=24;
Sd2=ud2*t2/3600;
Pd2=ud2*(m*g*f+Cd*A*ud2^2/21.15)/3600/nt;
Ed2=Pd2*Sd2/ud2;
uj5=0;u05=32;aj5=-0.81;
Sj5=(uj5^2-u05^2)/25920/aj5;
uj6=15;u06=0;aj6=0.69;
Sj6=(uj6^2-u06^2)/25920/aj6;
Pj6=uj6*(m*g*f+Cd*A*uj6^2/21.15+dt*m*aj6)/3600/nt;
Ej6=Pj6*Sj6/uj6;
uj7=35;u07=15;aj7=0.51;
Sj7=(uj7^2-u07^2)/25920/aj7;
Pj7=uj7*(m*g*f+Cd*A*uj7^2/21.15+dt*m*aj7)/3600/nt;
Ej7=Pj7*Sj7/uj7;
uj8=50;u08=35;aj8=0.46;
Sj8=(uj8^2-u08^2)/25920/aj8;
Pj8=uj8*(m*g*f+Cd*A*uj8^2/21.15+dt*m*aj8)/3600/nt;
Ej8=Pj8*Sj8/uj8;
ud3=50;t3=12;
Sd3=ud3*t3/3600;
Pd3=ud3*(m*g*f+Cd*A*ud3^2/21.15)/3600/nt;
Ed3=Pd3*Sd3/ud3;
uj9=35;u09=50;aj9=-0.52;
Sj9=(uj9^2-u09^2)/25920/aj9;
ud4=35;t4=15;
Sd4=ud4*t4/3600;
Pd4=ud4*(m*g*f+Cd*A*ud4^2/21.15)/3600/nt;
```

```
Ed4=Pd4*Sd4/ud4;
uj10=0;u010=35;aj10=-0.97;
Sj10=(uj10^2-u010^2)/25920/aj10;
S11=Sj1+Sj2+Sj3+Sj4+Sj5+Sj6+Sj7+Sj8+Sj9+Sj10+Sd1+Sd2+Sd3+Sd4;
E11=Ej1+Ej3+Ej4+Ej6+Ej7+Ej8+Ed1+Ed2+Ed3+Ed4;
S10=4*S11;
E10=4*E11;
uj11=15;u011=0;aj11=0.69;
Sj11=(uj11^2-u011^2)/25920/aj11;
Pj11=uj11*(m*g*f+Cd*A*uj11^2/21.15+dt*m*aj11)/3600/nt;
Ej11=Pj11*Sj11/uj11;
uj12=35;u012=15;aj12=0.51;
Sj12=(uj12^2-u012^2)/25920/aj12;
Pj12=uj12*(m*g*f+Cd*A*uj12^2/21.15+dt*m*aj12)/3600/nt;
Ej12=Pj12*Sj12/uj12;
uj13=50;u013=35;aj13=0.42;
Sj13=(uj13^2-u013^2)/25920/aj13;
Pj13=uj13*(m*g*f+Cd*A*uj13^2/21.15+dt*m*aj13)/3600/nt;
Ej13=Pj13*Sj13/uj13;
uj14=70;u014=50;aj14=0.40;
Sj14=(uj14^2-u014^2)/25920/aj14;
Pj14=uj14*(m*g*f+Cd*A*uj14^2/21.15+dt*m*aj14)/3600/nt;
Ej14=Pj14*Sj14/uj14;
ud5=70;t5=50;
Sd5=ud5*t5/3600;
Pd5=ud5*(m*g*f+Cd*A*ud5^2/21.15)/3600/nt;
Ed5=Pd5*Sd5/ud5;
uj15=50;u015=70;aj15=-0.69;
Sj15=(uj15^2-u015^2)/25920/aj15;
ud6=50;t6=69;
Sd6=ud6*t6/3600;
Pd6=ud6*(m*g*f+Cd*A*ud6^2/21.15)/3600/nt;
Ed6=Pd6*Sd6/ud6;
uj16=70;u016=50;aj16=0.43;
Sj16=(uj16^2-u016^2)/25920/aj16;
Pj16=uj16*(m*g*f+Cd*A*uj16^2/21.15+dt*m*aj16)/3600/nt;
```

```
Ej16=Pj16*Sj16/uj16;
ud7=70;t7=50;
Sd7=ud7*t7/3600;
Pd7=ud7*(m*g*f+Cd*A*ud7^2/21.15)/3600/nt;
Ed7=Pd7*Sd7/ud7;
uj17=100;u017=70;aj17=0.24;
Sj17=(uj17^2-u017^2)/25920/aj17;
Pj17=uj17*(m*g*f+Cd*A*uj17^2/21.15+dt*m*aj17)/3600/nt;
Ej17=Pj17*Sj17/uj17;
ud8=100;t8=30;
Sd8=ud8*t8/3600;
Pd8=ud8*(m*g*f+Cd*A*ud8^2/21.15)/3600/nt;
Ed8=Pd8*Sd8/ud8;
uj18=120;u018=100;aj18=0.28;
Sj18=(uj18^2-u018^2)/25920/aj18;
Pj18=uj18*(m*g*f+Cd*A*uj18^2/21.15+dt*m*aj18)/3600/nt;
Ej18=Pj18*Sj18/uj18;
ud9=120;t9=10;
Sd9=ud9*t9/3600;
Pd9=ud9*(m*g*f+Cd*A*ud9^2/21.15)/3600/nt;
Ed9=Pd9*Sd9/ud9;
uj19=80;u019=120;aj19=-0.69;
Sj19=(uj19^2-u019^2)/25920/aj19;
uj20=50;u020=80;aj20=-1.04;
Sj20=(uj20^2-u020^2)/25920/aj20;
uj21=0;u021=50;aj21=-1.39;
Sj21=(uj21^2- u021^2)/25920/aj21;
S20=Sj11+Sj12+Sj13+Sj14+Sj15+Sj16+Sj17+Sj18+Sj19+Sj20+Sj21+Sd5+
    Sd6+Sd7+Sd8+Sd9;
E20=Ej11+Ej12+Ej13+Ej14+Ej16+Ej17+Ej18+Ed5+Ed6+Ed7+Ed8+Ed9;
S1=S10+S20;
E1=100*(E10+E20)/S1;
```

运行循环工况百公里能量消耗量仿真模型，输出结果为

$$E1=12.97$$

即该电动汽车 NEDC 循环工况百公里能量消耗量为 12.97kW·h/100km。

二、电动汽车续驶里程仿真

1. 等速工况电动汽车续驶里程仿真和影响因素分析

（1）电池组容量的影响　等速行驶工况电动汽车续驶里程仿真模型如图 2-12 所示。

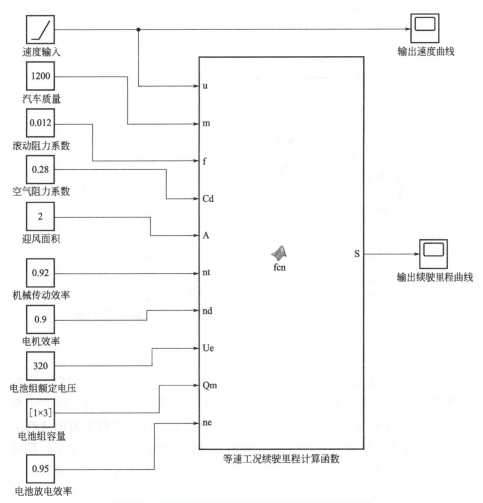

图 2-12　等速行驶工况电动汽车续驶里程仿真模型

等速工况续驶里程计算函数如下。

```
function S= fcn(u,m,f,Cd,A,nt,nd,Ue,Qm,ne)
S= 76.14*Qm*Ue*nd*nt*ne./(21.15*m*9.8*f+Cd*A*u.^2);
```

运行等速工况电动汽车续驶里程仿真模型，在 MATLAB 命令行窗口输入以下程序，可以得到不同电池组容量下的电动汽车等速工况续驶里程曲线，如图 2-13 所示。可以看出，电池容量越大，续驶里程越长；车速越快，续驶里程越短。

```
plot(out.u.signals.values,out.s.signals.values)
xlabel('行驶速度/(km/h)')
ylabel('续驶里程/km')
text(40,400,'100A.h'),text(40,500,'110A.h'),text(40,600,'120A.h')
```

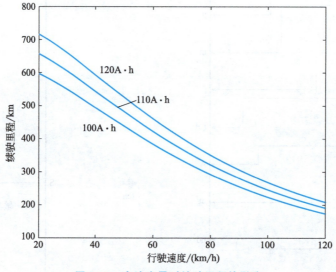

图 2-13 电池容量对续驶里程的影响

（2）汽车质量的影响 在等速工况电动汽车续驶里程仿真模型中，修改汽车质量和电池组容量；再运行等速工况电动汽车续驶里程仿真模型，在 MATLAB 命令行窗口输入以下程序，可以得到不同汽车质量下的电动汽车等速工况续驶里程曲线，如图 2-14 所示。可以看出，电动汽车整车质量越小，续驶里程越长。因此，应该采用轻量化技术，降低整车质量，延长续驶里程。

```
plot(out.u.signals.values,out.s.signals.values)
xlabel('行驶速度/(km/h)')
ylabel('续驶里程/km')
text(35,650,'1000kg'),text(35,550,'1200kg'),text(35,400,'1400kg')
```

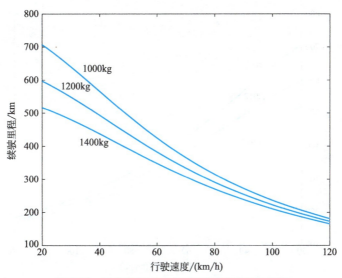

图 2-14　电动汽车整车质量对续驶里程的影响

（3）滚动阻力系数的影响　在等速工况电动汽车续驶里程仿真模型中，修改滚动阻力系数和电池组容量；再运行等速工况电动汽车续驶里程仿真模型，在 MATLAB 命令行窗口输入以下程序，可以得到不同滚动阻力系数下的电动汽车等速工况续驶里程曲线，如图 2-15 所示。可以看出，滚动阻力系数越小，续驶里程越长。因此，应该采用滚动阻力小的轮胎，延长续驶里程。

```
plot(out.u.signals.values,out.s.signals.values)
xlabel('行驶速度/(km/h)')
ylabel('续驶里程/km')
text(35,640,'0.010'),text(35,540,'0.012'),text(35,400,'0.014')
```

（4）空气阻力系数的影响　在等速工况电动汽车续驶里程仿真模型中，修改空气阻力系数和电池组容量；再运行等速工况电动汽车续驶里程仿真模型，在 MATLAB 命令行窗口输入以下程序，可以得到不同空气阻力系数下的电动汽车等速工况续驶里程曲线，如图 2-16 所示。可以看出，空气阻力系数越小，续驶里程越长。因此，应该优化电动汽车造型设计，降低空气阻力系数，延长续驶里程。

```
plot(out.u.signals.values,out.s.signals.values)
xlabel('行驶速度/(km/h)')
ylabel('续驶里程/km')
text(50,480,'0.24'),text(50,430,'0.28'),text(50,360,'0.32')
```

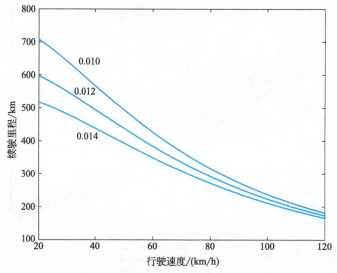

图 2-15 滚动阻力系数对续驶里程的影响

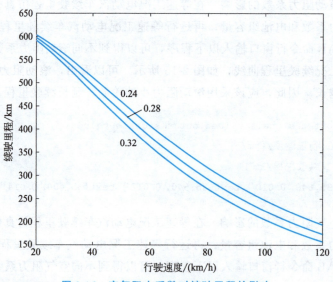

图 2-16 空气阻力系数对续驶里程的影响

(5) 电机效率的影响 在等速工况电动汽车续驶里程仿真模型中，修改电机效率和电池组容量；再运行等速工况电动汽车续驶里程仿真模型，在 MAT-LAB 命令行窗口输入以下程序，可以得到不同电机效率下的电动汽车等速工况续驶里程曲线，如图 2-17 所示。可以看出，电机效率越高，续驶里程越长。因此，应该提高电机效率，延长续驶里程。

```
plot(out.u.signals.values,out.s.signals.values)
xlabel('行驶速度/(km/h)')
ylabel('续驶里程/km')
text(40,550,'0.95'),text(40,490,'0.9'),text(40,420,'0.85')
```

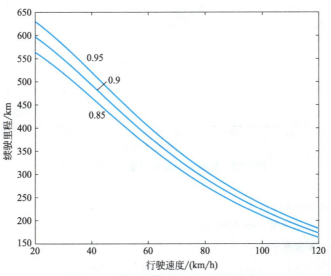

图 2-17　电机效率对续驶里程的影响

(6) 机械传动效率的影响　在等速工况电动汽车续驶里程仿真模型中，修改机械传动效率和电池组容量；再运行等速工况电动汽车续驶里程仿真模型，在 MATLAB 命令行窗口输入以下程序，可以得到不同机械传动效率下的电动汽车等速工况续驶里程曲线，如图 2-18 所示。可以看出，机械传动效率越高，续驶里程越长。因此，应该提高机械传动效率，延长续驶里程。

```
plot(out.u.signals.values,out.s.signals.values)
xlabel('行驶速度/(km/h)')
ylabel('续驶里程/km')
text(40,540,'0.96'),text(40,480,'0.92'),text(40,420,'0.88')
```

(7) 电池放电效率的影响　在等速工况电动汽车续驶里程仿真模型中，修改电池放电效率和电池组容量；再运行等速工况电动汽车续驶里程仿真模型，在 MATLAB 命令行窗口输入以下程序，可以得到不同电池放电效率下的电动汽车等速工况续驶里程曲线，如图 2-19 所示。可以看出，电池放电效率越高，续驶里程越长。因此，应该提高电池放电效率，延长续驶里程。

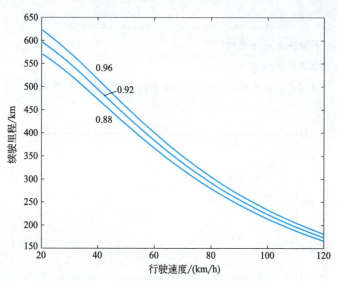

图 2-18　机械传动效率对续驶里程的影响

```
plot(out.u.signals.values,out.s.signals.values)
xlabel('行驶速度/(km/h)')
ylabel('续驶里程/km')
text(40,540,'1.00'),text(40,480,'0.95'),text(40,420,'0.90')
```

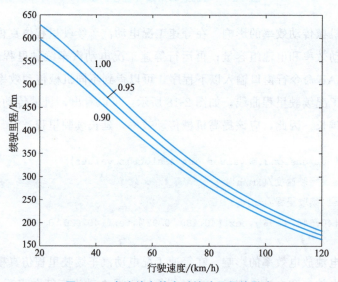

图 2-19　电池放电效率对续驶里程的影响

2. 循环工况电动汽车续驶里程仿真和影响因素分析

（1）汽车质量的影响　循环工况电动汽车续驶里程仿真模型如图 2-20 所示。

第二章 汽车燃料经济性建模与仿真

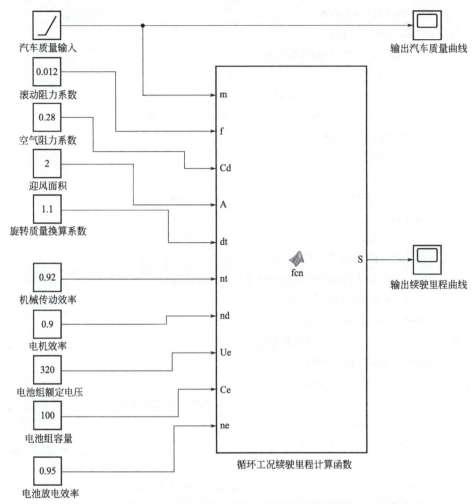

图 2-20 循环工况电动汽车续驶里程仿真模型

循环工况续驶里程计算函数如下。

```
function S=fcn(m,f,Cd,A,dt,nt,nd,Ue,Ce,ne)
g=9.8;
uj1=15;u01=0;aj1=1.04;
Sj1=(uj1^2-u01^2)/25920/aj1;
Pj1=uj1*(m*g*f+Cd*A*uj1^2/21.15+dt*m*aj1)/3600/nd/nt;
Ej1=Pj1*Sj1/uj1/ne;
ud1=15;t1=8;
Sd1=ud1*t1/3600;
Pd1=ud1*(m*g*f+Cd*A*ud1^2/21.15)/3600/nd/nt;
```

```
Ed1=Pd1*Sd1/ud1/ne;
uj2=0;u02=15;aj2=-0.83;
Sj2=(uj2^2-u02^2)/25920/aj2;
uj3=15;u03=0;aj3=0.69;
Sj3=(uj3^2-u03^2)/25920/aj3;
Pj3=uj3*(m*g*f+Cd*A*uj3^2/21.15+dt*m*aj3)/3600/nd/nt;
Ej3=Pj3*Sj3/uj3/ne;
uj4=32;u04=15;aj4=0.79;
Sj4=(uj4^2-u04^2)/25920/aj4;
Pj4=uj4*(m*g*f+Cd*A*uj4^2/21.15+dt*m*aj4)/3600/nd/nt;
Ej4=Pj4*Sj4/uj4/ne;
ud2=32;t2=24;
Sd2=ud2*t2/3600;
Pd2=ud2*(m*g*f+Cd*A*ud2^2/21.15)/3600/nd/nt;
Ed2=Pd2*Sd2/ud2/ne;
uj5=0;u05=32;aj5=-0.81;
Sj5=(uj5^2-u05^2)/25920/aj5;
uj6=15;u06=0;aj6=0.69;
Sj6=(uj6^2-u06^2)/25920/aj6;
Pj6=uj6*(m*g*f+Cd*A*uj6^2/21.15+dt*m*aj6)/3600/nd/nt;
Ej6=Pj6*Sj6/uj6/ne;
uj7=35;u07=15;aj7=0.51;
Sj7=(uj7^2-u07^2)/25920/aj7;
Pj7=uj7*(m*g*f+Cd*A*uj7^2/21.15+dt*m*aj7)/3600/nd/nt;
Ej7=Pj7*Sj7/uj7/ne;
uj8=50;u08=35;aj8=0.46;
Sj8=(uj8^2-u08^2)/25920/aj8;
Pj8=uj8*(m*g*f+Cd*A*uj8^2/21.15+dt*m*aj8)/3600/nd/nt;
Ej8=Pj8*Sj8/uj8/ne;
ud3=50;t3=12;
Sd3=ud3*t3/3600;
Pd3=ud3*(m*g*f+Cd*A*ud3^2/21.15)/3600/nd/nt;
Ed3=Pd3*Sd3/ud3/ne;
uj9=35;u09=50;aj9=-0.52;
Sj9=(uj9^2-u09^2)/25920/aj9;
ud4=35;t4=15;
```

```
Sd4=ud4*t4/3600;
Pd4=ud4*(m*g*f+Cd*A*ud4^2/21.15)/3600/nd/nt;
Ed4=Pd4*Sd4/ud4/ne;
uj10=0;u010=35;aj10=-0.97;
Sj10=(uj10^2-u010^2)/25920/aj10;
S11=Sj1+Sj2+Sj3+Sj4+Sj5+Sj6+Sj7+Sj8+Sj9+Sj10+Sd1+Sd2+Sd3+Sd4;
E11=Ej1+Ej3+Ej4+Ej6+Ej7+Ej8+Ed1+Ed2+Ed3+Ed4;
S10=4*S11;
E10=4*E11;
uj11=15;u011=0;aj11=0.69;
Sj11=(uj11^2-u011^2)/25920/aj11;
Pj11=uj11*(m*g*f+Cd*A*uj11^2/21.15+dt*m*aj11)/3600/nd/nt;
Ej11=Pj11*Sj11/uj11/ne;
uj12=35;u012=15;aj12=0.51;
Sj12=(uj12^2-u012^2)/25920/aj12;
Pj12=uj12*(m*g*f+Cd*A*uj12^2/21.15+dt*m*aj12)/3600/nd/nt;
Ej12=Pj12*Sj12/uj12/ne;
uj13=50;u013=35;aj13=0.42;
Sj13=(uj13^2-u013^2)/25920/aj13;
Pj13=uj13*(m*g*f+Cd*A*uj13^2/21.15+dt*m*aj13)/3600/nd/nt;
Ej13=Pj13*Sj13/uj13/ne;
uj14=70;u014=50;aj14=0.40;
Sj14=(uj14^2-u014^2)/25920/aj14;
Pj14=uj14*(m*g*f+Cd*A*uj14^2/21.15+dt*m*aj14)/3600/nd/nt;
Ej14=Pj14*Sj14/uj14/ne;
ud5=70;t5=50;
Sd5=ud5*t5/3600;
Pd5=ud5*(m*g*f+Cd*A*ud5^2/21.15)/3600/nd/nt;
Ed5=Pd5*Sd5/ud5/ne;
uj15=50;u015=70;aj15=-0.69;
Sj15=(uj15^2-u015^2)/25920/aj15;
ud6=50;t6=69;
Sd6=ud6*t6/3600;
Pd6=ud6*(m*g*f+Cd*A*ud6^2/21.15)/3600/nd/nt;
Ed6=Pd6*Sd6/ud6/ne;
uj16=70;u016=50;aj16=0.43;
```

```
Sj16=(uj16^2-u016^2)/25920/aj16;
Pj16=uj16*(m*g*f+Cd*A*uj16^2/21.15+dt*m*aj16)/3600/nd/nt;
Ej16=Pj16*Sj16/uj16/ne;
ud7=70;t7=50;
Sd7=ud7*t7/3600;
Pd7=ud7*(m*g*f+Cd*A*ud7^2/21.15)/3600/nd/nt;
Ed7=Pd7*Sd7/ud7/ne;
uj17=100;u017=70;aj17=0.24;
Sj17=(uj17^2-u017^2)/25920/aj17;
Pj17=uj17*(m*g*f+Cd*A*uj17^2/21.15+dt*m*aj17)/3600/nd/nt;
Ej17=Pj17*Sj17/uj17/ne;
ud8=100;t8=30;
Sd8=ud8*t8/3600;
Pd8=ud8*(m*g*f+Cd*A*ud8^2/21.15)/3600/nd/nt;
Ed8=Pd8*Sd8/ud8/ne;
uj18=120;u018=100;aj18=0.28;
Sj18=(uj18^2-u018^2)/25920/aj18;
Pj18=uj18*(m*g*f+Cd*A*uj18^2/21.15+dt*m*aj18)/3600/nd/nt;
Ej18=Pj18*Sj18/uj18/ne;
ud9=120;t9=10;
Sd9=ud9*t9/3600;
Pd9=ud9*(m*g*f+Cd*A*ud9^2/21.15)/3600/nd/nt;
Ed9=Pd9*Sd9/ud9/ne;
uj19=80;u019=120;aj19=-0.69;
Sj19=(uj19^2-u019^2)/25920/aj19;
uj20=50;u020=80;aj20=-1.04;
Sj20=(uj20^2-u020^2)/25920/aj20;
uj21=0;u021=50;aj21=-1.39;
Sj21=(uj21^2-u021^2)/25920/aj21;
S20=Sj11+Sj12+Sj13+Sj14+Sj15+Sj16+Sj17+Sj18+Sj19+Sj20+Sj21+Sd5+
    Sd6+Sd7+Sd8+Sd9;
E20=Ej11+Ej12+Ej13+Ej14+Ej16+Ej17+Ej18+Ed5+Ed6+Ed7+Ed8+Ed9;
E=Ue*Ce/1000;
S1=S10+S20;
E1=E10+E20;
S=S1*E./E1;
```

运行循环工况电动汽车续驶里程仿真模型，在 MATLAB 命令行窗口输入以下程序，可以得到续驶里程与汽车质量的关系曲线，如图 2-21 所示。可以看出，整车质量越大，续驶里程越短，可采用轻量化技术降低整车质量，提高续驶里程。

```
plot(out.m.signals.values,out.s.signals.values)
xlabel('汽车质量/kg')
ylabel('续驶里程/km')
```

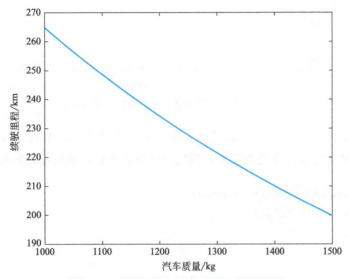

图 2-21　续驶里程与汽车质量的关系曲线

（2）滚动阻力系数的影响　在循环工况电动汽车续驶里程仿真模型中，修改汽车质量和滚动阻力系数；再运行循环工况电动汽车续驶里程仿真模型，在 MATLAB 命令行窗口输入以下程序，可以得到续驶里程与滚动阻力系数的关系曲线，如图 2-22 所示。可以看出，滚动阻力系数越小，续驶里程越长。因此，应该采用滚动阻力小的轮胎，延长续驶里程。

```
plot(out.f.signals.values,out.s.signals.values)
xlabel('滚动阻力系数')
ylabel('续驶里程/km')
```

（3）空气阻力系数的影响　在循环工况电动汽车续驶里程仿真模型中，修改汽车质量和空气阻力系数；再运行循环工况电动汽车续驶里程仿真模型，在 MATLAB 命令行窗口输入以下程序，可以得到续驶里程与空气阻力系数的关

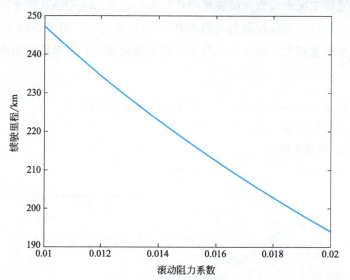

图 2-22　续驶里程与滚动阻力系数的关系曲线

系曲线，如图 2-23 所示。可以看出，空气阻力系数越小，续驶里程越长。因此，应该优化电动汽车造型设计，降低空气阻力系数，延长续驶里程。

```
plot(out.Cd.signals.values,out.s.signals.values)
xlabel('空气阻力系数')
ylabel('续驶里程/km')
```

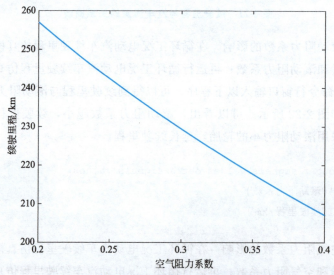

图 2-23　续驶里程与空气阻力系数的关系曲线

(4) 机械传动效率的影响 在循环工况电动汽车续驶里程仿真模型中, 修改汽车质量和机械传动效率; 再运行循环工况电动汽车续驶里程仿真模型, 在 MATLAB 命令行窗口输入以下程序, 可以得到续驶里程与机械传动效率的关系曲线, 如图 2-24 所示。可以看出, 机械传动效率越高, 续驶里程越长。

```
plot(out. nt. signals. values,out. s. signals. values)
xlabel('机械传动效率')
ylabel('续驶里程/km')
```

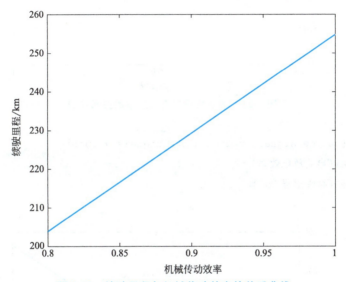

图 2-24 续驶里程与机械传动效率的关系曲线

(5) 电机效率的影响 在循环工况电动汽车续驶里程仿真模型中, 修改汽车质量和电机效率; 再运行循环工况电动汽车续驶里程仿真模型, 在 MATLAB 命令行窗口输入以下程序, 可以得到续驶里程与电机效率的关系曲线, 如图 2-25 所示。可以看出, 电机效率越高, 续驶里程越长。

```
plot(out. nd. signals. values,out. s. signals. values)
xlabel('电机效率')
ylabel('续驶里程/km')
```

(6) 电池放电效率的影响 在循环工况电动汽车续驶里程仿真模型中, 修改汽车质量和电池放电效率; 再运行循环工况电动汽车续驶里程仿真模型, 在 MATLAB 命令行窗口输入以下程序, 可以得到续驶里程与电池放电效率的关系曲线, 如图 2-26 所示。可以看出, 电池放电效率越高, 续驶里程越长。

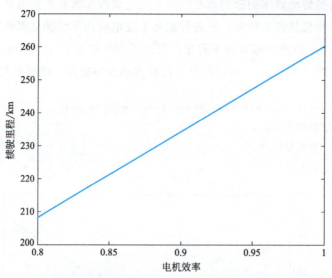

图 2-25 续驶里程与电机效率的关系曲线

```
plot(out.ne.signals.values,out.s.signals.values)
xlabel('电池放电效率')
ylabel('续驶里程/km')
```

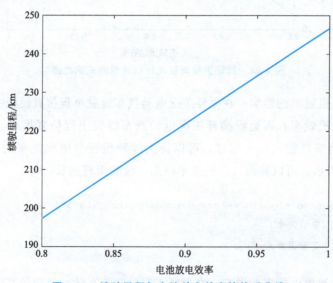

图 2-26 续驶里程与电池放电效率的关系曲线

（7）电池容量的影响　在循环工况电动汽车续驶里程仿真模型中，修改汽车质量和电池容量；再运行循环工况电动汽车续驶里程仿真模型，在 MATLAB

命令行窗口输入以下程序，可以得到续驶里程与电池容量的关系曲线，如图 2-27 所示。可以看出，电池能量越高，续驶里程越长。

```
plot(out.Ce.signals.values,out.s.signals.values)
xlabel('电池容量/(A.h)')
ylabel('续驶里程/km')
```

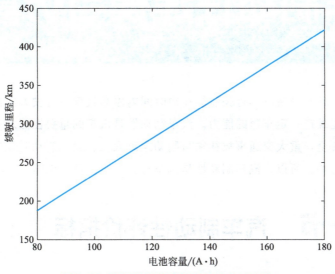

图 2-27　续驶里程与电池容量的关系曲线

第三章
汽车制动性建模与仿真

汽车制动性是指汽车行驶时能在短时间内停车且维持行驶方向稳定性和在下长坡时能维持一定车速的能力。汽车制动性是汽车的重要性能之一，直接关系到交通安全，重大交通事故往往与制动距离太长、紧急制动时发生侧滑和侧翻等情况有关。所以，汽车制动性是汽车行驶安全的重要保障。

第一节 汽车制动性评价指标

从获得尽可能高的行驶安全的观点出发，汽车制动性主要由3个方面的指标来评定，即制动效能、制动效能的恒定性和制动时的方向稳定性。

1. 制动效能

制动效能即制动距离与制动减速度，是指在良好路面上，汽车以一定初速度制动到停车的制动距离或制动时汽车的减速度，是制动性能最基本的评价指标。制动距离与汽车的行驶安全有直接关系，试验测试的制动距离是指汽车空挡时以一定初速度，从驾驶员踩下制动踏板开始到汽车停止为止所驶过的距离。制动距离与制动踏板力以及路面附着条件有关。制动减速度反映了地面制动力，因此它与制动器制动力（车轮滚动时）及附着力（车轮抱死拖滑时）有关。由于各种汽车动力性不同，对制动效能的要求也就不同：一般轿车、轻型货车的行驶速度快，所以要求其制动效能也高；而重型货车行驶速度相对较低，其制动效能的要求也就稍低一些。

轿车一般用在良好路面条件下，以100km/h的初速度制动到停车的最短距离来表示。轿车一般制动距离小于42m为优秀，制动距离为42～45m为合格，大于45m为较差。

2. 制动效能的恒定性

制动效能的恒定性主要是指抗热衰退能力和抗水衰退能力。

汽车制动过程实际上是把汽车行驶的动能通过制动器吸收转化为热能，汽车在繁重的工作条件下制动时（例如下长坡长时间、连续制动）或高速制动时，制动器温度常在300℃以上，有时甚至达到600～700℃，制动器温度上升后，摩擦力矩将显著下降，这种现象称为制动器的热衰退。所以制动器温度升高后，能否保持在冷状态时的制动效能已成为设计制动器时要考虑的一个重要问题。汽车在高速行驶或下长坡连续制动时制动效能保持的程度，称为抗热衰退性能。制动器抗热衰退性能一般用一系列连续制动时制动效能的保持程度来衡量。制动器抗热衰退性能与制动器材料和制动器的结构型式有关。

当汽车涉水后，因水进入制动器，短时间内制动效能的降低，称为水衰退现象。

3. 制动时的方向稳定性

汽车制动时不发生跑偏、侧滑以及失去转向能力的性能，即汽车在制动过程中维持直线行驶或按预定弯道行驶的能力称为汽车制动时的方向稳定性。制动过程中，有时会出现制动跑偏、后轴侧滑或前轮失去转向能力而使汽车失去控制，离开原来的行驶方向，甚至发生撞入对方汽车行驶轨道、下沟、滑下山坡的危险情况。

汽车制动时的方向稳定性常用制动时汽车按给定路径行驶的能力来评价。若制动发生跑偏、侧滑或失去转向能力，则汽车将偏离原来的路径。

第二节 汽车制动性建模

一、汽车制动时车轮受力

汽车制动时车轮受力情况对其制动性能有直接影响。汽车鼓式制动器系统工作原理如图 3-1 所示。随着制动踏板力的增加，摩擦力增大，制动器制动力矩增大，地面制动力也变大，汽车进行减速。

1. 制动器制动力

当驾驶员踩下制动踏板时，踏板上的力通过传动机构到各制动车轮的轮缸，驱使车轮内制动器中元件形成摩擦力矩阻止车轮转动，称这种作用在车轮上的摩擦力矩为制动器制动力矩。由于车轮与路面间有附着作用，车轮对路面

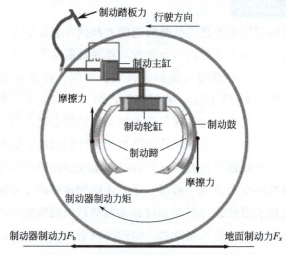

图 3-1 汽车鼓式制动器系统工作原理

作用一个向前的周缘力,称为制动器制动力,即

$$F_b = \frac{M_b}{R} \tag{3-1}$$

式中,F_b 为制动器制动力;M_b 为制动器制动力矩;R 为车轮半径。

制动器制动力是由制动系统的设计参数所决定的,即取决于制动器型式、结构尺寸、摩擦系数、轮缸压力、车轮半径等。

对于一辆具体汽车,制动器制动力的大小主要取决于驾驶员的踏板力,与踏板力成正比,但与路面附着条件无关。

2. 地面制动力

车轮制动时,路面对车轮作用一个向后的作用力,称为地面制动力,它既取决于制动器制动力的大小,又取决于轮胎与地面之间的附着力。

对于一辆具体汽车,地面制动力的大小既取决于驾驶员的踏板力的大小,又受路面附着条件的限制。如果轮胎在地面上已经打滑,继续增加踏板力,地面制动力也不会增加。

地面制动力是使汽车制动而减速的外力,其计算公式为

$$F_x = \frac{M_b}{R} \leqslant F_\mu = \mu F_z \tag{3-2}$$

式中,F_x 为地面制动力;F_μ 为地面附着力;F_z 为地面垂直反作用力;μ 为附着系数。

最大地面制动力为

$$F_{x_{\max}} = \mu F_z \tag{3-3}$$

3. 地面制动力与制动器制动力之间的关系

汽车制动过程中地面制动力、制动器制动力及地面附着力之间的关系如图 3-2 所示，图中 F_p 为踏板力；p 为制动油压。

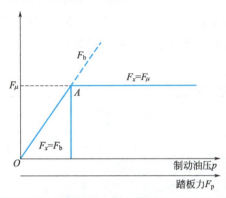

图 3-2　汽车制动过程中地面制动力、制动器制动力及地面附着力之间的关系

在汽车制动过程中，当制动踏板力比较小，即制动器中摩擦力矩较小时，地面与轮胎之间产生的地面制动力足以克服制动器中摩擦力矩而使车轮滚动，此时，地面制动力等于制动器制动力，且随踏板力增长成正比关系增长。当制动踏板力增加到某一值，地面制动力的大小达到附着力时，车轮就开始抱死。如果继续增加制动踏板力，地面制动力受地面附着力限制不再增长，制动器制动力由于摩擦力矩的增长而仍按直线关系继续上升。

地面制动力与制动器制动力的关系为

$$F_x = F_b \quad 车轮滚动$$
$$F_x \neq F_b \quad 车轮抱死 \qquad (3-4)$$

汽车的地面制动力首先取决于制动器制动力，但同时又受地面附着条件的限制，所以只有汽车具有足够的制动器制动力，同时地面又能提供高的附着力时，才能获得足够的地面制动力。

4. 地面附着系数与车轮滑移率的关系

车轮制动过程中的运动状态可以分为三种，即纯滚动、边滚边滑、纯抱死拖滑。随着制动强度的增加，车轮滚动成分越来越少，而滑移成分越来越多。一般用滑移率来说明制动过程中滑移成分的多少。滑移率的定义为

$$s = \frac{u_w - \omega_w R_0}{u_w} \times 100\% \qquad (3-5)$$

式中，s 为车轮滑移率；u_w 为车轮中心速度；ω_w 为车轮角速度；R_0 为没有地面制动力时的车轮滚动半径。

在纯滚动时，$s=0$；在纯抱死拖滑时，$s=100\%$；边滚边滑时，$0<s<100\%$。因此，滑移率的数值代表了车轮运动中滑移成分所占的比例，滑移率越大，滑移成分越多。

不同滑移率时，附着系数是不一样的。如图 3-3 所示为车轮附着系数与滑移率的关系曲线，即 $\mu\text{-}s$ 曲线。图上除了纵向附着系数曲线外，还给出了侧向附着系数曲线。侧向附着系数是研究制动时侧向稳定性有关的参数。

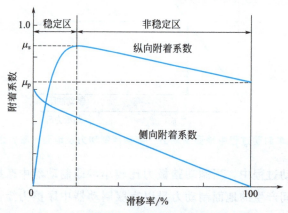

图 3-3　车轮附着系数与滑移率的关系曲线

图 3-3 中，附着系数的最大值称为峰值附着系数，用 μ_s 表示，一般出现在 $15\%\sim20\%$ 的最佳滑移率范围内。滑移率为 100% 时对应的附着系数称为滑移附着系数，用 μ_p 表示。

在非制动状态（滑移率为 0）下，纵向附着系数等于 0；在制动状态下，滑移率达到最佳滑移率时，纵向附着系数最大，在此之前的区域为稳定区域；之后，随着滑移率的增大，纵向附着系数反而减少，侧向附着系数也下降很快，汽车进入不稳定区域，特别是当滑移率为 100% 时，侧向附着系数接近于 0，也就是汽车不能承受侧向力，这是很危险的。所以应将纵向滑移率控制在稳定区域内。纵向附着系数大，地面制动力大，制动距离短；侧向附着系数大，地面作用于车轮的侧向力大，方向稳定性好。因此，制动时如果滑移率保持在最佳滑移率范围内，就可获得较大的纵向附着系数和侧向附着系数，从而保证汽车的制动性能和侧向稳定性能。

附着系数的大小取决于道路的材料、路面状况以及轮胎的结构、胎面花纹和材料、汽车行驶速度等因素。

二、汽车制动动力学模型

为了简化汽车制动动力学模型，并且反映汽车系统的运动状态，作以下假设。

① 忽略滚动阻力矩、空气阻力和旋转质量减速时惯性阻力矩的影响。

② 汽车在水平路面上直线行驶时，不考虑坡道阻力、侧偏角和外倾角等的影响。

③ 不考虑汽车的侧倾运动，假设左右悬架和轮胎受力状况相同。

④ 制动过程中制动器制动力与制动时间成正比。

制动时作用在汽车上的力如图 3-4 所示。图中：u 为汽车行驶速度；F_{x_1} 为汽车前轮地面制动力；F_{x_2} 为汽车后轮地面制动力；F_{z_1} 为地面对前轮的法向反作用力；F_{z_2} 为地面对后轮的法向反作用力；m 为汽车质量；a_j 为制动减速度；L 为汽车轴距；a 为汽车重心至前轴距离；b 为汽车重心至后轴距离；h_g 为汽车重心高度。

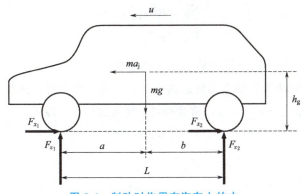

图 3-4　制动时作用在汽车上的力

汽车制动时动力学方程式为

$$ma_j = Gz = F_{x_1} + F_{x_2}$$
$$F_{z_1}L = Gb + F_j h_g \tag{3-6}$$
$$F_{z_2}L = Ga - F_j h_g$$

式中，G 为汽车总重力；$z = a_j/g$，为制动强度，它间接地表示汽车制动减速度的大小。

地面对汽车前、后轮法向反作用力分别为

$$F_{z_1} = \frac{G(b + zh_g)}{L}$$
$$F_{z_2} = \frac{G(a - zh_g)}{L} \tag{3-7}$$

前、后轮法向反作用力是制动强度的函数，其分配比例随制动强度的大小而变。前轮法向反作用力随制动强度的增大而增大,后轮法向反作用力随制动强度的增大而减小。

三、汽车理想制动力分配

汽车理想制动力分配是指在任何附着系数路面制动时,前、后轮的制动强度相同;在紧急制动时,前、后轮同时抱死,总制动力和减速度达到最大,此时的前后制动器制动力分配,就是制动系统设计的理想目标。

在任意附着系数 μ 的路面上,前、后轮同时抱死的条件是:前、后轮制动器制动力之和等于附着力,并且前、后轮制动器制动力分别等于各自的附着力,即

$$\left.\begin{array}{l} F_{b_1} + F_{b_2} = \mu G \\ F_{b_1} = \mu F_{z_1} \\ F_{b_2} = \mu F_{z_2} \end{array}\right\} \quad (3\text{-}8)$$

式中,F_{b_1} 和 F_{b_2} 分别为前、后制动器制动力。

前、后轮制动器制动力同时达到前、后轴的附着力时,其制动强度等于地面附着系数,即 $z = z_{max} = \mu$。将式(3-7)代入式(3-8)得

$$\left.\begin{array}{l} F_{b_1} + F_{b_2} = \mu G \\ \dfrac{F_{b_1}}{F_{b_2}} = \dfrac{b + \mu h_g}{a - \mu h_g} \end{array}\right\} \quad (3\text{-}9)$$

由式(3-9)中消去参变量 μ,即得

$$F_{b_2} = \dfrac{1}{2}\left[\dfrac{G}{h_g}\sqrt{b^2 + \dfrac{4Lh_g}{G}F_{b_1}} - \left(\dfrac{Gb}{h_g} + 2F_{b_1}\right)\right] = I(F_{b_1}) \quad (3\text{-}10)$$

式(3-10)直接表达了在一定附着系数 μ 值下,前、后轮制动器制动力的理想分配关系。利用式(3-10)画成的曲线,即为前、后轮同时抱死时,前、后轮制动器制动力的关系曲线,称为理想的前、后轮制动器制动力分配曲线,简称 I 曲线,如图 3-5 所示。

I 曲线上任意一点,代表在该附着系数路面上的前、后轮制动器制动力。因此,只要给定汽车总重 G,以及汽车重心的位置(a,b,h_g),就能作出该车的制动器制动力理想分配曲线。汽车总重力 G 不同,I 曲线也不同,如图 3-5 中的半载 I 曲线和空载 I 曲线。

I 曲线也是前、后轮同时抱死时前、后地面附着力的关系曲线,以及前、后地面制动力的关系曲线。

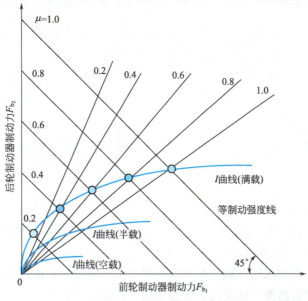

图 3-5 汽车 I 曲线

四、汽车实际制动力分配

汽车实际制动力常用制动器制动力分配系数来表明分配的比例,把前制动器制动力与汽车总制动器制动力之比称为制动器制动力分配系数,即

$$\beta = \frac{F_{b_1}}{F_b} = \frac{F_{b_1}}{F_{b_1} + F_{b_2}} \tag{3-11}$$

式中,β 为制动器制动力分配系数;F_b 为汽车总制动器制动力。

前、后轮制动器制动力的关系为

$$F_{b_2} = \frac{1-\beta}{\beta} F_{b_1} = \beta(F_{b_1}) \tag{3-12}$$

式(3-12)是一条通过坐标原点的直线,称为实际的前、后轮制动器制动力分配线,简称 β 线,如图 3-6 所示。

β 线的斜率为

$$\tan\theta = \frac{1-\beta}{\beta} \tag{3-13}$$

将 β 线与 I 曲线交点处的附着系数,称为同步附着系数 μ_0,如图 3-7 所示。

该交点属于 I 曲线,所以符合"前、后轮同时抱死"的要求;该交点又属于 β 线,所以实际上汽车的制动力分配可以达到这个要求,即前、后轮制动器制动力具有固定比值的汽车，使前、后轮同时抱死的路面附着系数称为同步附着系数。

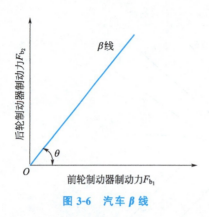

图 3-6　汽车 β 线

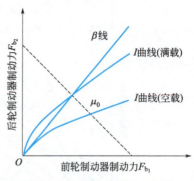

图 3-7　汽车的 β 线与 I 曲线

同步附着系数说明：前、后制动器制动力分配为固定比值的汽车，只有在同步附着系数的路面上制动时，才能使前、后轮同时抱死。

设汽车在同步附着系数为 μ_0 的路面上制动，此时前、后轮同时抱死拖滑，则

$$\frac{F_{b_1}}{F_{b_2}}=\frac{b+\mu_0 h_g}{a-\mu_0 h_g}=\frac{\beta}{1-\beta} \tag{3-14}$$

同步附着系数为

$$\mu_0=\frac{L\beta-b}{h_g} \tag{3-15}$$

同步附着系数是反映汽车制动性能的一个结构参数，而不是地面系数。它仅取决于汽车结构参数，与路面无关。只要确定了制动器制动力分配系数 β，就能确定同步附着系数 μ_0；反过来如给出同步附着系数 μ_0，就能得到制动器制动力在前、后轴上的分配。

同步附着系数是根据车型和使用条件来选择的。轿车的行驶车速较快，高速下后轴侧滑是十分危险的，因此一般采用较高的同步附着系数。货车的车速较慢，制动时后轴侧滑的危险性较小，但在较滑的路面上制动时，汽车可能丧失转向能力，因此同步附着系数可能很低。但是由于道路条件的改善和汽车行驶速度的提高，货车同步附着系数呈现提高的趋势。轻型越野汽车常选择较高的同步附着系数，这样，即使在很低的附着系数路面上制动，也不会发生后轴侧滑，但是在多数路面上制动时，前轮先抱死可能失去转向能力。

使用条件也影响同步附着系数的选择。在多雨的山区，坡路弯道多，下急弯坡制动时，如果汽车失去转向能力，将是十分危险的。因此，经常在山区使

用的汽车，同步附着系数应取低值。

汽车以一定的制动强度制动时，不发生车轮抱死所要求的最小路面附着系数称为利用附着系数，即

$$\mu_i = \frac{F_{x_i}}{F_{z_i}} \tag{3-16}$$

式中，μ_i 为第 i 轴的利用附着系数；F_{x_i} 为第 i 轴的地面制动力；F_{z_i} 为第 i 轴的地面法向反作用力。

显然，利用附着系数越接近制动强度，地面的附着条件发挥得越充分，汽车制动力分配得越合理。

前、后轴的利用附着系数分别为

$$\mu_f = \frac{F_{x_1}}{F_{z_1}} = \frac{\beta L z}{b + h_g z} \tag{3-17}$$

$$\mu_r = \frac{F_{x_2}}{F_{z_2}} = \frac{(1-\beta) L z}{a - h_g z} \tag{3-18}$$

制动效率是指车轮将要抱死时的制动强度与被利用的附着系数之比。

前、后轴的制动效率分别为

$$\varepsilon_f = \frac{z}{\mu_f} = \frac{b}{L\beta - \mu_f h_g} \tag{3-19}$$

$$\varepsilon_r = \frac{z}{\mu_r} = \frac{a}{L - L\beta + \mu_r h_g} \tag{3-20}$$

制动力分配系数为常数时，只有在同步附着系数路面上制动时，前、后轮才能同时接近抱死状态，附着性能得到充分利用，汽车获得最佳制动。在其他各种附着系数路面上，如果 β 线位于 I 曲线下方，当制动踏板力足够大时会出现前轮先抱死，提前丧失转向能力；如果 β 线位于 I 曲线上方，则会出现后轮先抱死而使汽车处于不稳定的制动状态。因此，如果要在制动过程中，能保持前轮转向能力，又不会出现侧滑的危险工况，则在一定附着系数的条件下，其制动强度总小于附着系数，即 $z < \mu$，且制动效率 $\varepsilon < 1$。

五、汽车制动过程分析

汽车制动过程与制动力分配系数、同步附着系数密切相关。汽车制动时根据车轮运转状态可以分为三个阶段进行制动过程，即纯滚动、边滚边滑、前后轮同时抱死。

1. 车轮纯滚动工况

在制动过程中车轮纯滚动时，车轮没有受到地面提供的制动力，车轮进行

纯滚动，汽车匀速行驶。这段时间包括消除制动蹄片与制动鼓间隙所用时间、消除各铰链和轴承间间隙的时间以及制动摩擦片完全贴靠在制动鼓或制动盘上需要的时间 t_1。t_1 与制动系统结构形式有关，液压制动系统为 0.1s，真空助力制动系统和气压制动系统为 0.3~0.9s，货车有挂车时为 0.4~2s。

在这段过程中汽车的制动距离为

$$S_1 = u_0 t_1 \quad (3\text{-}21)$$

式中，u_0 为汽车制动初速度。

2. 车轮边滚边滑工况

当制动器开始起作用时，制动器制动力随踏板力迅速增大，车轮处于边滚边滑状态。在这段时间内，对于同一种车型在不同的路面上制动，可能有三种情况，即前轮提前抱死，后轮边滚边滑；后轮提前抱死，前轮边滚边滑；前、后轮均边滚边滑。这段时间为制动器作用时间，取决于驾驶员踩制动踏板的速度和制动系统的结构形式，液压制动系统为 0.15~0.3s，气压制动系统为 0.3~0.8s。

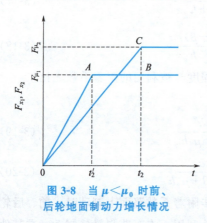

图 3-8 当 $\mu < \mu_0$ 时前、后轮地面制动力增长情况

(1) 附着系数小于同步附着系数 当 $\mu < \mu_0$ 时，前轮提前抱死，后轮边滚边滑，前、后轮地面制动力增长情况如图 3-8 所示。其中，OAB 线指的是在 t_2 时间内前轮地面制动力的变化曲线；OC 线指的是后轮地面制动力的变化曲线。在 t_2' 时刻，汽车前轮抱死，后轮仍边滚边滑；在 t_2 时刻，前、后轮都抱死。

由图 3-8 可得汽车前、后轮地面制动力分别为

$$F_{x_1} = \frac{F_{\mu_1} t}{t_2'}$$
$$F_{x_2} = \frac{F_{\mu_2} t}{t_2} \quad (3\text{-}22)$$

式中，F_{μ_1} 为汽车前轮附着力；F_{μ_2} 为汽车后轮附着力。

制动力分配系数为固定值时，汽车前、后轮地面制动力的关系为

$$F_{x_2} = \frac{(1-\beta_b) F_{x_1}}{\beta_b} \quad (3\text{-}23)$$

汽车前、后轮附着力分别为

$$F_{\mu_1} = F_{z_1}\mu = \frac{G(b+\mu h_g)\mu}{L}$$
$$F_{\mu_2} = F_{z_2}\mu = \frac{G(a-\mu h_g)\mu}{L} \tag{3-24}$$

由式(3-22)～式(3-24) 得

$$t_2' = \frac{1-\beta_b}{\beta_b} \times \frac{b+\mu h_g}{a-\mu h_g} t_2 \tag{3-25}$$

在 t_2 时间内，汽车前、后轮地面制动力分别为

$$F_{x_1} = \begin{cases} F_{b_1} = \dfrac{mg\mu\beta_b t}{t_2} & 0 \leqslant t \leqslant t_2' \\ F_{\mu_1} = F_{z_1}\mu & t > t_2' \end{cases} \tag{3-26}$$

$$F_{x_2} = F_{b_2} = \frac{mg\mu(1-\beta_b)t}{t_2}$$

此过程的制动减速度为

$$a_j = \begin{cases} \dfrac{g\mu t}{t_2} & 0 \leqslant t \leqslant t_2' \\ \dfrac{gb\mu + \dfrac{gL\mu(1-\beta_b)t}{t_2}}{L-h_g\mu} & t > t_2' \end{cases} \tag{3-27}$$

汽车行驶速度为

$$u = \begin{cases} u_0 - \displaystyle\int_0^t a_j \mathrm{d}t = u_0 - \dfrac{g\mu}{2t_2}t^2 & 0 \leqslant t \leqslant t_2' \\ u_2' - \displaystyle\int_{t_2'}^t a_j \mathrm{d}t = u_2' - \dfrac{gb\mu}{L-h_g\mu}(t-t_2') - \dfrac{gL\mu(1-\beta_b)}{2(L-h_g\mu)t_2}(t^2 - t_2'^2) & t > t_2' \end{cases}$$
$$\tag{3-28}$$

在 t_2' 时刻的速度为

$$u_2' = u_0 - \frac{g\mu}{2t_2}t_2'^2 \tag{3-29}$$

汽车制动距离为

$$S_{21} = \int_0^{t_2'} u \mathrm{d}t + \int_{t_2'}^{t_2} u \mathrm{d}t = u_0 t_2 - \frac{g\mu}{2}t_2'^2\left(1-\frac{2t_2'}{3t_2}\right) - \frac{gb\mu}{L-h_g\mu} \times \frac{(t_2-t_2')^2}{2} - \frac{gL\mu(1-\beta_b)}{6(L-h_g\mu)t_2}(t_2^3 - 3t_2 t_2'^2 + 2t_2'^3)$$

$$\tag{3-30}$$

在 t_2 时刻，汽车行驶速度为

$$u_{21} = u'_2 - \int_{t'_2}^{t} a_j dt = u_0 - \frac{g\mu}{2t_2} t'^2_2 - \frac{gb\mu}{L - h_g\mu}(t_2 - t'_2) - \frac{gL\mu(1-\beta_b)}{2(L - h_g\mu)t_2}(t_2^2 - t'^2_2) \tag{3-31}$$

(2) 附着系数大于同步附着系数　当 $\mu > \mu_0$ 时，后轮提前抱死，前轮边滚边滑，前、后轮地面制动力增长情况如图 3-9 所示。其中，OAB 线指的是在 t_2 时间内后轮地面制动力的变化曲线；OC 线指的是前轮地面制动力的变化曲线。在 t'_2 时刻，汽车后轮抱死，前轮仍边滚边滑；在 t_2 时刻，前、后轮都抱死。

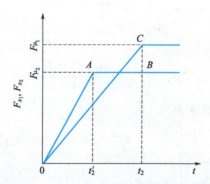

图 3-9　当 $\mu > \mu_0$ 时前、后轮地面制动力增长情况

由图 3-9 可得，汽车前、后轮地面制动力分别为

$$F_{x_1} = \frac{F_{\mu_1} t}{t_2}$$
$$F_{x_2} = \frac{F_{\mu_2} t}{t'_2} \tag{3-32}$$

由式(3-23)、式(3-24) 和式(3-32) 可得

$$t'_2 = \frac{\beta_b}{1-\beta_b} \times \frac{a - \mu h_g}{b + \mu h_g} t_2 \tag{3-33}$$

在 t_2 时间内，汽车前、后轮地面制动力分别为

$$F_{x_1} = F_{b_1} = \frac{mg\mu\beta_b t}{t_2}$$

$$F_{x_2} = \begin{cases} F_{b_2} = \dfrac{mg\mu(1-\beta_b)t}{t_2} & 0 \leqslant t \leqslant t'_2 \\ F_{\mu_2} = F_{x_2}\mu & t > t'_2 \end{cases} \tag{3-34}$$

在 t_2 时间内，汽车制动减速度为

$$a_j = \begin{cases} \dfrac{g\mu t}{t_2} & 0 \leqslant t \leqslant t_2' \\ \dfrac{ga\mu + \dfrac{gL\mu\beta_b t}{t_2}}{L + h_g\mu} & t > t_2' \end{cases} \tag{3-35}$$

汽车行驶速度为

$$u = \begin{cases} u_0 - \int_0^t a_j \mathrm{d}t = u_0 - \dfrac{g\mu}{2t_2} t^2 & 0 \leqslant t \leqslant t_2' \\ u_2' - \int_{t_2'}^t a_j \mathrm{d}t = u_2' - \dfrac{ga\mu}{L + h_g\mu}(t - t_2') - \dfrac{gL\mu\beta_b}{2(L + h_g\mu)t_2}(t^2 - t_2'^2) & t > t_2' \end{cases}$$

$$\tag{3-36}$$

在 t_2' 时刻的速度为

$$u_2' = u_0 - \dfrac{g\mu}{2t_2} t_2'^2 \tag{3-37}$$

汽车制动距离为

$$S_{22} = \int_0^{t_2'} u \mathrm{d}t + \int_{t_2'}^{t_2} u \mathrm{d}t = u_0 t_2 - \dfrac{g\mu}{2} t_2'^2 \left(1 - \dfrac{2t_2'}{3t_2}\right) - \dfrac{ga\mu}{L + h_g\mu} \times \tag{3-38}$$

$$\dfrac{(t_2 - t_2')^2}{2} - \dfrac{gL\mu\beta_b}{6(L + h_g\mu)t_2}(t_2^3 - 3t_2 t_2'^2 + 2t_2'^3)$$

在 t_2 时刻,汽车行驶速度为

$$u_{22} = u_2' - \int_{t_2'}^t a_j \mathrm{d}t = u_0 - \dfrac{g\mu}{2t_2} t_2'^2 - \dfrac{ga\mu}{L + h_g\mu}(t_2 - t_2') - \tag{3-39}$$

$$\dfrac{gL\mu\beta_b}{2(L + h_g\mu)t_2}(t_2^2 - t_2'^2)$$

(3) 附着系数等于同步附着系数 当 $\mu = \mu_0$ 时,前、后轮均边滚边滑,前、后轮地面制动力增长情况如图 3-10 所示。其中,OA、OB 线分别指的是在 t_2 时间内前、后轮地面制动力的变化曲线,在 t_2 时刻,前、后轮都抱死。

在 t_2 时间内,汽车前、后轮地面制动力分别为

$$F_{x_1} = F_{b_1} = \dfrac{mg\mu\beta t}{t_2}$$

$$F_{x_2} = F_{b_2} = \dfrac{mg\mu(1-\beta_b)t}{t_2} \tag{3-40}$$

在 t_2 时间内,汽车制动减速度为

$$a_j = \dfrac{g\mu t}{t_2} \tag{3-41}$$

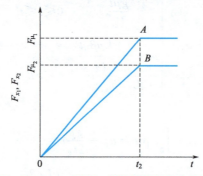

图 3-10 当 $\mu=\mu_0$ 时前、后轮地面制动力增长情况

汽车行驶速度为

$$u=u_0+\int_0^t a_j \mathrm{d}t=u_0-\frac{g\mu}{2t_2}t^2 \tag{3-42}$$

汽车制动距离为

$$S_{23}=\int_0^{t_2} u \mathrm{d}t=u_0 t_2-\frac{g\mu t_2^2}{6} \tag{3-43}$$

在 t_2 时刻,汽车行驶速度为

$$u_{23}=u_0-\frac{g\mu t_2}{2} \tag{3-44}$$

3. 前后轮同时抱死工况

前、后轮同时抱死时,地面制动力都达到最大值,等于地面附着力。汽车做匀减速运动,直至停止。在此过程中,汽车前、后地面制动力分别为

$$\begin{aligned} F_{x_1}=F_{\mu_1}=F_{z_1}\mu \\ F_{x_2}=F_{\mu_2}=F_{z_2}\mu \end{aligned} \tag{3-45}$$

在此过程内,汽车制动减速度为

$$a_j=g\mu \tag{3-46}$$

汽车行驶距离为

$$S_3=\begin{cases}\dfrac{u_{21}^2}{2g\mu} & \mu<\mu_0 \\[6pt] \dfrac{u_{22}^2}{2g\mu} & \mu>\mu_0 \\[6pt] \dfrac{u_{23}^2}{2g\mu} & \mu=\mu_0\end{cases} \tag{3-47}$$

$$S = \begin{cases} u_0(t_1+t_2) - \dfrac{g\mu}{2}t_2'^2\left(1-\dfrac{2t_2'}{3t_2}\right) - \dfrac{gb\mu}{L-h_g\mu}\dfrac{(t_2-t_2')^2}{2} - \\ \qquad \dfrac{gL\mu(1-\beta_b)}{6(L-h_g\mu)t_2}(t_2^3 - 3t_2 t_2'^2 + 2t_2'^3) + \dfrac{u_{21}^2}{2g\mu} & \mu < \mu_0 \\[2mm] u_0(t_1+t_2) - \dfrac{g\mu}{2}t_2'^2\left(1-\dfrac{2t_2'}{3t_2}\right) - \dfrac{ga\mu}{L+h_g\mu}\dfrac{(t_2-t_2')^2}{2} - \\ \qquad \dfrac{gL\mu\beta_b}{6(L+h_g\mu)t_2}(t_2^3 - 3t_2 t_2'^2 + 2t_2'^3) + \dfrac{u_{22}^2}{2g\mu} & \mu > \mu_0 \\[2mm] u_0(t_1+t_2) - \dfrac{g\mu}{6}t_2^2 + \dfrac{u_{23}^2}{2g\mu} & \mu = \mu_0 \end{cases} \quad (3\text{-}48)$$

在汽车设计阶段，汽车制动距离可由式(3-49)估算。

$$S = u_0\left(t_1 + \dfrac{t_2}{2}\right) + \dfrac{u_0^2}{2a_{j_{\max}}} \qquad (3\text{-}49)$$

式中，$a_{j_{\max}}$ 为汽车最大制动减速度。

汽车最大制动减速度为

$$a_{j_{\max}} = \dfrac{F_{x_{\max}}}{m} \qquad (3\text{-}50)$$

式中，$F_{x_{\max}}$ 为汽车能够产生的最大地面制动力。

最大地面制动力与附着力以及制动系统是否有防抱装置有关。若允许汽车前、后轮同时抱死，则汽车最大制动减速度为

$$a_{j_{\max}} = \mu_s g \qquad (3\text{-}51)$$

式中，μ_s 为滑动附着系数。

若装有理想的制动防抱死装置来控制汽车的制动，则汽车最大制动减速度为

$$a_{j_{\max}} = \mu_p g \qquad (3\text{-}52)$$

式中，μ_p 为峰值附着系数。

汽车制动时，一般不希望任何车轴上的制动器抱死，故 $a_{j_{\max}} < \mu_s g$。

第三节　汽车制动性能仿真

汽车制动性仿真所需参数见表3-1。

表 3-1　汽车制动性仿真所需参数

载荷	汽车质量/kg	汽车重心高/m	轴距/m	重心至前轴距离/m	重心至后轴距离/m
空载	1520	0.532	2.705	1.082	1.623
满载	1910	0.591	2.705	1.488	1.217

一、汽车制动力分配仿真

汽车制动力分配仿真模型如图 3-11 所示。

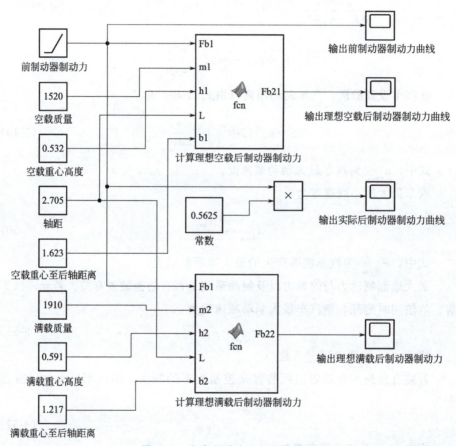

图 3-11　汽车制动力分配仿真模型

计算理想空载后制动器制动力函数如下。

```
function Fb21=fcn(Fb1,m1,h1,L,b1)
    Fb21=0.5*(m1*9.8/h1*sqrt(b1.^2+4*L*h1/m1/9.8*Fb1)-(m1*9.8*b1/h1+2*Fb1));
```

计算理想满载后制动器制动力函数如下。

```
function Fb22=fcn(Fb1,m2,h2,L,b2)
Fb22=0.5*(m2*9.8/h2*sqrt(b2.^2+4*L*h2/m2/9.8*Fb1)-(m2*9.8*b2/h2+2*Fb1));
```

运行汽车制动力分配仿真模型，在 MATLAB 命令行窗口输入以下程序，可以得到汽车制动力分配曲线，如图 3-12 所示。由图 3-12 可知，β 曲线与 I 曲线交点所对应的前、后轮制动器制动力分别为 10450N、5878N，同步附着系数为 0.87，制动器动力分配系数为 0.64。β 曲线在 I 曲线以下，前轮先抱死，失去转向能力，处于稳定状态；β 曲线在 I 曲线以上，后轮先抱死，可能发生侧滑，处于不稳定状态。

```
plot(out.Fb1.signals.values,out.Fb21.signals.values)
hold on
plot(out.Fb1.signals.values,out.Fb22.signals.values)
hold on
plot(out.Fb1.signals.values,out.Fb23.signals.values)
xlabel('前制动器制动力/N')
ylabel('后制动器制动力/N')
text(3200,4500,'I 曲线(满载)'),text(6500,2300,'I 曲线(空载)')
text(11000,7000,'β 曲线')
```

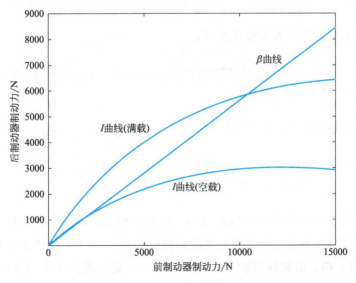

图 3-12　汽车制动力分配曲线

二、汽车利用附着系数仿真

汽车利用附着系数仿真模型如图 3-13 所示。

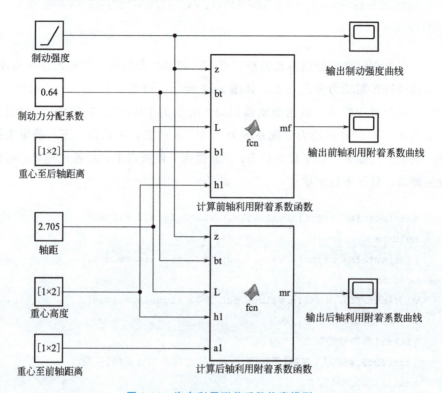

图 3-13　汽车利用附着系数仿真模型

计算前轴利用附着系数函数如下。

```
function mf=fcn(z,bt,L,b1,h1)
mf=bt*L*z./(b1+h1*z);
```

计算后轴利用附着系数函数如下。

```
function mr=fcn(z,bt,L,h1,a1)
mr=(1-bt)*L*z./(a1-h1*z);
```

运行汽车利用附着系数仿真模型，在 MATLAB 命令行窗口输入以下程序，可以得到汽车利用附着系数曲线，如图 3-14 所示。可以看出，制动强度为 0.87 时，前、后轴利用附着系数均为 0.87，这就是该车的同步附着系数。满载时前轴利用附着系数相对于空载增加，后轴利用附着系数相对于空载减少，主要原因是制动时重心前移。

```
plot(out.z.signals.values,out.mf.signals.values)
hold on
plot(out.z.signals.values,out.mr.signals.values)
xlabel('制动强度')
ylabel('利用附着系数')
text(0.8,1.4,'1'),text(0.8,0.6,'2'),text(0.9,0.85,'3'),text(0.9,1.05,'4')
```

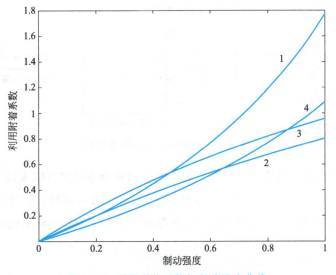

图 3-14　利用附着系数与制动强度曲线

1—前轴空载；2—后轴空载；3—前轴满载；4—后轴满载

三、汽车制动效率仿真

汽车制动效率仿真模型如图 3-15 所示。

计算前轴制动效率函数如下。

```
function ef=fcn(mu,bt,L,b,h)
ef=b./(L*bt-mu*h)*100;
```

计算后轴制动效率函数如下。

```
function er=fcn(mu,bt,L,h,a)
er=a./(L-L*bt+mu*h)*100;
```

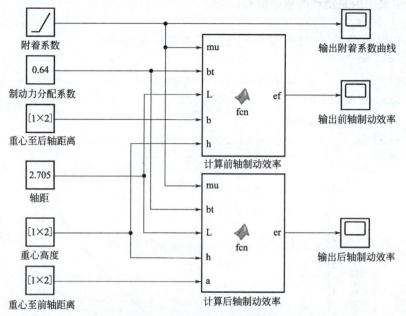

图 3-15　汽车制动效率仿真模型

运行汽车制动效率仿真模型,在 MATLAB 命令行窗口输入以下程序,可以得到汽车利用附着系数曲线,如图 3-16 所示。可以看出,汽车满载,当附着系数为 0.87 时,前、后轴制动效率都为 100%,汽车能利用全部的附着力来制动。

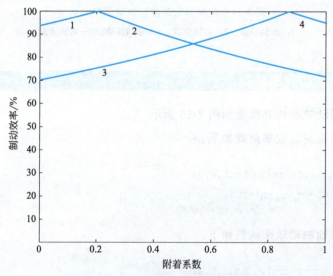

图 3-16　制动效率与附着系数曲线

1—前轴空载；2—后轴空载；3—前轴满载；4—后轴满载

```
plot(out.mu.signals.values,out.ef.signals.values)
hold on
plot(out.mu.signals.values,out.er.signals.values)
xlabel('附着系数')
ylabel('制动效率/%')
text(0.1,92,'1'),text(0.3,90,'2'),text(0.22,73,'3'),text(0.93,93,'4')
```

四、汽车制动距离仿真

1. 制动初速度对汽车制动距离的影响

通过已知参数计算，可得同步附着系数为 0.87。

制动初速度对汽车制动距离影响的仿真模型如图 3-17 所示。

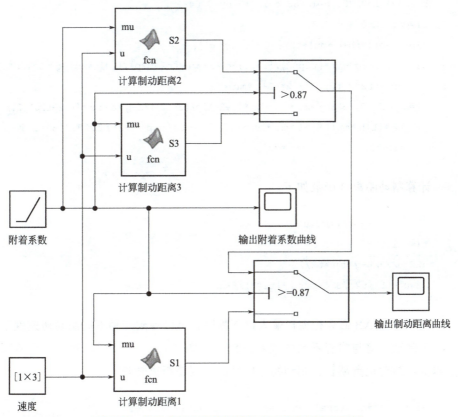

图 3-17　制动初速度对汽车制动距离影响的仿真模型

计算制动距离 1 函数如下。

```
function S1=fcn(mu,u)
h=0.591;L=2.705;a=1.488;b=1.217;bt=0.64;
t1=0.1;t2=0.3;g=9.8;
t2p=(1-bt)*(b+h*mu)*t2/(bt*(a-h*mu));
u21=u./3.6-g*mu*(t2p^2)/(2*t2)-g*b*mu*(t2-t2p)/(L-h*mu)-g*L*mu*
    (1-bt)*(t2^2-t2p^2)/(2.*(L-h*mu)*t2);
S1=u.*(t1+t2)/3.6-g*mu*(t2p^2)*(1-2*t2p/(3*t2))/2-g*b*mu*((t2-t2p)^
    2)/(2*(L-h*mu))-g*L*mu*(1-bt)*(t2^3-3*t2*t2p^2+2.*t2p^3)/(6*(L-
    h*mu)*t2)+u21.^2/(2*g*mu);
```

计算制动距离 2 函数如下。

```
function S2=fcn(mu,u)
h=0.591;L=2.705;a=1.488;b=1.217;bt=0.64;
t1=0.1;t2=0.3;g=9.8;
t2p=(1-bt)*(b+h*mu)*t2/(bt*(a-h*mu));
u22=u./3.6-g*mu*(t2p^2)/(2*t2)-g*a*mu*(t2-t2p)/(L+h*mu)-g*L*mu*
    bt*(t2^2-t2p^2)/(2*(L+h*mu)*t2);
S2=u.*(t1+t2)/3.6-g*mu*(t2p^2)*(1-2*t2p/(3*t2))/2-g*a*mu*((t2-t2p)^2)/
    (2*(L+h*mu))-g*L*mu*bt*(t2^3-3*t2*t2p^2+2*t2p^3)/(6*(L+h*
    mu)*t2)+u22.^2/(2*g*mu);
```

计算制动距离 3 函数如下。

```
function S3=fcn(mu,u)
t1=0.1;t2=0.3;g=9.8;
u23=u./3.6-g*mu*t2/2.;
S3=u.*(t1+t2)/3.6-g*mu*(t2^2)/6+u23.^2/(2*g*mu);
```

在 MATLAB 命令行窗口输入以下程序,可以得到三种不同制动初速度下的汽车制动距离与附着系数的关系曲线,如图 3-18 所示。可以看出,附着系数越低,制动距离越长;制动初速度越高,制动距离越长。

```
plot(out.mu.signals.values,out.x.signals.values)
xlabel('附着系数')
ylabel('制动距离/m')
text(0.2,150,'80km/h'),text(0.2,60,'50km/h'),text(0.2,30,'30km/h')
```

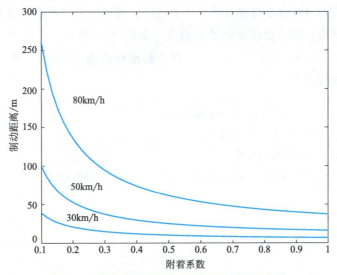

图 3-18　汽车制动距离与附着系数的关系曲线

2. 附着系数对汽车制动距离的影响

附着系数对汽车制动距离的影响仿真模型如图 3-19 所示。

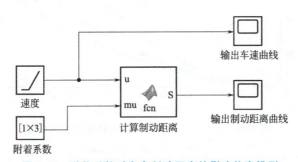

图 3-19　附着系数对汽车制动距离的影响仿真模型

计算制动距离函数如下。

```
function S=fcn(mu,u)
h=0.591;L=2.705;a=1.488;b=1.217;bt=0.64;
t1=0.1;t2=0.3;g=9.8;
t2p=(1-bt)*(b+h*mu)*t2./(bt*(a-h*mu));
u21=u/3.6-g*mu.*(t2p.^2)./(2*t2)-g*b*mu.*(t2-t2p)./(L-h*mu)-g*L*
    mu.*(1-bt).*(t2.^2-t2p.^2)./(2.*(L-h*mu).*t2);
S=u*(t1+t2)/3.6-g*mu.*(t2p.^2).*(1-2*t2p./(3*t2))./2-g*b*mu.*((t2-
    t2p).^2)./(2*(L-h*mu))-g*L*mu.*(1-bt).*(t2^3-3*t2*t2p.^2+2.*t2p.^3)./
    (6*(L-h*mu).*t2)+u21.^2./(2*g*mu);
```

在 MATLAB 命令行窗口输入以下程序,可以得到三种不同附着系数下的汽车制动距离与制动初速度的关系曲线,如图 3-20 所示。可以看出,当制动初速度为 50km/h,附着系数为 0.7 时,制动距离为 17.51m,满足国际标准对制动距离的要求。

```
plot(out.u.signals.values,out.x.signals.values)
xlabel('制动初速度/(km/h)')
ylabel('制动距离/m')
text(80,100,'0.3'),text(80,65,'0.5'),text(80,50,'0.7')
```

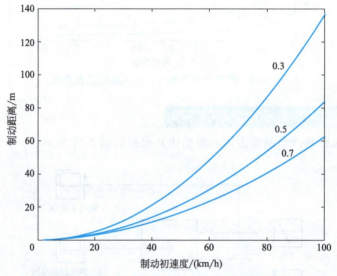

图 3-20 汽车制动距离与制动初速度的关系曲线

第四节 汽车防抱死制动系统建模

汽车防抱死制动系统(ABS)可以在汽车制动过程中自动控制和调节车轮制动力,防止制动过程中汽车车轮"抱死",保持最大的车轮附着系数,从而得到最佳制动效果,即最短的制动距离、最小的侧向滑移及最好的制动转向性能。

当轮胎在路面上滑动时,将改变轮胎与路面之间的附着系数,因而也改变汽车的制动力。汽车制动时的车轮滑移率为

$$s_b = \frac{u - \omega R}{u} \times 100\% \tag{3-53}$$

式中，s_b 为车轮滑移率；u 为车轮前进速度；ω 为车轮角速度。

路面附着系数与车轮滑移率的关系可写为

$$\mu = \begin{cases} \dfrac{\mu_H}{s_T} s_b & s_b \leqslant s_T \\ \dfrac{\mu_H - \mu_G s_T}{1 - s_T} - \dfrac{\mu_H - \mu_G}{1 - s_T} s_b & s_b > s_T \end{cases} \quad (3\text{-}54)$$

式中，μ 为路面附着系数；μ_H 为纵向峰值附着系数；μ_G 为滑移率为 100% 时的纵向附着系数，也称为滑动附着系数；s_T 为纵向峰值附着系数对应的滑移率。

在建立汽车 ABS 数学模型时，假设车轮载荷为常数；忽略迎风阻力和车轮滚动阻力。

汽车制动时单个车轮的模型如图 3-21 所示，其运动方程式为

$$\begin{aligned} I_w \dot{\omega} &= -T_b + F_x R \\ m_w \dot{u} &= -F_x \end{aligned} \quad (3\text{-}55)$$

式中，I_w 为车轮转动惯量；T_b 为制动力矩；F_x 为地面制动力；m_w 为作用在车轮上的汽车质量。

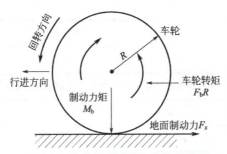

图 3-21 汽车制动时单个车轮的模型

车轮前进速度为

$$u = u_0 - \dot{u} t \quad (3\text{-}56)$$

式中，u_0 为初始速度。

车轮线速度为

$$u_x = \omega R = (\omega_0 + \dot{\omega} t) R \quad (3\text{-}57)$$

车轮减速度为

$$\dot{u} = \frac{F_x}{m_w} \quad (3\text{-}58)$$

地面制动力为

$$F_x = mg\mu \tag{3-59}$$

车轮角加速度为

$$\dot{\omega} = \frac{F_x R - T_b}{I_w} \tag{3-60}$$

制动器制动力矩可以表示为

$$T_b(k+1) = T_b(k) + U t_s \tag{3-61}$$

式中，$T_b(k+1)$ 为 $k+1$ 时刻的制动力矩；$T_b(k)$ 为 k 时刻的制动力矩；k 为采样时刻；U 为制动器增压速率或减压速率；t_s 为采样时间。

第五节 汽车防抱死制动系统仿真

汽车 ABS 仿真所需参数见表 3-2。

表 3-2 汽车 ABS 仿真所需参数

车轮质量/kg	车轮滚动半径/m	车轮转动惯量/(kg·m²)	峰值附着系数
364	0.253	12	0.82
车轮抱死附着系数	目标滑移率	滑移率下限	滑移率上限
0.61	0.2	0.185	0.221
初始车速/(m/s)	初始角速度/(rad/s)	初始制动力矩/(N·m)	增压速率/(N·m/s)
25	100	500	1500
减压速率/(N·m/s)	采样时间/s	仿真时间/s	
6000	0.02	5	

将表 3-2 中的相关数据代入式(3-54) 得

$$\mu = \begin{cases} 4.1 s_b & s_b \leqslant 0.2 \\ 0.8725 - 0.2625 s_b & s_b > 0.2 \end{cases} \tag{3-62}$$

1. 建立汽车 ABS 仿真模型

根据汽车 ABS 数学模型和表 3-2 中的数据，可以建立汽车 ABS 仿真模型，如图 3-22 所示。

计算制动力矩模块如图 3-23 所示。

计算滑移率模块如图 3-24 所示。

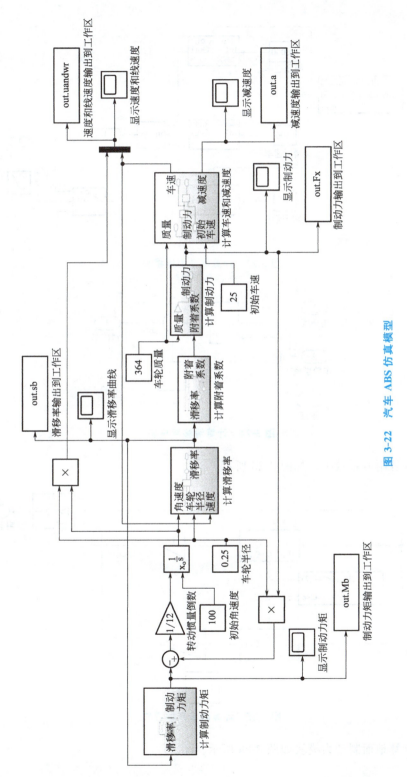

图 3-22 汽车 ABS 仿真模型

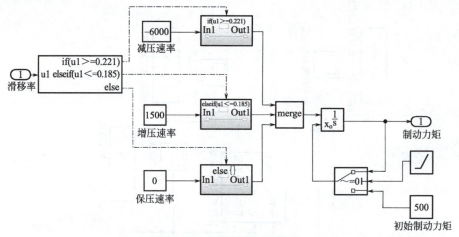

图 3-23　计算制动力矩模块

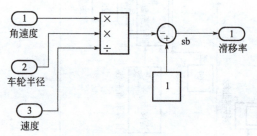

图 3-24　计算滑移率模块

计算附着系数模块如图 3-25 所示。

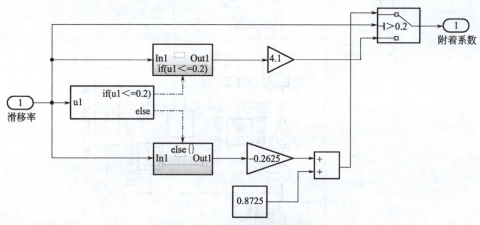

图 3-25　计算附着系数模块

计算地面制动力模块如图 3-26 所示。

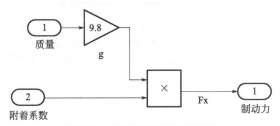

图 3-26　计算地面制动力模块

计算车速和减速度模块如图 3-27 所示。

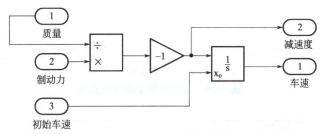

图 3-27　计算车速和减速度模块

2.绘制汽车 ABS 仿真曲线

运行汽车 ABS 仿真模型，在 MATLAB 命令行窗口输入以下程序，可以得到车轮滑移率的时域曲线，如图 3-28 所示。可以看出，滑移率随着时间变化快速接近 0.2 附近，并开始振荡，在 3.2s 附近趋于平衡。

```
plot(out.tout,out.sb)
xlabel('时间/s')
ylabel('滑移率')
```

在 MATLAB 命令行窗口输入以下程序，可以得到车轮前进速度与车轮线速度时域曲线，如图 3-29 所示。可以看出，车轮线速度的随时间增加而减小，车轮中心前进速度总体也在减小，但是有小幅度振荡，在 3.5s 时均接近 0，汽车完全制动。

```
plot(out.tout,out.uandwr)
xlabel('时间/s')
ylabel('速度/(m/s)')
text(0.5,13,'车轮中心前进速度')
text(0.7,23,'车轮线速度')
```

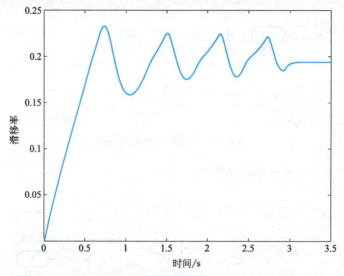

图 3-28 车轮滑移率的时域曲线

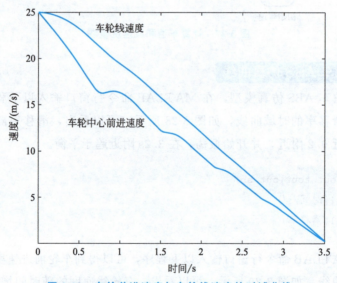

图 3-29 车轮前进速度与车轮线速度的时域曲线

在 MATLAB 命令行窗口输入以下程序,可以得到地面制动力时域曲线,如图 3-30 所示。可以看出,在制动过程中,车轮地面制动力快速上升到 3000N 附近,由于 ABS 作用,在 2000~3000N 之间反复振荡。

```
plot(out.tout,out.Fx)
xlabel('时间/s')
ylabel('制动力/N')
```

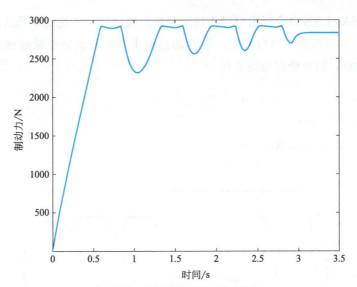

图 3-30　地面制动力的时域曲线

在 MATLAB 命令行窗口输入以下程序，可以得到车轮制动力矩时域曲线，如图 3-31 所示。可以看出，在制动过程中，一开始制动力矩迅速升高至 1400N·m 附近，随后在 1000N·m 上下振荡。

```
plot(out.tout,out.Mb)
xlabel('时间/s')
ylabel('制动力矩/(N·m)')
```

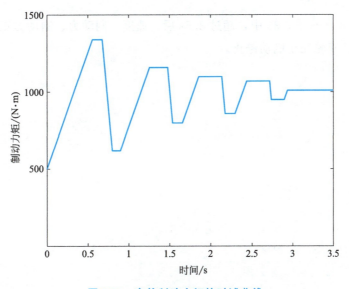

图 3-31　车轮制动力矩的时域曲线

在 MATLAB 命令行窗口输入以下程序，可以得到车轮制动减速度时域曲线，如图 3-32 所示。可以看出，在制动过程中，一开始制动减速度迅速增至 $8m/s^2$ 附近，随后稳定振荡变化。

```
plot(out.tout,- out.a)
xlabel('时间/s')
ylabel('制动减速度/(m/s^2)')
```

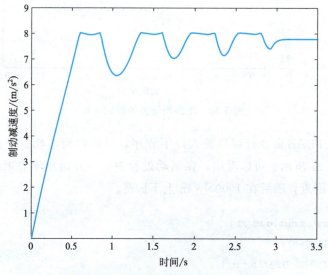

图 3-32　车轮制动减速度的时域曲线

在图 3-29～图 3-32 中，超过 3.5s 后，速度、制动力、制动力矩和减速度均减至 0，车轮完全制动停止。

第四章
汽车操纵稳定性建模与仿真

汽车操纵稳定性是指在驾驶员不感觉过分紧张、疲劳的条件下，汽车能按照驾驶员通过转向系统及转向车轮给定的方向（直线或转弯）行驶；且当受到外界干扰（路面干扰、突然阵风扰动、货物或乘客偏载）时，汽车能抵抗干扰而保持稳定行驶的性能。

汽车操纵稳定性包括相互关联的两部分：一是操纵性，即汽车能够确切地响应驾驶员通过方向盘给定的转向指令行驶的能力，反映了汽车与驾驶员配合的程度；二是稳定性，即汽车受到外界干扰后，汽车能抵抗干扰恢复和保持稳定行驶的能力，反映了汽车运行状况的稳定程度。操纵性与稳定性有密切关系，操纵性不良往往会导致汽车侧滑、甩尾甚至翻车，稳定性不好常会造成汽车失控，因此，常将操纵性与稳定性联系在一起，称为汽车操纵稳定性。

第一节 汽车操纵稳定性评价指标

一、汽车稳态响应评价指标

稳态是指加在汽车上的外力（包括路面激励及空气动力）不随时间发生变化或汽车操纵输入为常数时的汽车运动状态；汽车稳态响应是指汽车稳态状况下的运动响应。虽然这种稳态在汽车的实际运行中很少出现，但非常重要，它代表了汽车的基本操纵性能，有助于对汽车的动态性能做结构上的分析，便于找出改进的方向。

汽车稳态响应是汽车操纵稳定性最基本的特性之一，所设计的汽车必须满足稳态响应的要求。对汽车稳态响应的评价也是汽车操纵稳定性最主要的评价。

汽车稳态响应评价指标分为基于模型的汽车稳态响应评价指标和基于试验的汽车稳态响应评价指标。

1. 基于模型的汽车稳态响应评价指标

基于模型的汽车稳态响应评价指标主要有汽车稳态横摆角速度增益、汽车稳定性因数、前后轮侧偏角之差、转向半径比值和静态储备系数。

(1) 汽车稳态横摆角速度增益　汽车稳态横摆角速度增益是指稳态横摆角速度与前轮转角之比，也称转向灵敏度。稳态横摆角速度增益不能太大，以免由于驾驶员无意识所做的轻微转动方向盘而引起汽车很大的响应。另外又不能太小，否则操纵困难。

汽车稳态横摆角速度增益为

$$\left.\frac{\omega_r}{\delta_1}\right|_s = \frac{\dfrac{u}{L}}{1+\dfrac{m}{L^2}\left(\dfrac{a}{K_{\alpha_2}}-\dfrac{b}{K_{\alpha_1}}\right)u^2} = \frac{\dfrac{u}{L}}{1+Ku^2} \tag{4-1}$$

式中，ω_r 为汽车横摆角速度；δ_1 为前轮转角；K_{α_1}、K_{α_2} 分别为前、后轮综合侧偏刚度，其值为负值；$L=a+b$，为汽车轴距；K 为汽车稳定性因数，它是表征汽车稳态转向特性的重要参数之一。

如图 4-1 所示为汽车稳态横摆角速度增益与行驶速度的关系曲线。图 4-1 中，u_{ch} 为特征车速；u_{cr} 为临界车速。

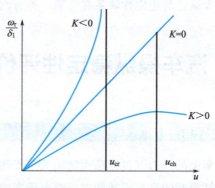

图 4-1　汽车稳态横摆角速度增益与行驶速度的关系曲线

(2) 汽车稳定性因数　汽车稳定性因数为

$$K = \frac{m}{L^2}\left(\frac{a}{K_{\alpha_2}}-\frac{b}{K_{\alpha_1}}\right) \tag{4-2}$$

根据汽车稳定性因数的数值，汽车的稳态响应可分为三种：$K=0$ 时为中性转向；$K>0$ 时为不足转向；$K<0$ 时为过度转向，如图 4-2 所示。

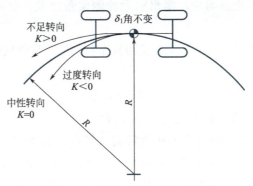

图 4-2　汽车的三种稳态转向特性

当 $K=0$ 时，$\left.\dfrac{\omega_r}{\delta_1}\right|_s = \dfrac{u}{L}$，即横摆角速度增益与车速成线性关系，这种稳态相当于汽车以极低的速度进行转向或以很大的转向半径行驶，侧偏角小到忽略不计，则转向半径为 $R \approx \dfrac{L}{\delta_1}$。中性转向的汽车做圆周行驶时，转向半径固定不变。

当 $K>0$ 时，横摆角速度增益变小，而且 K 越大，横摆角速度增益越小，不足转向量越大。可以证明，当车速为 $u_{ch} = \sqrt{\dfrac{1}{K}}$ 时，汽车横摆角速度增益达到最大值，而且其横摆角速度增益为与轴距相等的中性转向汽车横摆角速度增益的一半，该车速称为特征车速，它是表征不足转向量的一个参数。当不足转向量增加时，K 增大，特征车速 u_{ch} 降低。不足转向的汽车做圆周行驶时，转向半径越来越大。

当 $K<0$ 时，横摆角速度增益变大，而且 K 越小（绝对值越大），过度转向量越大。当车速为 $u_{cr} = \sqrt{-\dfrac{1}{K}}$，时，汽车横摆角速度增益趋于无穷大，该车速称为临界车速，它是表征过度转向量的一个参数。临界车速越低，过度转向量越大。过度转向的汽车做圆周行驶时，转向半径越来越小。

操纵良好的汽车应具有足够的不足转向特性，即 $K>0$。一般汽车不应具有过度转向特性，也不应具有中性转向特性，因为中性转向的汽车在使用条件变化时，有可能转变为过度转向特性。过度转向汽车达到临界车速时将失去稳定性，因为只要一个很小的转角，横摆角速度增益就趋于无穷大，必然导致汽车急转而发生侧滑或侧翻。

(3) 前后轮侧偏角之差 如果不知道轮胎侧偏刚度和汽车其他参数,可以通过试验判断汽车稳态响应。测出前后轮侧偏角之差,就可以求出稳定性因素 K。

前后轮侧偏角之差（绝对值）是指汽车稳态转向特性试验中,前、后轴综合侧偏角的差值。

$$\alpha_1 - \alpha_2 = a_y L K \tag{4-3}$$

式中,a_y 为汽车侧向加速度（绝对值）。

当 $\alpha_1 - \alpha_2 = 0$ 时,汽车具有中性转向；当 $\alpha_1 - \alpha_2 > 0$ 时,汽车具有不足转向；当 $\alpha_1 - \alpha_2 < 0$ 时,汽车具有过度转向,如图 4-3 所示。图 4-3 中虚线表明,并不是所有工况下前、后轮侧偏角之差与侧向加速度之间都存在线性关系。当侧向加速度较大时,轮胎侧偏特性进入明显的非线性区域,汽车稳态响应会发生较大变化。

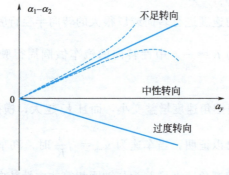

图 4-3 前、后轮侧偏角之差与侧向加速度之间的关系

(4) 转向半径比值 转向半径比值是指汽车稳态转向特性试验中,重心瞬时转向半径与初始转向半径的比值。

在前轮转角一定的条件下,若令车速很低,侧向加速度接近于零,轮胎侧偏角可忽略不计,此时的转向半径称为初始转向半径,即 $R_0 = L/\delta_1$。

汽车转向半径比值为

$$\frac{R}{R_0} = 1 + K u^2 \tag{4-4}$$

当转向半径比值等于 1 时,汽车具有中性转向；当转向半径比值大于 1 时,汽车具有不足转向；当转向半径比值小于 1 时,汽车具有过度转向,如图 4-4 所示。

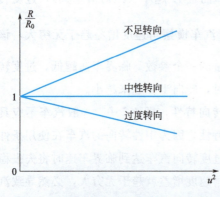

图 4-4 转向半径比值与速度平方的关系

(5) 静态储备系数 静态储备系数是指中性转向点到前轴的距离与汽车重心到前轴的距离之差与轴距之比。汽车静态储备系数为

$$SM = \frac{a'-a}{L} = \frac{K_{\alpha_2}}{K_{\alpha_1}+K_{\alpha_2}} - \frac{a}{L} \tag{4-5}$$

式中，a' 为中性转向点到前轴的距离。

中性转向点是使汽车前、后轮产生同一侧偏角的侧向力作用点，中性转向点至前轴的距离为

$$a' = \frac{K_{\alpha_2}}{K_{\alpha_1}+K_{\alpha_2}}L \tag{4-6}$$

当静态储备系数等于零时，即中性转向点与汽车重心重合，汽车具有中性转向；当静态储备系数大于零时，即中性转向点在汽车重心之后，汽车具有不足转向；当静态储备系数小于零时，即中性转向点在汽车重心之前，汽车具有过度转向。

上述评价指标是在二自由度线性汽车模型基础上推导出来的，在汽车设计时，可以做初步的估算。要真正了解汽车的稳态响应，还需要通过试验进行评价。

2. 基于试验的汽车稳态响应评价指标

基于试验的汽车稳态响应评价指标有中性转向点的侧向加速度、不足转向度和车身侧倾度。

(1) 中性转向点的侧向加速度 中性转向点侧向加速度定义为汽车前、后轮侧偏角之差与侧向加速度关系曲线上，斜率为零处的侧向加速度。

如图 4-5 所示为某汽车前、后轮侧偏角之差与侧向加速度关系曲线。

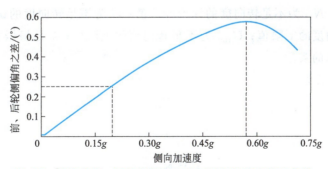

图 4-5 某汽车前、后轮侧偏角之差与侧向加速度关系曲线

从图 4-5 可以看出，当侧向加速度小于 0.4g 时，前、后轮侧偏角之差与侧向加速度呈线性关系，关系曲线的斜率不变且大于零，该车具有不足转向特性。随着侧向加速度的增大，关系曲线开始呈现非线性变化，斜率开始小于

零；当侧向加速度大于 $0.55g$ 时，该车出现过度转向，前后轮侧偏角之差与侧向加速度不再存在线性关系，这是因为轮胎侧偏特性已进入非线性区域。有些汽车在大侧向加速度下，稳态响应特性发生显著变化，后轮或前轮侧偏角、横摆角速度发生急剧变化，以致不能再维持圆周行驶，出现转弯半径迅速增加或迅速减小的情况，从不足转向变为过度转向。汽车的转向特性不允许出现过度转向，然而由于轮胎的非线性特性，或者汽车结构上的因素，使得有些汽车在侧向加速度达到一定值后，会出现过度转向现象。这个侧向加速度值就是中性转向点的侧向加速度。对于轿车，不应小于 $0.5g$。该车中性转向点的侧向加速度为 $0.55g$。

中性转向点侧向加速度值的评价计分值为

$$N_{a_n} = 60 + \frac{40}{a_{n100} - a_{n60}}(a_n - a_{n60}) \tag{4-7}$$

式中，N_{a_n} 为中性转向点侧向加速度值的评价计分值；a_n 为中性转向点侧向加速度值的试验值；a_{n60} 为中性转向点侧向加速度值的下限值；a_{n100} 为中性转向点侧向加速度值的上限值。

(2) 不足转向度 根据汽车稳态转向特性试验结果绘制的前、后轮侧偏角之差与侧向加速度之间的关系曲线，找出不足转向度。不足转向度是指汽车前、后轮侧偏角之差与侧向加速度关系曲线上侧向加速度为 2m/s^2 处的平均斜率（纵坐标值除以横坐标值）。根据图 4-5，可以求出该车的不足转向度为 $0.12°/(\text{m/s}^2)$。

不足转向度的评价计分值为

$$N_U = 60 + \frac{U(U_{60} - U)(\lambda - U)}{U_{100}(U_{60} - U_{100})(\lambda - U_{100})} \times 40 \tag{4-8}$$

式中，N_U 为不足转向度的评价计分值；U 为不足转向度的试验值；U_{60} 为不足转向度的下限值；U_{100} 为不足转向度的上限值；λ 是根据 U_{60} 和 U_{100} 的比值计算的系数。

λ 表达式为

$$\lambda = \frac{\dfrac{2U_{60}}{U_{100}}}{\dfrac{U_{60}}{U_{100}} - 2} U_{100} \tag{4-9}$$

(3) 车身侧倾度 根据汽车稳态转向特性试验结果绘制的车身侧倾角与侧向加速度之间的关系曲线，找出车身侧倾度。车身侧倾度是指汽车车身侧倾角与侧向加速度关系曲线上侧向加速度为 2m/s^2 处的平均斜率（纵坐标值除以横坐标值）。

如图 4-6 所示为某汽车车身侧倾角与侧向加速度关系曲线。根据图 4-6，可以求出该车的车身侧倾度为 $0.5°/(m/s^2)$。

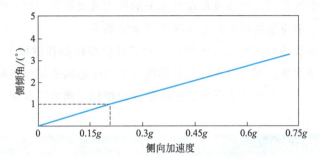

图 4-6　某汽车车身侧倾角与侧向加速度关系曲线

车身侧倾度的评价计分值为

$$N_\phi = 60 + \frac{40}{K_{\phi 60} - K_{\phi 100}}(K_{\phi 60} - K_\phi) \tag{4-10}$$

式中，N_ϕ 为车厢侧倾度的评价计分值；K_ϕ 为车厢侧倾度的试验值；$K_{\phi 60}$ 为车厢侧倾度的下限值；$K_{\phi 100}$ 为车厢侧倾度的上限值。

汽车稳态回转试验评价指标的下限值和上限值如表 4-1 所示。

表 4-1　汽车稳态回转试验评价指标的下限值和上限值

车　型	指标					
	a_{n60} /(m/s²)	a_{n100} /(m/s²)	U_{60} /[(°)/(m/s²)]	U_{100} /[(°)/(m/s²)]	$K_{\phi 60}$ /[(°)/(m/s²)]	$K_{\phi 100}$ /[(°)/(m/s²)]
轿车、客车和货车，最大总质量≤2.5t	5.00	9.80	1.00 0.60[1]	0.40 0.24[1]	1.20	0.70
客车和货车，2.5t＜最大总质量≤6t	4.00	8.00	1.20	0.50		
客车和货车，最大总质量＞6t	3.00	6.00			1.20 1.40[2]	

注：1. 用于最高车速大于 160km/h 的汽车。
　　2. 用于最大总质量大于 9t 的客车。

汽车稳态回转试验的综合评价计分值为

$$N_W = \frac{N_{a_n} + N_U + N_\phi}{3} \tag{4-11}$$

式中，N_W 为汽车稳态回转试验的综合评价计分值。

二、汽车方向盘转角阶跃输入下的瞬态响应评价指标

瞬态是指汽车运动响应及加在汽车上的外力或操纵随时间而改变的汽车状况。汽车瞬态响应是指汽车瞬态状况下的运动响应。

汽车方向盘转角阶跃输入下的瞬态响应评价指标是在时域上的评价指标，它分为基于模型的汽车方向盘转角阶跃输入下的瞬态响应评价指标和基于试验的汽车方向盘转角阶跃输入下的瞬态响应评价指标，两者既有相同之处，也有差别之处。

1. 基于模型的汽车方向盘转角阶跃输入下的瞬态响应评价指标

基于模型的汽车方向盘转角阶跃输入下的瞬态响应评价指标主要有横摆角速度波动时的固有频率、阻尼比、响应时间、峰值响应时间和稳定时间。

如图 4-7 所示为汽车方向盘转角阶跃输入下的横摆角速度瞬态响应。图中，ω_{r0} 为汽车稳态横摆角速度；ω_{r1} 为汽车最大横摆角速度；τ 为响应时间；ε 为峰值响应时间；σ 为稳定时间。

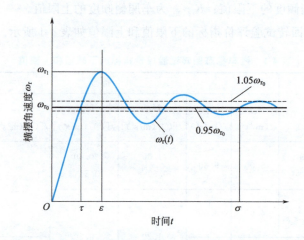

图 4-7 汽车方向盘转角阶跃输入下的横摆角速度瞬态响应

（1）横摆角速度波动时的固有频率　横摆角速度波动时的固有频率是评价汽车瞬态响应的一个重要参数，其值应高些为好。

横摆角速度波动时的固有频率为

$$\omega_0 = \frac{L}{u}\sqrt{\frac{K_{a_1}K_{a_2}}{mI_z}(1+Ku^2)} \tag{4-12}$$

（2）阻尼比　阻尼比一般为 0.5~0.8，阻尼比越大，系统衰减越快。

阻尼比为

$$\zeta = \frac{-m(a^2 K_{\alpha_1} + b^2 K_{\alpha_2}) - I_z(K_{\alpha_1} + K_{\alpha_2})}{2L\sqrt{mI_z K_{\alpha_1} K_{\alpha_2}(1+Ku^2)}} \qquad (4\text{-}13)$$

（3）响应时间　响应时间 τ 是指汽车方向盘转角阶跃转向输入后，横摆角速度第一次达到稳态值 ω_{r_0} 所需的时间。响应时间说明汽车转向响应的快慢，是评价汽车瞬态响应的重要参数之一，其值应小些为好。

响应时间为

$$\tau = \frac{\arctan\left[\dfrac{\sqrt{1-\zeta^2}}{\left(-\dfrac{mua}{LK_{\alpha_2}}\omega_0 - \zeta\right)}\right]}{\omega_0 \sqrt{1-\zeta^2}} \qquad (4\text{-}14)$$

（4）峰值响应时间　峰值响应时间 ε 是指汽车方向盘转角阶跃转向输入后，横摆角速度到达第一峰值 ω_{r_1} 的时间，作为评定汽车瞬态横摆响应快慢的参数。

峰值响应时间为

$$\varepsilon = \frac{\arctan\left(\dfrac{\sqrt{1-\zeta^2}}{\zeta}\right)}{\omega_0 \sqrt{1-\zeta^2}} + \tau \qquad (4\text{-}15)$$

（5）稳定时间　稳定时间 σ 是指横摆角速度响应值首次到达稳态响应值 ω_{r_0} 的 $\pm 5\%$ 范围内摆动所需要的时间。

2. 基于试验的汽车方向盘转角阶跃输入下的瞬态响应评价指标

基于试验的汽车方向盘转角阶跃输入下的瞬态响应试验的评价指标是按侧向加速度值为 2m/s^2 时的汽车横摆角速度响应时间进行评价计分的。

汽车横摆角速度和侧向加速度的响应曲线形式如图 4-8 所示。

最大总质量大于 6t 的汽车，本项试验不进行评价计分；最大总质量小于或等于 6t 的汽车，汽车横摆角速度响应时间的评价计分值为

$$N_T = 60 + \frac{40}{T_{60} - T_{100}}(T_{60} - T) \qquad (4\text{-}16)$$

式中，N_T 为汽车横摆角速度响应时间的评价计分值；T 为汽车横摆角速度响应时间的试验值；T_{60} 为汽车横摆角速度响应时间的下限值；T_{100} 为汽车横摆角速度响应时间的上限值。

汽车方向盘转角阶跃输入试验评价指标的下限值与上限值如表 4-2 所示。

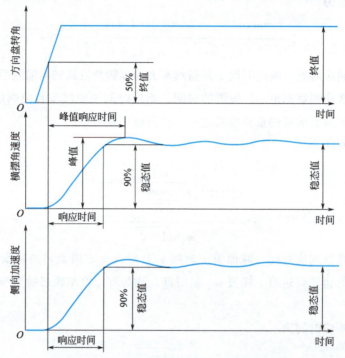

图 4-8　汽车横摆角速度和侧向加速度响应曲线

表 4-2　汽车方向盘转角阶跃输入试验评价指标的下限值和上限值

车　　型	指　　标	
	T_{60}/s	T_{100}/s
轿车,最高车速>120km/h	0.20	0.06
轿车,最高车速≤120km/h 客车和货车,最大总质量≤2.5t	0.30	0.10
客车和货车,2.5t<最大总质量≤6t	0.40	0.15

三、汽车方向盘转角脉冲输入下的瞬态响应评价指标

汽车方向盘转角脉冲输入下的瞬态响应评价指标是在频域上的评价指标，它分为基于模型的汽车方向盘转角脉冲输入下的瞬态响应评价指标和基于试验的汽车方向盘转角脉冲输入下的瞬态响应评价指标，两者既有相同之处，也有差别之处。

汽车的频率特性分为幅频特性和相频特性。幅频特性反映了驾驶员以不同频率输入指令时，汽车执行驾驶员指令失真的程度。横摆角速度的幅频特性曲线在低频区接近于一条水平线，随着频率的增高，幅值比增大，至某一频率时幅值比达到最大值,此时系统处于共振状态。频率再增高,幅值比逐渐减小。相频特性反映了输出滞后于输入的失真程度。

1. 基于模型的汽车方向盘转角脉冲输入下的瞬态响应评价指标

基于模型的汽车方向盘转角脉冲输入下的瞬态响应评价指标主要有幅值比、共振峰值频率、增幅比和相位滞后角。

汽车横摆角速度频率特性如图 4-9 所示。

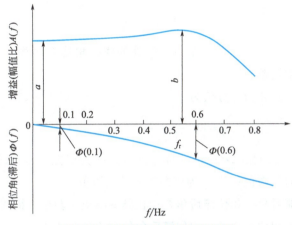

图 4-9　汽车横摆角速度频率特性

（1）幅值比　幅值比是指频率为零时的增益 a,即稳态增益,稳态增益不应太小,因为它的大小代表了转向灵敏度的高低。

（2）共振峰值频率　共振峰值频率是指最大增益所对应的频率 f_r,f_r 越高,操纵稳定性越好。

（3）增幅比　增幅比是指最大增益与稳态增益之比 b/a,增幅比 b/a 越大,说明系统的阻尼越小,超调量越大,过渡时间也越长。因此,希望幅频特性曲线能平坦一些,不宜有明显的峰值,以免反应有过大的幅值失真或超调。

（4）相位滞后角　它包括 $f=0.1$ Hz 时的相位滞后角 $\Phi(0.1)$,它代表缓慢转动方向盘时响应的快慢,其数值应接近于零; $f=0.6$ Hz 时的相位滞后角 $\Phi(0.6)$,它代表较快速度转动方向盘时响应的快慢,其数值应小些。

频率响应函数间接地描述了汽车对任何形式的转向输入响应,特别是汽车在小扰动下的动态性能。稳态响应是频率为零时频率响应的一个特例。

2. 基于试验的汽车方向盘转角脉冲输入下的瞬态响应评价指标

基于试验的汽车方向盘转角脉冲输入下的瞬态响应评价指标主要有谐振频率、谐振峰水平和相位滞后角。

(1) 谐振频率　谐振频率是指在频率响应试验中,幅频特性峰值所对应的操纵输入的频率。谐振频率的评价计分值为

$$N_f = 60 + \frac{40}{f_{100} - f_{60}}(f_p - f_{60}) \qquad (4-17)$$

式中,N_f 为谐振频率的评价计分值;f_p 为谐振频率的试验值;f_{60} 为谐振频率的下限值;f_{100} 为谐振频率的上限值。

(2) 谐振峰水平　谐振峰水平 D 的定义为

$$D = 20\ln \frac{A_p}{A_0} \qquad (4-18)$$

式中,D 为谐振峰水平;A_p 是 f_p 处的横摆角速度增益;A_0 是频率为 0 处的横摆角速度增益。

谐振峰水平的评价计分值为

$$N_D = 60 + \frac{40}{D_{60} - D_{100}}(D_{60} - D) \qquad (4-19)$$

式中,N_D 为谐振峰水平的评价计分值;D 为谐振峰水平的试验值;D_{60} 为谐振峰水平的下限值;D_{100} 为谐振频率的上限值。

(3) 相位滞后角　相位滞后角是指在频率响应试验中,横摆角速度相应相位角与操纵输入相位角之差。相位滞后角的评价计分值为

$$N_\alpha = 60 + \frac{40}{\alpha_{60} - \alpha_{100}}(\alpha_{60} - \alpha_r) \qquad (4-20)$$

式中,N_α 为相位滞后角的评价计分值;α_r 为相位滞后角的试验值;α_{60} 为相位滞后角的下限值;α_{100} 为相位滞后角的上限值。

汽车方向盘转角脉冲输入试验评价指标的下限值与上限值见表 4-3。

表 4-3　汽车方向盘转角脉冲输入试验评价指标的下限值和上限值

车型	指标						备注
	f_{60} /Hz	f_{100} /Hz	D_{60} /dB	D_{100} /dB	α_{60} /(°)	α_{100} /(°)	
轿车	0.70	1.30	5.00	2.00	60.0	20.0	按输入频率为 1Hz 处的 α 值计算
客车和货车,最大总质量≤2.5t	0.60	1.00			80.0	40.0	
客车和货车,2.5t<最大总质量≤6t	0.50	0.80			120.0	60.0	
客车和货车,6t<最大总质量≤15t	0.40	0.60			80.0	30.0	按输入频率为 0.5Hz 处的 α 值计算
客车和货车,最大总质量>15t	0.30	0.50			100.0	60.0	

汽车方向盘转角脉冲输入试验的综合评价计分值为

$$N_M = \frac{N_f + N_D + N_\alpha}{3} \qquad (4-21)$$

式中，N_M 为汽车方向盘转角脉冲输入试验的综合评价计分值。

第二节　轮胎动力学建模

轮胎是汽车的重要部件，它的结构参数和力学特性决定着汽车的主要行驶性能。因为除空气作用力外，汽车行驶所需的所有外力都是由轮胎与路面之间的相互作用产生的。轮胎所受的法向力、纵向力、侧向力和回正力矩对汽车操纵稳定性有重要影响，是研究汽车操纵稳定性的基础。特别是对汽车操纵稳定性仿真研究，如何匹配合适的轮胎模型是至关重要的。

一、轮胎六分力

汽车行驶时，轮胎受到沿三个方向的力以及绕三个轴的力矩，即为轮胎六分力。为了便于研究人员统一进行轮胎动力学的分析，国际汽车工程师协会（SAE）制定了标准的轮胎运动坐标系，并定义了轮胎的作用力和力矩及相关运动变量，如图 4-10 所示。

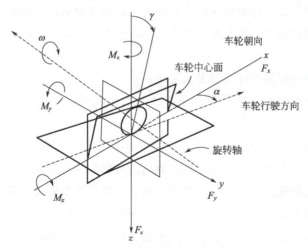

图 4-10　SAE 标准轮胎运动坐标系

SAE 标准轮胎运动坐标系的原点是轮胎接地印迹中心，即车轮中心面与地平面交线和车轮旋转轴中心线在地平面上投影的交点；x 轴定义为车轮中心面与地平面的交线，前进方向为正；y 轴定义为车轮旋转轴在地平面上的投影线，规定车轮前进方向的右方为正；z 轴规定向下为正，从而保证坐标系符合右手坐标系原则。

轮胎六分力定义如下。

① 纵向力 F_x，是指地面对轮胎作用力在地平面内沿 x 轴方向的分量，其作用是对汽车进行驱动或制动，F_x 为正时是驱动力，为负时是制动力。

② 侧向力 F_y，是指地面对轮胎作用力在地平面内沿 y 轴方向的分量，根据轮胎转向或外倾的方向，侧向力使轮胎向相应的方向运动，实现汽车的转向。

③ 法向力 F_z，是指地面对轮胎作用力垂直于地平面沿 z 轴方向的分量，根据定义，该法向反作用力为负值，因此垂直载荷的符号与法向反作用力相反，为正值。

④ 翻转力矩 M_x，是指地面对轮胎作用力绕 x 轴旋转的轮胎分力矩，其说明了垂直力作用点相对于接触中心左右移动的现象，影响轮胎的外倾性能。

⑤ 滚动阻力矩 M_y，是指地面对轮胎作用力绕 y 轴旋转的轮胎分力矩，其说明了垂直力作用点相对于接触中心前后移动的现象。

⑥ 回正力矩 M_z，是指地面对轮胎作用力绕 z 轴旋转的轮胎分力矩，其说明了纵向力和侧向力在道路平面内的作用点偏离接触中心，影响汽车的回正性能。

在轮胎六分力中，对汽车操纵稳定性影响较大的是轮胎纵向力、侧向力和回正力矩。法向力对轮胎侧偏刚度影响较大，间接影响汽车操纵稳定性。

定义轮胎侧偏角 α 为车轮中心平面与车轮中心运动方向的夹角，顺时针方向为正，它等于车轮接地印迹中心处的侧向速度与前进速度之比的反正切函数，是影响轮胎侧偏特性的重要因素之一。

外倾角 γ 是由车前方看车轮中心线与垂直线所成的夹角，向外为正，向内为负。

坐标系不同，符号协议也不同。SAE 标准轮胎运动坐标系中，符号协议是：纵向力与纵向滑动率符号一致；侧向力与侧偏角符号相反，即负的侧偏角将产生正的轮胎侧向力；小侧偏角时，回正力矩与侧偏角符号相同。

轮胎滑移率是指汽车在制动时，车轮抱死程度；轮胎滑转率是指汽车驱动时，车轮滑转程度。把轮胎滑移率和轮胎滑转率统称为轮胎滑动率。轮胎模型不同，建立的轮胎滑动率也略有差异。

二、轮胎动力学模型类型

轮胎动力学模型用于研究轮胎六分力与轮胎结构参数和使用参数的关系，

即轮胎在不同工作条件下的输入变量与输出变量之间的关系，如图 4-11 所示。轮胎动力学模型的输入变量可以是轮胎纵向滑动率、侧偏角、外倾角、垂直载荷、气压、摩擦系数等，输出变量可以是轮胎纵向力、侧向力、法向力、翻转力矩、滚动阻力矩和回正力矩。不同的轮胎动力学模型，其输入变量和输出变量可以不同。

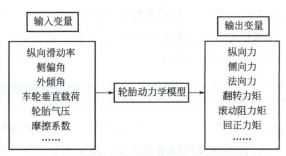

图 4-11　轮胎输入变量与输出变量之间的关系

轮胎动力学模型对汽车操纵稳定性仿真计算结果有很大的影响，轮胎动力学模型的精度必须与汽车操纵稳定性模型精度相匹配。因此，选用轮胎动力学模型是至关重要的。由于轮胎具有结构的复杂性和力学性能的非线性，选择既符合实际又便于使用的轮胎动力学模型是研究汽车操纵稳定性的关键。

轮胎动力学模型根据建模方法的不同，主要分为理论模型、经验模型和半经验模型。

1. 轮胎理论模型

轮胎理论模型是在简化的轮胎物理模型基础上建立的对轮胎力学特性的一种数学描述。根据轮胎的力学特性，用物理结构去代替轮胎结构，用物理结构变形看作轮胎的变形。优点是具有解析表达式，能探讨轮胎特性的形成机理；缺点是模型精度和计算效率较低，一般形式较为复杂，在描述轮胎特性的实际应用中有很大的局限性。

2. 轮胎经验模型

轮胎经验模型是利用一定的经验公式拟合试验测试数据建立的模型。轮胎经验模型公式简单，与试验结果较接近，便于计算和实际应用，但需要大量的试验数据。由于试验条件限制和路面状况的多变性，难以得到所有路面状况和所有轮胎运动状态的试验数据。因此，经验模型只是根据有限的试验数据得到，模型外推性不好，参数没有明确的物理意义，预测能力较差，目前较少应用。

3. 轮胎半经验模型

轮胎半经验模型是在轮胎理论模型基础上通过满足一定边界条件建立的模型。轮胎半经验模型精度较高，外推性较好，可以描述轮胎基本的物理和结构特性，仿真结果与试验测试结果比较接近，便于在汽车操纵稳定性仿真中应用，是目前应用最广泛的模型。

在上述三类轮胎模型中，轮胎理论模型可以利用解析表达式描述轮胎的受力，便于建立汽车操纵稳定性线性模型和理论分析；轮胎经验模型应用较少；轮胎半经验模型精度较高，用于汽车操纵稳定性仿真效果好。

三、轮胎侧偏特性理论模型

轮胎侧偏特性模型主要用于研究汽车操纵稳定性。影响轮胎侧偏特性的因素很多，为了了解轮胎侧偏特性的基本性质，逐步建立起理性的认识，有必要建立简化的自由滚动轮胎侧偏特性理论模型，为进一步建立比较完善的轮胎侧偏特性模型奠定基础。

在建立简化的自由滚动轮胎侧偏特性理论模型时，作如下假设。

① 轮胎胎体为刚性，轮胎的弹性集中在胎面。
② 轮胎作自由滚动，其纵向滑动和纵向力可以忽略。
③ 轮胎的外倾角为零。
④ 轮胎与路面之间各点的摩擦系数为固定常数。
⑤ 垂直载荷在印迹上的分布为抛物线分布，在宽度上的分布是相同的。

当轮胎以一定侧偏角 α 自由向前滚动时，轮胎在侧向力作用下印迹内胎面变形如图 4-12 所示。o 为印迹起始点，c 为印迹终了点，oA 为附着区，AB 为滑移区，l 为印迹长度。ox 为车轮中心旋转平面；印迹在 o 点开始与地面接触，经时间 t 后达到 P 点，轮胎继续向前滚动，达到 A 点后，胎面变形产生的侧向应力和摩擦侧向应力相等，轮胎开始滑移，最后回到不变形的初始位置 C。

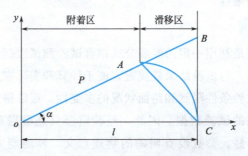

图 4-12 轮胎在侧向力作用下印迹内胎面变形

附着区内胎面上任一点 P 的侧向变形为

$$\Delta y = x\tan\alpha = s_\alpha x \tag{4-22}$$

式中，$s_\alpha = \tan\alpha$。

轮胎印迹内由胎面变形引起的侧向应力为

$$q_y = c_y \Delta y = c_y s_\alpha x \tag{4-23}$$

轮胎印迹内的侧向摩擦应力为

$$q_{\mu y} = \mu_y q_z \tag{4-24}$$

当轮胎印迹内由胎面变形产生的侧向应力和侧向摩擦应力相等时，轮胎开始滑移，起滑点坐标为

$$x_s = l\left(1 - \frac{c_y s_\alpha b_w l^2}{6 F_z \mu_y}\right) \tag{4-25}$$

自由滚动轮胎侧向力为

$$F_y = b_w \int_0^{x_s} q_y \mathrm{d}x + b_w \int_{x_s}^{l} q_{\mu y} \mathrm{d}x = b_w \int_0^{x_s} c_y s_\alpha x \mathrm{d}x + b_w \int_{x_s}^{l} \frac{6\mu_y F_z}{b_w l^2} x\left(1 - \frac{x}{l}\right) \mathrm{d}x$$

$$= \frac{K_y}{l^2} s_\alpha x_s^2 + \mu_y F_z \left(1 - \frac{3x_s^2}{l^2} + \frac{2x_s^3}{l^3}\right) \tag{4-26}$$

式中，$K_y = \frac{1}{2} b_w l^2 c_y$ 为轮胎侧偏刚度。

自由滚动轮胎回正力矩为

$$M_z = b_w \int_0^{x_s} \left(x - \frac{l}{2}\right) q_y \mathrm{d}x + b_w \int_{x_s}^{l} \left(x - \frac{l}{2}\right) q_{\mu y} \mathrm{d}x$$

$$= b_w \int_0^{x_s} \left(x - \frac{l}{2}\right) c_y s_\alpha x \mathrm{d}x + b_w \int_{x_s}^{l} \left(x - \frac{l}{2}\right) \frac{6\mu_y F_z}{b_w l^2} x\left(1 - \frac{x}{l}\right) \mathrm{d}x$$

$$= b_w c_y s_\alpha x_s^2 \left(\frac{x_s}{3} - \frac{l}{4}\right) + \frac{3\mu_y F_z}{2l^3} x_s^2 (l - x_s)^2 \tag{4-27}$$

当 $x_s = l$，即轮胎印迹内无侧向滑移时，轮胎侧向力和回正力矩分别为

$$F_y = K_y s_\alpha$$

$$M_z = \frac{1}{6} s_\alpha K_y l \tag{4-28}$$

轮胎拖距为

$$\tau = \frac{M_z}{F_y} = \frac{l}{6} \tag{4-29}$$

当 $x_s = 0$，即轮胎印迹内完全侧向滑移时，轮胎侧向力和回正力矩分别为

$$F_y = \mu_y F_z$$

$$M_z = 0 \tag{4-30}$$

在对汽车操纵稳定性进行线性分析时，为了能够推导出有用的结论，往往假设轮胎侧偏特性是线性的，而且侧偏角较小，侧向力满足下列关系：

$$F_y = K_y \alpha \tag{4-31}$$

四、轮胎魔术公式

轮胎魔术公式是典型的轮胎半经验模型，是目前应用最广泛的轮胎模型之一。魔术公式是用三角函数的组合公式拟合轮胎试验数据，用一套形式相同的公式就可以完整地表达轮胎的纵向力、侧向力、回正力矩以及纵向力、侧向力的联合作用工况。魔术公式较好地描述了轮胎纵向力、侧向力、回正力矩以及联合工况下的轮胎特性。

目前，轮胎魔术公式有多种模型，如 Pacejka89 模型、Pacejka94 模型、MF-Tyre 轮胎模型、PAC2002 轮胎模型等，这里采用的是 Pacejka89 模型。

Pacejka89 轮胎模型采用 SAE 标准轮胎坐标系，遵守的符号协议为：纵向力与纵向滑动率符号一致；侧向力与侧偏角符号一致；小侧偏角时，回正力矩与侧偏角符号相反。

Pacejka89 轮胎模型是将纵向特征量描述为垂直载荷的函数，侧向特征量描述为垂直载荷与外倾角的函数。垂直载荷与外倾角一定时，Pacejka89 轮胎纵向力模型为纵向滑动率的正弦函数，侧向力与回正力矩为侧偏角的正弦函数，且纵向力、侧向力与回正力矩求解函数是相互独立的。

Pacejka89 轮胎模型采用的单位制有别于国际单位制，垂直载荷单位为 kN，纵向滑动率单位为 %，侧偏角单位为（°），纵向力与侧向力单位为 N，回正力矩单位为 N·m。

Pacejka89 轮胎模型可统一描述为

$$Y(x) = y(x) + S_v$$
$$y(x) = D\sin(C\arctan\{Bx - E[Bx - \arctan(Bx)]\}) \tag{4-32}$$
$$x = X + S_h$$

式中，$Y(x)$ 为轮胎纵向力、侧向力或回正力矩；x 为考虑水平偏移因子时的自变量；$y(x)$ 为不考虑垂直偏移因子的纵向力、侧向力或回正力矩；X 为纵向滑动率或侧偏角；D 为峰值因子，表征 $y(x)$ 曲线的峰值；C 为形状因子，表征 $y(x)$ 曲线的形状；B 为刚度因子，决定 $y(x)$ 曲线原点处的斜率；E 为曲率因子，表征 $y(x)$ 曲线峰值和渐进线附近的曲率；S_v 为垂直偏移因子，表征 $y(x)$ 曲线的垂直偏移程度；S_h 为水平偏移因子，表征 $y(x)$ 曲线的水平偏移程度。

S_v 和 S_h 是由轮胎的帘布层转向效应、轮胎的圆锥度效应、滚动阻力矩和外倾角引起的,用来描述特性曲线相对原点的偏移;BCD 决定 $x=0$ 处的斜率。Pacejka89 轮胎模型中的系数如图 4-13 所示。

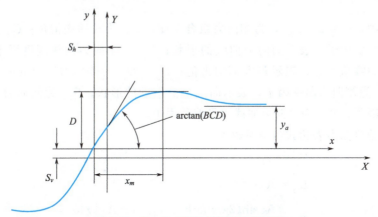

图 4-13　Pacejka89 轮胎模型中的系数

(1) 轮胎纵向力　纯纵滑工况下,Pacejka89 轮胎纵向力表达式为

$$F_{x_0}=D_x\sin(C_x\arctan\{B_xs_{x_0}-E_x[B_xs_{x_0}-\arctan(B_xs_{x_0})]\})+S_{vx}$$

(4-33)

式中,$s_{x_0}=s_x+S_{hx}$,为纵向力组合自变量;s_x 为轮胎纵向滑动率,当 $s_x>0$ 时,为驱动滑转率,当 $s_x<0$ 时,为制动滑移率;C_x 为纵向力曲线形状因子,表示纵向力曲线的形状;D_x 为纵向力峰值因子,表示最大纵向力值;B_x 为纵向力曲线刚度因子;$B_xC_xD_x$ 为纵向力零点处的纵向刚度;E_x 为纵向力曲率因子,表示曲线峰值附件的形状;S_{vx} 为纵向力曲线垂直偏移因子;S_{hx} 为纵向力曲线水平偏移因子。

轮胎纵向力表达式各项系数为

$$\begin{aligned}&C_x=B_0\\&D_x=B_1F_z^2+B_2F_z\\&B_x=\frac{(B_3F_z^2+B_4F_z)e^{-B_5F_z}}{C_xD_x}\\&E_x=B_6F_z^2+B_7F_z+B_8\\&S_{vx}=0\\&S_{hx}=B_9F_z+B_{10}\end{aligned}$$

(4-34)

式中,F_z 为轮胎垂直载荷;$B_0\sim B_{10}$ 为纯纵滑工况下 Pacejka89 轮胎纵向力特性参数。

(2) 轮胎侧向力　纯侧偏工况下，Pacejka89 轮胎侧向力表达式为

$$F_{y_0} = D_y \sin(C_y \arctan\{B_y \alpha_y - E_y [B_y \alpha_y - \arctan(B_y \alpha_y)]\}) + S_{vy} \tag{4-35}$$

式中，$\alpha_y = \alpha + S_{hy}$，为侧向力组合自变量；$\alpha$ 为轮胎侧偏角；C_y 为侧向力曲线形状因子，表示侧向力曲线的形状；B_y 为侧向力曲线刚度因子；D_y 为侧向力峰值因子，表示最大侧向力值；$B_y C_y D_y$ 为侧向力零点处的侧向刚度；E_y 为侧向力曲率因子，表示曲线峰值附近的形状；S_{vy} 为侧向力曲线垂直偏移因子；S_{hy} 为侧向力曲线水平偏移因子。

轮胎侧向力表达式各项系数为

$$\begin{aligned}
C_y &= A_0 \\
D_y &= A_1 F_z^2 + A_2 F_z \\
B_y &= \frac{A_3 \sin(2 \arctan F_z / A_4)(1 - A_5 |\gamma|)}{C_y D_y} \\
E_y &= A_6 F_z + A_7 \\
S_{hy} &= A_8 \gamma + A_9 F_z + A_{10} \\
S_{vy} &= A_{11} F_z \gamma + A_{12} F_z + A_{13}
\end{aligned} \tag{4-36}$$

式中，γ 为轮胎外倾角；$A_0 \sim A_{13}$ 为纯侧偏工况下 Pacejka89 轮胎侧向力特性参数。

(3) 轮胎回正力矩　纯侧偏工况下，Pacejka89 轮胎回正力矩表达式为

$$M_{z0} = D_z \sin(C_z \arctan\{B_z \alpha_z - E_z [B_z \alpha_z - \arctan(B_z \alpha_z)]\}) + S_{vz} \tag{4-37}$$

式中，$\alpha_z = \alpha + S_{hz}$，为回正力矩组合自变量；$C_z$ 为回正力矩曲线形状因子，表示回正力矩曲线的形状；D_z 为回正力矩峰值因子，表示最大回正力矩值；B_z 为回正力矩曲线刚度因子；$B_z C_z D_z$ 为回正力矩零点处的扭转刚度；E_z 为回正力矩曲率因子，表示曲线峰值附近的形状；S_{vz} 为回正力矩曲线垂直偏移因子；S_{hz} 为回正力矩曲线水平偏移因子。

轮胎回正力矩表达式各项系数为

$$\begin{aligned}
C_z &= C_0 \\
D_z &= C_1 F_z^2 + C_2 F_z \\
B_z &= \frac{(C_3 F_z^2 + C_4 F_z)(1 - C_6 |\gamma|) e^{-C_5 F_z}}{C_z D_z} \\
E_z &= (C_7 F_z^2 + C_8 F_z + C_9)(1 - C_{10} |\gamma|) \\
S_{hz} &= C_{11} \gamma + C_{12} F_z + C_{13} \\
S_{vz} &= \gamma (C_{14} F_z^2 + C_{15} F_z) + C_{16} F_z + C_{17}
\end{aligned} \tag{4-38}$$

式中，$C_0 \sim C_{17}$ 为纯侧偏工况下 Pacejka89 轮胎回正力矩特性参数。

第三节 轮胎动力学仿真

一、自由滚动轮胎侧偏特性仿真

自由滚动轮胎侧偏特性仿真所需参数见表 4-4。

表 4-4 自由滚动轮胎侧偏特性仿真所需参数

轮胎侧向刚度/(kN/m³)	轮胎摩擦系数	轮胎印迹宽度/m
100000	0.8	0.1
垂直载荷/kN	轮胎印迹长度/m	轮胎侧偏角/(°)
3,5,8	0.09,0.12,0.14	0~10

1. 建立自由滚动轮胎侧偏特性仿真模型

自由滚动轮胎侧偏特性仿真模型如图 4-14 所示。

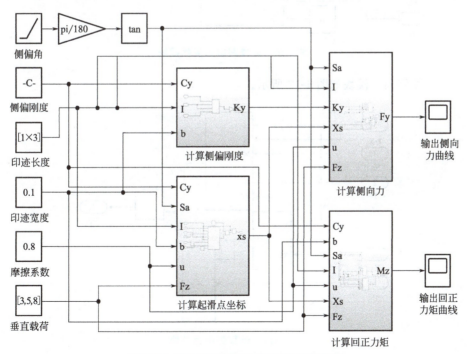

图 4-14 自由滚动轮胎侧偏特性仿真模型

计算侧偏刚度模块如图 4-15 所示。

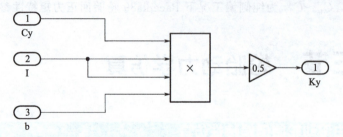

图 4-15 计算侧偏刚度模块

计算起滑点坐标模块如图 4-16 所示。

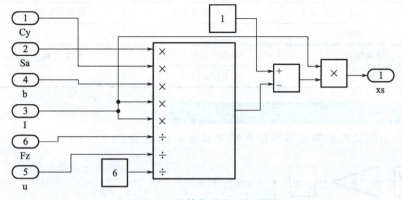

图 4-16 计算起滑点坐标模块

计算侧向力模块如图 4-17 所示。

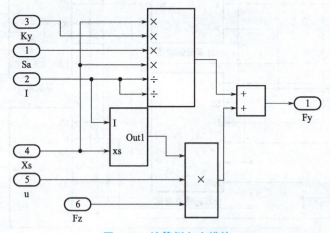

图 4-17 计算侧向力模块

计算回正力矩模块如图 4-18 所示。

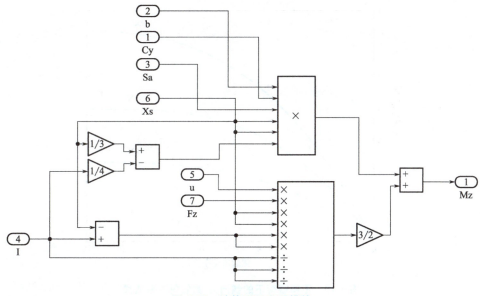

图 4-18 计算回正力矩模块

2. 绘制自由滚动轮胎侧偏特性仿真曲线

运行自由滚动轮胎侧偏特性仿真模型,在 MATLAB 命令行窗口输入以下程序,可以得到不同载荷下的侧向力-侧偏角关系曲线,如图 4-19 所示。可以看出,在小侧偏角下,侧向力随着侧偏角的增加而快速增加;随着侧偏角的增大,侧向力增加缓慢;侧向力随着垂直载荷的增加而增加;垂直载荷越大,侧向力越大。

```
plot(Fy.time,Fy.signals.values)
xlabel('侧偏角/(°)')
ylabel('侧向力/kN')
text(8,2.6,'3kN'),text(8,4.2,'5kN'),text(8,6.5,'8kN')
```

在 MATLAB 命令行窗口输入以下程序,可以得到不同载荷下的回正力矩-侧偏角关系曲线,如图 4-20 所示。可以看出,在小侧偏角下,回正力矩随着侧偏角增加快速增加,到达某一个侧偏角下,回正力矩达到最大值;再继续增加侧偏角,回正力矩急剧下降,最后降到零;回正力矩随着垂直载荷的增加而增加。

```
plot(Mz.time,1000*Mz.signals.values)
xlabel('侧偏角/(°)')
ylabel('回正力矩/(N·m)')
text(2.8,13,'3kN'),text(2.8,27,'5kN'),text(2.8,49,'8kN')
```

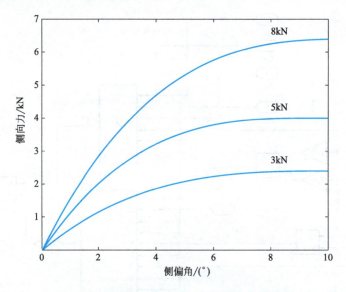

图 4-19　不同载荷下的侧向力-侧偏角关系曲线

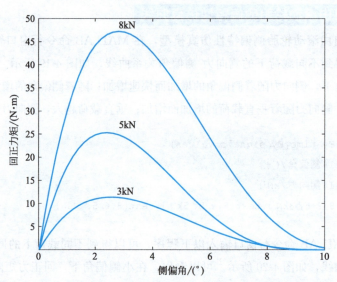

图 4-20　不同载荷下的回正力矩-侧偏角关系曲线

二、基于魔术公式的轮胎动力学仿真

假设轮胎垂直载荷分别为 1kN、3kN、5kN、7kN，外倾角为 1°，纵向滑动率为 -20%~20%，侧偏角为 -20°~20°。基于魔术公式的轮胎动力学仿真所需参数见表 4-5。

表 4-5 基于魔术公式的轮胎动力学仿真所需参数

纵向力参数	B_0	B_1	B_2	B_3	B_4	B_5	B_6	
	2.37272	−9.46	1490	130	276	0.0886	0.00402	
	B_7	B_8	B_9	B_{10}				
	−0.0615	1.2	0.0299	−0.176				
侧向力参数	A_0	A_1	A_2	A_3	A_4	A_5	A_6	
	1.65	−34	1250	3036	12.8	0.00501	−0.02103	
	A_7	A_8	A_9	A_{10}	A_{11}	A_{12}	A_{13}	
	0.77394	0.002289	0.013442	0.003709	19.1656	1.21356	6.26206	
回正力矩参数	C_0	C_1	C_2	C_3	C_4	C_5	C_6	
	2.34	1.495	6.416654	−3.57403	−0.087737	0.09841	0.0027699	
	C_7	C_8	C_9	C_{10}	C_{11}	C_{12}	C_{13}	
	−0.0001151	0.1	−1.33329	0.025501	−0.02357	0.03027	−0.0647	
	C_{14}	C_{15}	C_{16}	C_{17}				
	0.0211329	0.89469	−0.099443	−3.336941				

1. 建立基于魔术公式的轮胎动力学仿真模型

基于魔术公式的轮胎动力学仿真模型如图 4-21 所示，它主要由输入部分、

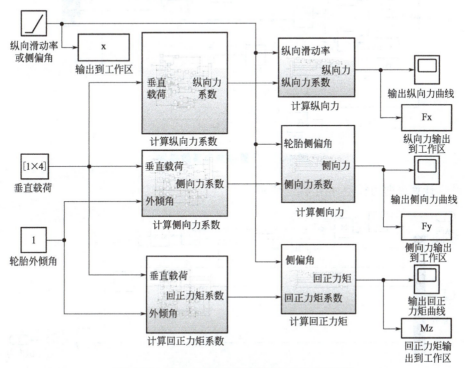

图 4-21 基于魔术公式的轮胎动力学仿真模型

计算部分和输出部分组成。输入部分包括纵向滑动率或侧偏角、垂直载荷和外倾角；计算部分包括纵向力系数模块、侧向力系数模块、回正力矩系数模块、纵向力模块、侧向力模块和回正力矩模块；输出部分包括纵向力输出、侧向力输出和回正力矩输出，而且输出包括纵向力、侧向力和回正力矩的输出曲线以及它们的数据在工作区的输出。

计算纵向力系数模块如图4-22所示。

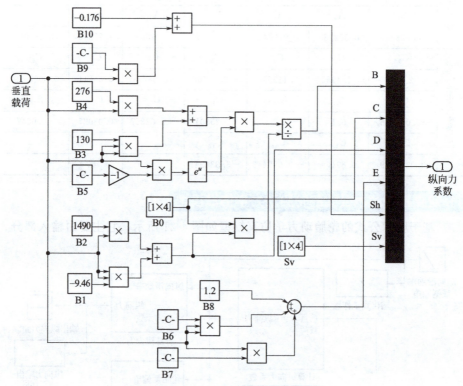

图 4-22　计算纵向力系数模块

计算纵向力模块如图4-23所示

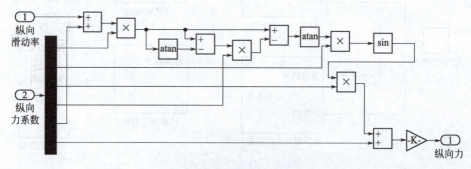

图 4-23　计算纵向力模块

计算侧向力系数模块如图 4-24 所示。

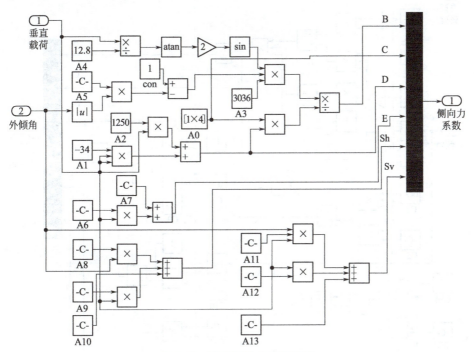

图 4-24　计算侧向力系数模块

计算侧向力模块如图 4-25 所示。

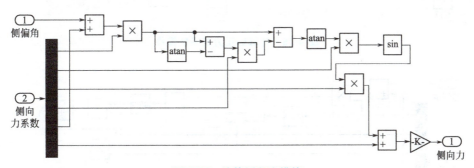

图 4-25　计算侧向力模块

计算回正力矩系数模块如图 4-26 所示。

计算回正力矩模块如图 4-27 所示。

2. 绘制基于魔术公式的轮胎动力学仿真曲线

运行基于轮胎魔术公式的轮胎动力学仿真模型，在 MATLAB 的命令行窗口输入以下程序，可以得到不同载荷下的轮胎纵向力-滑动率关系曲线，如图 4-28 所示。可以看出，随着轮胎垂直载荷的增加，轮胎纵向力相应变大；在

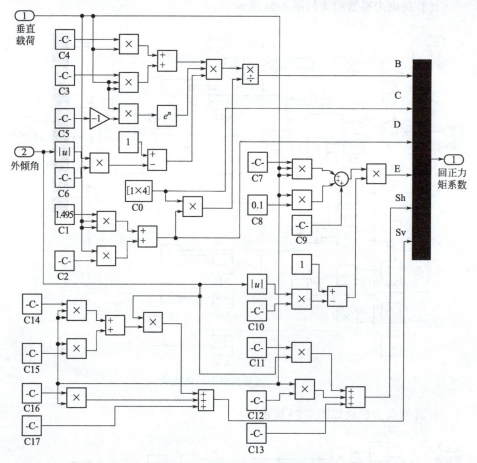

图 4-26　计算回正力矩系数模块

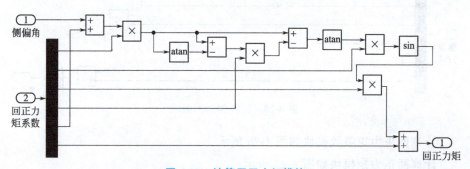

图 4-27　计算回正力矩模块

垂直载荷不变的情况下，轮胎纵向力（绝对值）随着纵向滑动率（绝对值）的增加而迅速增加，在滑动率（绝对值）5%附近时，达到一个峰值，然后下降。峰值处说明在此滑动率的时刻，轮胎会得到较好的纵向力。

```
plot(x,Fx)
xlabel('纵向滑动率/%')
ylabel('纵向力/kN')
text(15,9,'7kN');text(15,7,'5kN');text(15,4.5,'3kN');text(15,2,'1kN')
grid on
```

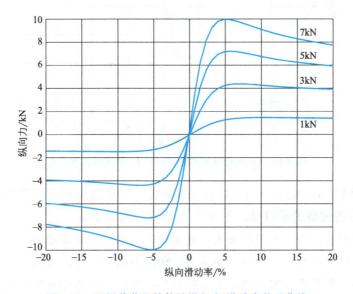

图 4-28　不同载荷下的轮胎纵向力-滑动率关系曲线

在 MATLAB 的命令行窗口输入以下程序，可以得到不同载荷下的轮胎侧向力-侧偏角关系曲线，如图 4-29 所示。可以看出，轮胎垂直载荷的变化对轮胎侧向力有较大影响，当轮胎垂直载荷增大时，轮胎侧向力基本成正比增长。同一垂直载荷情况下，在侧偏角绝对值较小时，轮胎侧向力与侧偏角基本呈线性关系，在侧偏角（绝对值）达到 7°左右时，轮胎侧向力（绝对值）达到最大值，然后不再随着侧偏角增大，而是略有下降，说明轮胎侧向力有极限值，数值与路面的附着系数有关。

```
plot(x,Fy)
xlabel('侧偏角/(°)')
ylabel('侧向力/kN')
text(15,7.4,'7kN');text(15,5.7,'5kN');text(15,3.8,'3kN');text(15,1.7,'1kN')
grid on
```

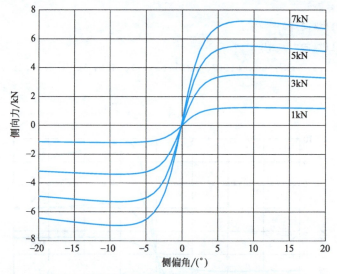

图 4-29 不同载荷下的轮胎侧向力-侧偏角关系曲线

在 MATLAB 的命令行窗口输入以下程序,可以得到不同载荷下的轮胎回正力矩-侧偏角关系曲线,如图 4-30 所示。可以看出,轮胎回正力矩在侧偏角(绝对值)为 2°~3°时最大,侧偏角(绝对值)继续增大时回正力矩渐渐减小。对比轮胎回正力矩和纵向力、侧向力的数值可以发现,回正力矩的数值较小,对汽车行驶动力学的影响较小,可作为动力学分析中的次要因素考虑。

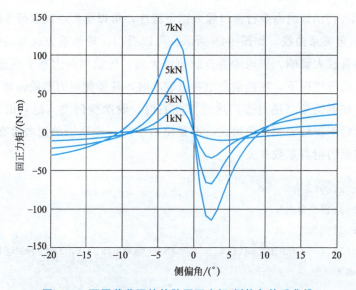

图 4-30 不同载荷下的轮胎回正力矩-侧偏角关系曲线

```
plot(x,Mz)
xlabel('侧偏角/(°)')
ylabel('回正力矩/(N·m)')
text(-4,130,'7kN');text(-4,75,'5kN');text(-4,37,'3kN');text(-4,12,'1kN')
grid on
```

第四节　汽车操纵稳定性建模

一、三轴汽车操纵稳定性建模

以三轴全轮转向汽车为例，建立汽车操纵稳定性数学模型。将三轴全轮转向汽车简化为一个二自由度三轮单轨模型，引入了以下假设。

① 忽略转向系统的作用，直接以前轮转角作为输入。

② 忽略悬架的作用，认为汽车只做平行于地面的平面运动，即汽车沿 z 轴的位移、绕 y 轴的俯仰角和绕 x 轴的侧倾角均为零。

③ 汽车沿 x 轴的前进速度 u 视为不变，这样汽车只有沿 y 轴的侧向运动和绕 z 轴的横摆运动两个自由度。

④ 轮胎侧偏特性处于线性范围。

⑤ 驱动力不大，不考虑地面切向力对轮胎侧偏特性的影响。

⑥ 忽略空气动力的作用。

⑦ 忽略左、右轮胎由于载荷变化引起轮胎特性的变化以及轮胎回正力矩的作用。

二自由度三轴汽车模型如图 4-31 所示。它是一个由三个有侧向弹性的轮胎支撑于地面、具有侧向和横摆两个自由度的汽车模型。图中，β 为汽车质心侧偏角；u 为汽车质心前进速度；v 为汽车质心侧向速度；ω_r 为汽车横摆角速度；a 为汽车重心至前轴距离；b 为汽车重心至中轴距离；c 为汽车重心至后轴距离；L 为前、后轴的轴距；α_1、α_2、α_3 分别为前轮、中轮和后轮侧偏角；δ_1、δ_2、δ_3 分别为前轮、中轮和后轮转向角；F_{y_1}、F_{y_2}、F_{y_3} 分别为前轮、中轮和后轮侧向力。

汽车重心处侧向加速度为

$$a_y = \dot{v} + u\omega_r \tag{4-39}$$

汽车前轮、中轮、后轮的侧偏角分别为

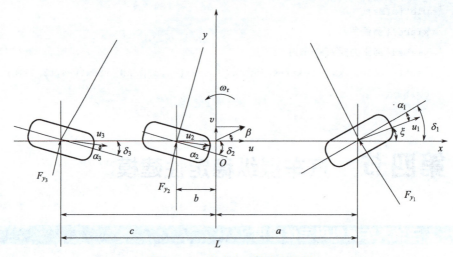

图 4-31 二自由度三轴汽车模型

$$\alpha_1 = \beta + \frac{a\omega_r}{u} - \delta_1$$

$$\alpha_2 = \beta - \frac{b\omega_r}{u} - \delta_2 \quad (4\text{-}40)$$

$$\alpha_3 = \beta - \frac{c\omega_r}{u} - \delta_3$$

汽车前轮、中轮和后轮侧向力分别为

$$F_{y_1} = K_{\alpha_1} \alpha_1$$

$$F_{y_2} = K_{\alpha_2} \alpha_2 \quad (4\text{-}41)$$

$$F_{y_3} = K_{\alpha_3} \alpha_3$$

式中，K_{α_1}、K_{α_2}、K_{α_3} 分别为前轮、中轮和后轮综合侧偏刚度。

根据牛顿定律，可以列出二自由度汽车的微分方程为

$$m(\dot{v} + u\omega_r) = F_{y_1} + F_{y_2} + F_{y_3}$$

$$I_z \dot{\omega}_r = a F_{y_1} - b F_{y_2} - c F_{y_3} \quad (4\text{-}42)$$

式中，m 为汽车质量；I_z 为汽车转动惯量。

三轴全轮转向汽车操纵稳定性微分方程为

$$m(\dot{v} + u\omega_r) = K_{\alpha_1}\left(\beta + \frac{a\omega_r}{u} - \delta_1\right) + K_{\alpha_2}\left(\beta - \frac{b\omega_r}{u} - \delta_2\right) + K_{\alpha_3}\left(\beta - \frac{c\omega_r}{u} - \delta_3\right)$$

$$I_z \dot{\omega}_r = a K_{\alpha_1}\left(\beta + \frac{a\omega_r}{u} - \delta_1\right) - b K_{\alpha_2}\left(\beta - \frac{b\omega_r}{u} - \delta_2\right) - c K_{\alpha_3}\left(\beta - \frac{c\omega_r}{u} - \delta_3\right)$$

$$(4\text{-}43)$$

1. 矩阵方程

将三轴全轮转向汽车操纵稳定性微分方程写成矩阵方程为

$$\begin{bmatrix} \dot{\beta} \\ \dot{\omega}_r \end{bmatrix} = \begin{bmatrix} a_{11} & a_{12} \\ a_{21} & a_{22} \end{bmatrix} \begin{bmatrix} \beta \\ \omega_r \end{bmatrix} + \begin{bmatrix} b_{11} \\ b_{21} \end{bmatrix} \delta_1 + \begin{bmatrix} b_{12} \\ b_{22} \end{bmatrix} \delta_2 + \begin{bmatrix} b_{13} \\ b_{23} \end{bmatrix} \delta_3 \quad (4\text{-}44)$$

式中，$a_{11} = \dfrac{K_{\alpha_1} + K_{\alpha_2} + K_{\alpha_3}}{mu}$；$a_{12} = \dfrac{aK_{\alpha_1} - bK_{\alpha_2} - cK_{\alpha_3} - mu^2}{mu^2}$；$a_{21} = \dfrac{aK_{\alpha_1} - bK_{\alpha_2} - cK_{\alpha_3}}{I_z}$；$a_{22} = \dfrac{a^2 K_{\alpha_1} + b^2 K_{\alpha_2} + c^2 K_{\alpha_3}}{I_z u}$；$b_{11} = -\dfrac{K_{\alpha_1}}{mu}$；$b_{12} = -\dfrac{K_{\alpha_2}}{mu}$；$b_{13} = -\dfrac{K_{\alpha_3}}{mu}$；$b_{21} = -\dfrac{aK_{\alpha_1}}{I_z}$；$b_{22} = \dfrac{bK_{\alpha_2}}{I_z}$；$b_{23} = \dfrac{cK_{\alpha_3}}{I_z}$。

2. 传递函数

传递函数是被测系统的动力学特征在时域范围的描述，也就是被测系统本身对输入信号在时域中传递特性的描述，主要用于在时域范围内研究系统的动态响应。

对矩阵方程进行拉普拉斯变换得

$$\begin{bmatrix} s-a_{11} & -a_{12} \\ -a_{21} & s-a_{22} \end{bmatrix} \begin{bmatrix} \beta(s) \\ \omega_r(s) \end{bmatrix} = \begin{bmatrix} b_{11} & b_{12} & b_{13} \\ b_{21} & b_{22} & b_{23} \end{bmatrix} \begin{bmatrix} \delta_1(s) \\ \delta_2(s) \\ \delta_3(s) \end{bmatrix} \quad (4\text{-}45)$$

利用克莱姆法则，汽车重心侧偏角的传递函数行列式为

$$\begin{aligned} G_\beta(s) &= \begin{bmatrix} 1 & 0 \end{bmatrix} \begin{bmatrix} s-a_{11} & -a_{12} \\ -a_{21} & s-a_{22} \end{bmatrix}^{-1} \begin{bmatrix} b_{11} & b_{12} & b_{13} \\ b_{21} & b_{22} & b_{23} \end{bmatrix} \\ &= \dfrac{1}{(s-a_{11})(s-a_{22}) - a_{12}a_{21}} \begin{bmatrix} (s-a_{22})b_{11} + a_{12}b_{21} \\ (s-a_{22})b_{12} + a_{12}b_{22} \\ (s-a_{22})b_{13} + a_{12}b_{23} \end{bmatrix}^T \end{aligned} \quad (4\text{-}46)$$

汽车横摆角速度的传递函数行列式为

$$\begin{aligned} G_{\omega_r}(s) &= \begin{bmatrix} 0 & 1 \end{bmatrix} \begin{bmatrix} s-a_{11} & -a_{12} \\ -a_{21} & s-a_{22} \end{bmatrix}^{-1} \begin{bmatrix} b_{11} & b_{12} & b_{13} \\ b_{21} & b_{22} & b_{23} \end{bmatrix} \\ &= \dfrac{1}{(s-a_{11})(s-a_{22}) - a_{12}a_{21}} \begin{bmatrix} (s-a_{11})b_{21} + a_{21}b_{11} \\ (s-a_{11})b_{22} + a_{21}b_{12} \\ (s-a_{11})b_{23} + a_{21}b_{13} \end{bmatrix}^T \end{aligned} \quad (4\text{-}47)$$

3. 频率响应函数

频率响应函数是复函数，它是被测系统的动力学特征在频域范围的描述，也就是被测系统本身对输入信号在频域中传递特性的描述，主要用于在频域范围内研究系统的动态响应。

对矩阵方程进行富氏变换得

$$\begin{bmatrix} j\omega - a_{11} & -a_{12} \\ -a_{21} & j\omega - a_{22} \end{bmatrix} \begin{bmatrix} \beta(\omega) \\ \omega_r(\omega) \end{bmatrix} = \begin{bmatrix} b_{11} & b_{12} & b_{13} \\ b_{21} & b_{22} & b_{23} \end{bmatrix} \begin{bmatrix} \delta_1(\omega) \\ \delta_2(\omega) \\ \delta_3(\omega) \end{bmatrix} \qquad (4-48)$$

利用克莱姆法则，汽车重心侧偏角的频率响应函数行列式为

$$G_\beta(\omega) = \begin{bmatrix} 1 & 0 \end{bmatrix} \begin{bmatrix} j\omega - a_{11} & -a_{12} \\ -a_{21} & j\omega - a_{22} \end{bmatrix}^{-1} \begin{bmatrix} b_{11} & b_{12} & b_{13} \\ b_{21} & b_{22} & b_{23} \end{bmatrix}$$

$$= \frac{1}{-\omega^2 - (a_{11} + a_{22})\omega j + a_{11}a_{22} - a_{12}a_{21}} \begin{bmatrix} (\omega j - a_{22})b_{11} + a_{12}b_{21} \\ (\omega j - a_{22})b_{12} + a_{12}b_{22} \\ (\omega j - a_{22})b_{13} + a_{12}b_{23} \end{bmatrix}^T$$

$$(4-49)$$

汽车横摆角速度的频率响应函数行列式为

$$G_{\omega_r}(\omega) = \begin{bmatrix} 0 & 1 \end{bmatrix} \begin{bmatrix} j\omega - a_{11} & -a_{12} \\ -a_{21} & j\omega - a_{22} \end{bmatrix}^{-1} \begin{bmatrix} b_{11} & b_{12} & b_{13} \\ b_{21} & b_{22} & b_{23} \end{bmatrix}$$

$$= \frac{1}{-\omega^2 - (a_{11} + a_{22})\omega j + a_{11}a_{22} - a_{12}a_{21}} \begin{bmatrix} (\omega j - a_{11})b_{21} + a_{21}b_{11} \\ (\omega j - a_{11})b_{22} + a_{21}b_{12} \\ (\omega j - a_{11})b_{23} + a_{21}b_{13} \end{bmatrix}^T$$

$$(4-50)$$

4. 状态方程式

状态方程式反映了输入变量对系统内部状态的影响，即输入变量改变了系统的状态，以及状态变量对输出变量的影响，即状态改变产生了输出改变。它包含了系统运动的内部信息（状态）和外部信息（输出），是对系统动态特性的完整描述。利用状态方程式可以对系统进行最优控制。

取状态向量为 $\boldsymbol{X} = \begin{bmatrix} \beta & \omega_r \end{bmatrix}^T$，输入向量为 $\boldsymbol{U} = \begin{bmatrix} \delta_1 & \delta_2 & \delta_3 \end{bmatrix}$，输出向量为 $\boldsymbol{Y} = \begin{bmatrix} \beta & \omega_r & a_y \end{bmatrix}^T$，将微分方程写为状态方程式为

$$\begin{aligned} \dot{\boldsymbol{X}} &= \boldsymbol{A}\boldsymbol{X} + \boldsymbol{B}\boldsymbol{U} \\ \boldsymbol{Y} &= \boldsymbol{C}\boldsymbol{X} + \boldsymbol{D}\boldsymbol{U} \end{aligned} \qquad (4-51)$$

式中，$A = \begin{bmatrix} \dfrac{K_{\alpha_1}+K_{\alpha_2}+K_{\alpha_3}}{mu} & \dfrac{aK_{\alpha_1}-bK_{\alpha_2}-cK_{\alpha_3}}{mu^2}-1 \\ \dfrac{aK_{\alpha_1}-bK_{\alpha_2}-cK_{\alpha_3}}{I_z} & \dfrac{a^2K_{\alpha_1}+b^2K_{\alpha_2}+c^2K_{\alpha_3}}{I_z u} \end{bmatrix}$；$B =$

$\begin{bmatrix} -\dfrac{K_{\alpha_1}}{mu} & -\dfrac{K_{\alpha_2}}{mu} & -\dfrac{K_{\alpha_3}}{mu} \\ -\dfrac{aK_{\alpha_1}}{I_z} & -\dfrac{aK_{\alpha_2}}{I_z} & -\dfrac{aK_{\alpha_3}}{I_z} \end{bmatrix}$；$C = \begin{bmatrix} 1 & 0 \\ 0 & 1 \\ \dfrac{K_{\alpha_1}+K_{\alpha_2}+K_{\alpha_3}}{m} & \dfrac{aK_{\alpha_1}-bK_{\alpha_2}-cK_{\alpha_3}}{mu} \end{bmatrix}$；

$D = \begin{bmatrix} 0 & 0 & 0 \\ 0 & 0 & 0 \\ -\dfrac{K_{\alpha_1}}{m} & -\dfrac{K_{\alpha_2}}{m} & -\dfrac{K_{\alpha_3}}{m} \end{bmatrix}$。

令 $\delta_2=0$，$\delta_3=0$，就可以得到前轮转向三轴汽车操纵稳定性数学模型；令 $\delta_3=0$，$K_{\alpha_3}=0$，就可以得到四轮转向汽车操纵稳定性数学模型。

二、二轴汽车操纵稳定性建模

二轴汽车操纵稳定性数学模型可以从三轴汽车操纵稳定性数学模型转化而来。假设 $K_{\alpha_3}=0$，$\delta_2=0$，$\delta_3=0$，可以得到二轴前轮转向汽车操纵稳定性微分方程为

$$m(\dot{v}+u\omega_r) = K_{\alpha_1}\left(\beta+\dfrac{a\omega_r}{u}-\delta_1\right) + K_{\alpha_2}\left(\beta-\dfrac{b\omega_r}{u}\right)$$
$$I_z\dot{\omega}_r = aK_{\alpha_1}\left(\beta+\dfrac{a\omega_r}{u}-\delta_1\right) - bK_{\alpha_2}\left(\beta-\dfrac{b\omega_r}{u}\right)$$

(4-52)

1. 矩阵方程

二轴前轮转向汽车操纵稳定性微分方程可以写成矩阵方程为

$$\begin{bmatrix} \dot{\beta} \\ \dot{\omega}_r \end{bmatrix} = \begin{bmatrix} a_{11} & a_{12} \\ a_{21} & a_{22} \end{bmatrix}\begin{bmatrix} \beta \\ \omega_r \end{bmatrix} + \begin{bmatrix} b_{11} \\ b_{21} \end{bmatrix}\delta_1$$

(4-53)

式中，$a_{11}=\dfrac{K_{\alpha_1}+K_{\alpha_2}}{mu}$；$a_{12}=\dfrac{aK_{\alpha_1}-bK_{\alpha_2}-mu^2}{mu^2}$；$a_{21}=\dfrac{aK_{\alpha_1}-bK_{\alpha_2}}{I_z}$；$a_{22}=\dfrac{a^2K_{\alpha_1}+b^2K_{\alpha_2}}{I_z u}$；$b_{11}=-\dfrac{K_{\alpha_1}}{mu}$；$b_{21}=-\dfrac{aK_{\alpha_1}}{I_z}$。

2. 传递函数

对矩阵方程进行拉普拉斯变换得

$$\begin{pmatrix} s-a_{11} & -a_{12} \\ -a_{21} & s-a_{22} \end{pmatrix} \begin{pmatrix} \beta(s) \\ \omega_r(s) \end{pmatrix} = \begin{pmatrix} b_{11} \\ b_{21} \end{pmatrix} \delta_1(s) \tag{4-54}$$

汽车重心侧偏角的传递函数为

$$G_\beta(s) = \frac{\beta(s)}{\delta_1(s)} = \frac{(s-a_{22})b_{11}+a_{12}b_{21}}{(s-a_{11})(s-a_{22})-a_{12}a_{21}} \tag{4-55}$$

汽车横摆角速度的传递函数为

$$G_{\omega_r}(s) = \frac{\omega_r(s)}{\delta_1(s)} = \frac{(s-a_{11})b_{21}+a_{21}b_{11}}{(s-a_{11})(s-a_{22})-a_{12}a_{21}} \tag{4-56}$$

3. 频率响应函数

对矩阵方程进行傅氏变换得

$$\begin{pmatrix} j\omega-a_{11} & -a_{12} \\ -a_{21} & j\omega-a_{22} \end{pmatrix} \begin{pmatrix} \beta(\omega) \\ \omega_r(\omega) \end{pmatrix} = \begin{pmatrix} b_{11} \\ b_{21} \end{pmatrix} \delta_1(\omega) \tag{4-57}$$

汽车重心侧偏角的频率响应函数为

$$G_\beta(\omega) = \frac{\beta(\omega)}{\delta_1(\omega)} = \frac{(\omega j-a_{22})b_{11}+a_{12}b_{21}}{-\omega^2-(a_{11}+a_{22})\omega j+a_{11}a_{22}-a_{12}a_{21}} \tag{4-58}$$

汽车横摆角速度的频率响应函数为

$$G_{\omega_r}(\omega) = \frac{\omega_r(\omega)}{\delta_1(\omega)} = \frac{(\omega j-a_{11})b_{21}+a_{21}b_{11}}{-\omega^2-(a_{11}+a_{22})\omega j+a_{11}a_{22}-a_{12}a_{21}} \tag{4-59}$$

4. 状态方程式

取状态向量为 $\boldsymbol{X} = \begin{bmatrix} \beta & \omega_r \end{bmatrix}^T$，输入向量为 $\boldsymbol{U} = \begin{bmatrix} \delta_1 \end{bmatrix}$，输出向量为 $\boldsymbol{Y} = \begin{bmatrix} \beta & \omega_r & a_y \end{bmatrix}^T$，将二轴前轮转向汽车操纵稳定性微分方程写为状态方程式为

$$\begin{aligned} \dot{\boldsymbol{X}} &= \boldsymbol{AX}+\boldsymbol{BU} \\ \boldsymbol{Y} &= \boldsymbol{CX}+\boldsymbol{DU} \end{aligned} \tag{4-60}$$

式中，$A = \begin{bmatrix} \dfrac{K_{\alpha_1}+K_{\alpha_2}}{mu} & \dfrac{aK_{\alpha_1}-bK_{\alpha_2}}{mu^2}-1 \\ \dfrac{aK_{\alpha_1}-bK_{\alpha_2}}{I_z} & \dfrac{a^2K_{\alpha_1}+b^2K_{\alpha_2}}{I_z u} \end{bmatrix}$; $B = \begin{bmatrix} -\dfrac{K_{\alpha_1}}{mu} \\ -\dfrac{aK_{\alpha_1}}{I_z} \end{bmatrix}$; $C = \begin{bmatrix} 1 & 0 \\ 0 & 1 \\ \dfrac{K_{\alpha_1}+K_{\alpha_2}}{m} & \dfrac{aK_{\alpha_1}-bK_{\alpha_2}}{mu} \end{bmatrix}$; $D = \begin{bmatrix} 0 \\ 0 \\ -\dfrac{K_{\alpha_1}}{m} \end{bmatrix}$。

式中，A 称为系统矩阵；B 称为控制矩阵；C 称为输出矩阵；D 称为传

递矩阵。

建立不同形式的汽车操纵稳定性数学模型，可以从不同的角度研究汽车操纵稳定性。特别是在研究汽车操纵稳定性的影响因素时，目前主要通过仿真进行分析。

第五节　汽车操纵稳定性仿真

一、两轮转向汽车操纵稳定性仿真

两轮转向汽车操纵稳定性仿真所需参数见表 4-6。

表 4-6　两轮转向汽车操纵稳定性仿真所需参数

汽车质量/kg	汽车转动惯量/(kg·m²)	汽车重心至前轴距离/m
3018	10437	1.84m
汽车重心至后轴距离/m	前轮综合侧偏刚度/(N/rad)	后轮综合侧偏刚度/(N/rad)
1.88	−23147	−38318

1. 两轮转向汽车稳态特性仿真

（1）汽车横摆角速度增益仿真　汽车横摆角速度增益仿真模型如图 4-32 所示。

计算稳定性因数（k）函数为

```
function k=fcn(m,a,b,k1,k2)
k=m./(a+b).^2.*(a./k2-b./k1);
```

运行汽车横摆角速度增益仿真模型，在 MATLAB 命令行窗口输入以下程序，得到不同稳定性因数下的汽车横摆角速度增益与速度曲线，如图 4-33 所示。可以看出，随着车速的增加，汽车横摆角速度增益增加，达到某一车速时，汽车横摆角速度增益达到最大值；再继续增加车速，汽车横摆角速度增益下降。最大横摆角速度增益所对应的车速称为特征车速。该车具有不足转向。汽车稳定性因数越大，汽车横摆角速度增益越小，不足转向量越大。

```
plot(out.u.signals.values,out.W.signals.values)
xlabel('速度/(km/h)')
ylabel('横摆角速度增益/(1/s)')
text(100,0.9,'1.2k');text(100,1.2,'k');text(100,1.4,'0.8k')
```

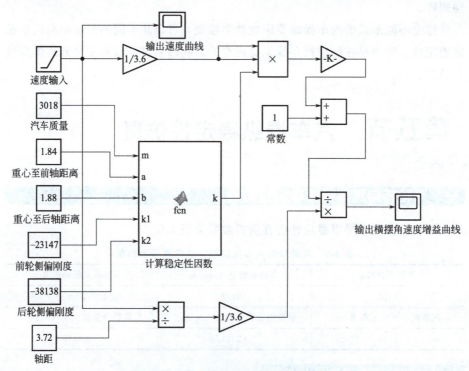

图 4-32　汽车横摆角速度增益仿真模型

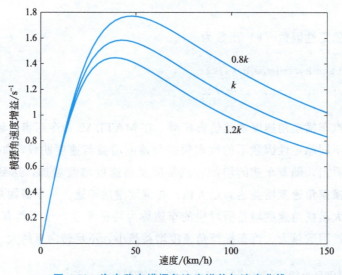

图 4-33　汽车稳态横摆角速度增益与速度曲线

（2）汽车前、后轮侧偏角之差仿真　汽车前、后轮侧偏角之差仿真模型如图 4-34 所示。

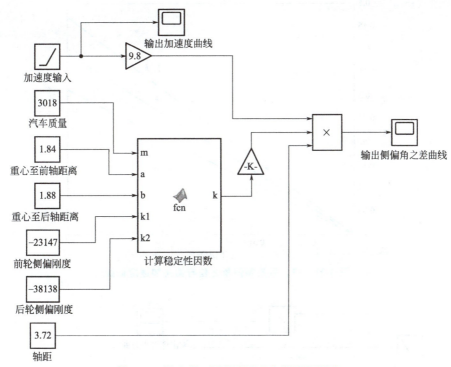

图 4-34　汽车前、后轮侧偏角之差仿真模型

运行汽车前、后轮侧偏角之差仿真模型，在 MATLAB 命令行窗口输入以下程序，得到不同稳定性因数下的汽车横摆角速度增益与速度曲线，如图 4-35 所示。可以看出，随着侧向加速度的增加，汽车前、后轮侧偏角之差增加。该车具有不足转向。汽车稳定性因数越大，汽车前、后轮侧偏角之差越大，不足转向量越大。

```
plot(out.a.signals.values,out.af.signals.values)
xlabel('侧向加速度')
ylabel('侧偏角之差/(°)')
text(1,0.2,'0.8k');text(1,0.3,'k');text(1,0.36,'1.2k')
```

（3）汽车转向半径比值仿真　汽车转向半径比值仿真模型如图 4-36 所示。

运行汽车转向半径比值仿真模型，在 MATLAB 命令行窗口输入以下程序，得到不同稳定性因数下的汽车横摆角速度增益与速度曲线，如图 4-37 所示。可以看出，随着速度的增加，转向半径比值增大。该车具有不足转向。汽车稳定性因数越大，汽车转向半径比值越大，不足转向量越大。

158 汽车性能建模与仿真

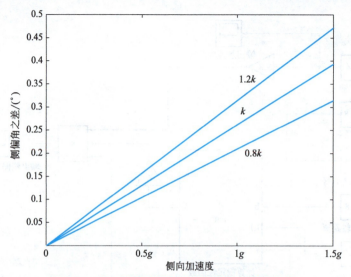

图 4-35 前、后轮侧偏角之差与侧向加速度曲线

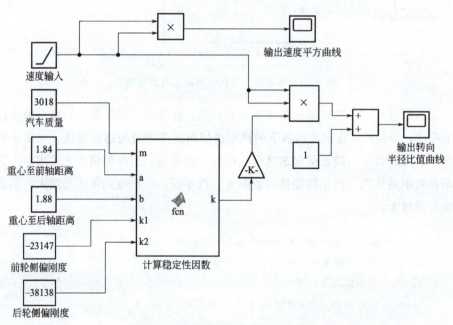

图 4-36 汽车转向半径比值仿真模型

```
plot(out.u.signals.values,out.R.signals.values)
xlabel('速度平方/(m^2/s^2)')
ylabel('转向半径之比')
text(300,2.5,'0.8k');text(300,3.0,'k');text(300,4.0,'1.2k')
```

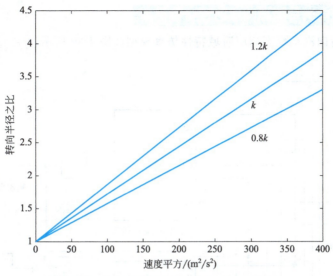

图 4-37　汽车转向半径比值与速度平方曲线

（4）汽车稳定性因数和静态储备系数仿真　汽车稳定性因数和静态储备系数仿真模型如图 4-38 所示。

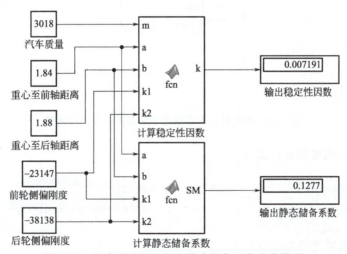

图 4-38　汽车稳定性因数和静态储备系数仿真模型

计算静态储备系数函数如下。

```
function SM=fcn(a,b,k1,k2)
SM=k2/(k1+k2)-a/(a+b);
```

运行汽车稳定性因数和静态储备系数仿真模型，可以得到汽车稳定性因数为 0.007191，静态储备系数为 0.1277，说明该车具有不足转向特性。

2. 两轮转向汽车瞬态响应时域特性仿真

两轮转向汽车瞬态响应时域特性仿真模型如图 4-39 所示。

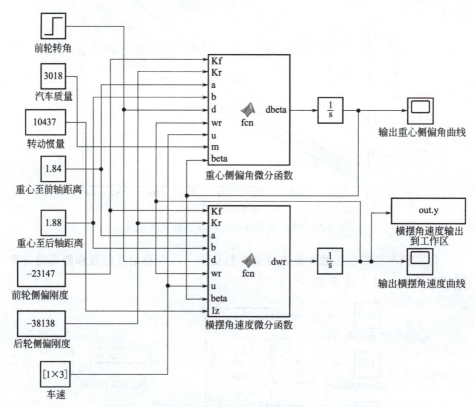

图 4-39 两轮转向汽车瞬态响应时域特性仿真模型

重心侧偏角微分函数如下。

```
function dbeta=fcn(Kf,Kr,a,b,d,wr,u,m,beta)
dbeta=(a.*Kf-b.*Kr-m.*u.^2).*wr./(m.*u.^2)+(Kf+Kr).*beta./(m.*u)-Kf.*d./(m.*u);
```

横摆角速度微分函数如下。

```
function dwr=fcn(Kf,Kr,a,b,d,wr,u,beta,Iz)
dwr=(a.^2*Kf+b.^2*Kr)*wr./(u.*Iz)+(a.*Kf-b.*Kr)*beta./Iz-a.*Kf.*d./Iz;
```

（1）绘制不同车速下的汽车横摆角速度时域特性曲线　运行两轮转向汽车瞬态响应时域特性仿真模型，在 MATLAB 命令行窗口输入以下程序，得到不同速度下的汽车横摆角速度时域曲线，如图 4-40 所示。可以看出，速度越快，最大横摆角速度越大，而且汽车横摆角速度的超调量越大，达到稳态值所用的时间增加，汽车稳定性变差。

```
plot(out.y.time,out.y.signals.values)
xlabel('时间/s')
ylabel('横摆角速度/(rad/s)')
text(8,0.28,'10m/s');text(8,0.25,'20m/s');text(8,0.2,'30m/s')
```

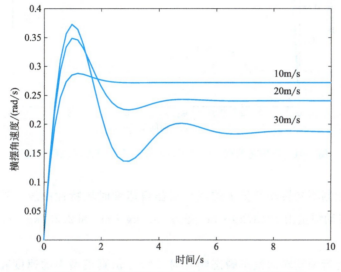

图 4-40　不同速度下的汽车横摆角速度时域特性曲线

（2）绘制不同前、后轮胎综合侧偏刚度下的汽车横摆角速度时域特性曲线　选取车速为 20m/s，前、后轮胎综合侧偏刚度由 $-$23147N/rad、$-$38318N/rad 变为 $-$33124N/rad、$-$69972N/rad，其他条件不变。

修改运行两轮转向汽车瞬态响应时域特性仿真模型中的速度和侧偏刚度值，运行仿真模型，在 MATLAB 命令行窗口输入以下程序，得到不同速度下的汽车横摆角速度时域曲线，如图 4-41 所示。可以看出，汽车在行驶速度相同、前轮转角输入一样的情况下，较大的轮胎侧偏刚度，使汽车响应时间缩短，最大横摆角速度减小，稳定性变好。

```
plot(out.y.time,out.y.signals.values)
xlabel('时间/s')
ylabel('横摆角速度/(rad/s)')
text(5,0.23,'Kf=-33124N/rad,Kr=-69927N/rad')
text(5,0.27,'Kf=-23147N/rad,Kr=-38318N/rads')
```

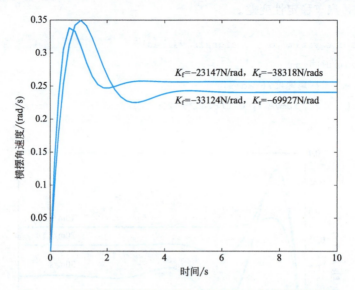

图 4-41 不同轮胎侧偏刚度下的汽车横摆角速度时域特性曲线

(3) 绘制不同转动惯量下的汽车横摆角速度时域特性曲线 选取车速为 20m/s,转动惯量由 10437kg·m² 变为 5537kg·m² 和 20237kg·m²,其他条件不变。

修改运行两轮转向汽车瞬态响应时域特性仿真模型中的速度和转动惯量值,运行仿真模型,在 MATLAB 命令行窗口输入以下程序,得到不同速度下的汽车横摆角速度时域曲线,如图 4-42 所示。可以看出,汽车在行驶速度相

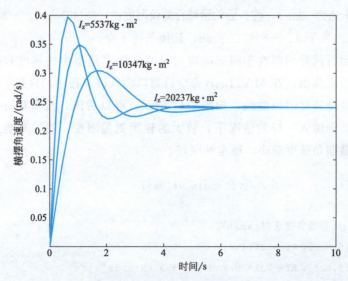

图 4-42 不同转动惯量下的汽车横摆角速度时域特性曲线

同、前轮转角输入一样的情况下，较大的汽车转动惯量，可以使最大横摆角速度减小，但响应时间变长。

```
plot(out.y.time,out.y.signals.values)
xlabel('时间/s')
ylabel('横摆角速度/(rad/s)')
text(1.2,0.38,'Iz= 5537kg·m^2');text(1.9,0.33,'Iz= 10347kg·m^2');
text(3.3,0.27,'Iz= 20237kg·m^2')
```

3. 两轮转向汽车瞬态响应频域特性仿真

汽车横摆角速度传递函数系数仿真模型如图 4-43 所示。

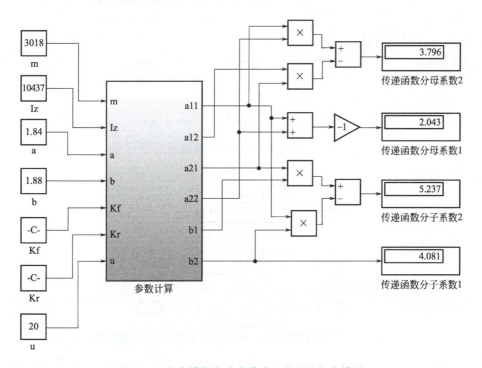

图 4-43　汽车横摆角速度传递函数系数仿真模型

参数计算模块如图 4-44 所示。

运行汽车横摆角速度传递函数仿真模型，可以得到汽车横摆角速度传递函数的分子和分母系数。

（1）绘制不同速度下的汽车横摆角速度频域特性曲线　速度分别取 10m/s、20m/s 和 30m/s，分别运行汽车横摆角速度传递函数仿真模型，可以得到不同速度下的汽车横摆角速度传递函数仿真模型，如图 4-45 所示。

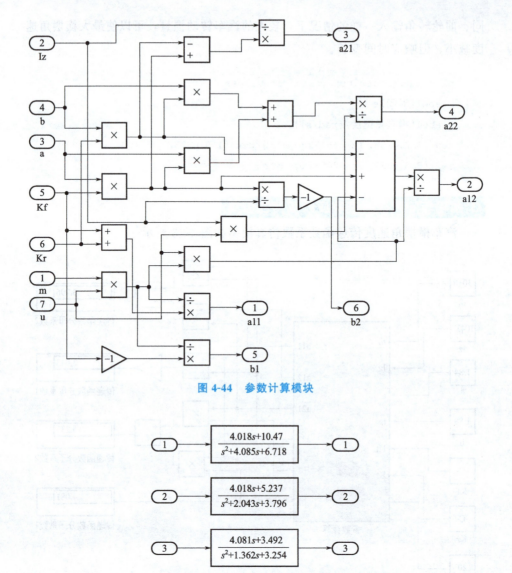

图 4-44　参数计算模块

图 4-45　不同速度下的汽车横摆角速度传递函数仿真模型

利用 Simulink Linear Analysis 中的 Linearize Block 绘制 Bode 图，可以得到不同速度下的汽车横摆角速度频域特性曲线，如图 4-46 所示。可以看出，速度越快，增益越大，相位差也越大。

(2) 绘制不同轮胎侧偏刚度下的汽车横摆角速度频域特性曲线　选取车速为 20m/s，前、后轮胎综合侧偏刚度由 -23147N/rad、-38318N/rad 变为 -33124N/rad、-69972N/rad，其他条件不变。

利用汽车横摆角速度传递函数仿真模型，可以得到不同轮胎侧偏刚度下的汽车横摆角速度传递函数仿真模型，如图 4-47 所示。

第四章　汽车操纵稳定性建模与仿真

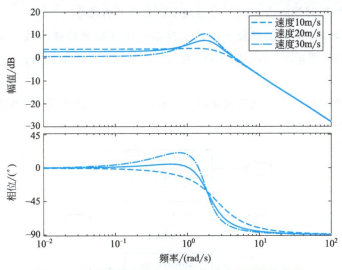

图 4-46　不同速度下的汽车横摆角速度频域特性曲线

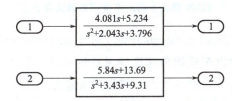

图 4-47　不同轮胎侧偏刚度下的汽车横摆角速度传递函数仿真模型

利用 Simulink Linear Analysis 中的 Linearize Block 绘制 Bode 图，可以得到不同轮胎侧偏刚度下的汽车横摆角速度频域特性曲线，如图 4-48 所示。可

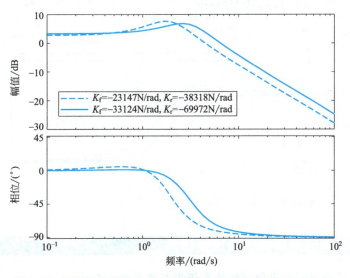

图 4-48　不同轮胎侧偏刚度下的汽车横摆角速度频域特性曲线

以看出，轮胎侧偏刚度增大，增益减小，相位差也减小。

(3) 绘制不同转动惯量下的汽车横摆角速度频域特性曲线　选取车速为 20m/s，转动惯量由 10437kg·m² 变为 5537kg·m² 和 20237kg·m²，其他条件不变。

利用汽车横摆角速度传递函数仿真模型，可以得到不同转动惯量下的汽车横摆角速度传递函数仿真模型，如图 4-49 所示。

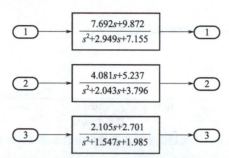

图 4-49　不同转动惯量下的汽车横摆角速度传递函数仿真模型

利用 Simulink Linear Analysis 中的 Linearize Block 绘制 Bode 图，可以得到不同转动惯量下的汽车横摆角速度频域特性曲线，如图 4-50 所示。可以看出，汽车转动惯量越大，增益越大，相位差也越大。

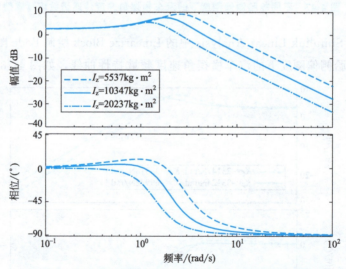

图 4-50　不同转动惯量下的汽车横摆角速度频域特性曲线

二、四轮转向汽车操纵稳定性仿真

四轮转向汽车操纵稳定性仿真所需参数见表 4-7。

表 4-7　四轮转向汽车操纵稳定性仿真所需参数

汽车质量/kg	汽车转动惯量/(kg·m^2)	汽车重心至前轴距离/m
2050	5600	1.5
汽车重心至后轴距离/m	前轮综合侧偏刚度/(N/rad)	后轮综合侧偏刚度/(N/rad)
1.8	−38900	−39200

四轮转向汽车操纵稳定性仿真模型如图 4-51 所示。

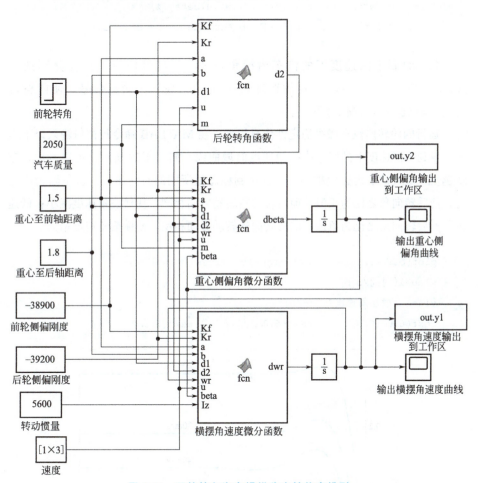

图 4-51　四轮转向汽车操纵稳定性仿真模型

后轮转角函数如下。

```
function d2=fcn(Kf,Kr,a,b,d1,u,m)
d2=(m.*u.*u.*a.*Kf+b.*(a+b).*Kf.*Kr)*d1./(m.*u.*u.*b.*Kr-a.*(a+b).*Kf.*
    Kr);
```

重心侧偏角微分函数如下。

```
function dbeta=fcn(Kf,Kr,a,b,d1,d2,wr,u,m,beta)
dbeta=(Kf.*(beta+a.*wr./u-d1)+Kr.*(beta-b.*wr./u-d2)-m.*wr.*u)./(m.*u);
```

横摆角速度微分函数如下。

```
function dwr=fcn(Kf,Kr,a,b,d1,d2,wr,u,beta,Iz)
dwr=(a.*Kf.*(beta+a.*wr./u-d1)-b.*Kr.*(beta-b.*wr./u-d2))./Iz;
```

(1) 绘制不同速度下的汽车横摆角速度时域特性曲线 速度分别选取 20m/s、30m/s 和 40m/s；在仿真时间 0s 时给前轮一个阶跃信号，使前轮转角从 0°转到 10°，并保持不变。

运行四轮转向汽车操纵稳定性仿真模型，在 MATLAB 命令行窗口输入以下程序，得到不同速度下的汽车横摆角速度时域曲线，如图 4-52 所示。可以看出，速度越快，最大横摆角速度越小，而且达到稳态值所用的时间越长。这是因为高速时，前后转向角之比为正值，前后转向轮转动方向相同，使横摆角速度减小；低速时，前后转向角之比为负值，前后转向轮转动方向相反，使横摆角速度增大。

```
plot(out.y1.time,out.y1.signals.values)
xlabel('时间/s')
ylabel('横摆角速度/(rad/s)')
text(6,0.16,'40m/s');text(6,0.2,'30m/s');text(6,0.28,'20m/s')
```

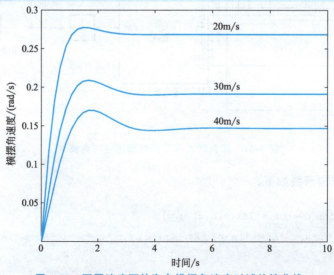

图 4-52 不同速度下的汽车横摆角速度时域特性曲线

(2) 绘制不同速度下的汽车重心侧偏角时域特性曲线 速度分别选取 20m/s、30m/s 和 40m/s；在仿真时间 0s 时给前轮一个阶跃信号，使前轮转角从 0°转到 10°，并保持不变。

运行四轮转向汽车操纵稳定性仿真模型，在 MATLAB 命令行窗口输入以下程序，得到不同速度下的汽车横摆角速度时域曲线，如图 4-53 所示。可以看出，经过一定时间，汽车重心侧偏角趋于 0°，而且速度越快，趋于 0°的时间越长，符合设计要求。

```
plot(out.y2.time,out.y2.signals.values)
xlabel('时间/s')
ylabel('重心侧偏角/rad')
text(0.3,0.048,'20m/s');text(0.8,0.045,'30m/s');text(1.28,0.028,'40m/s')
```

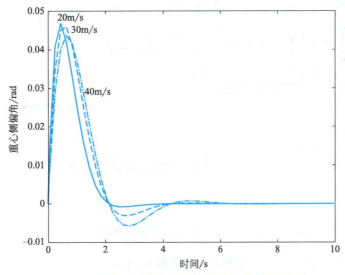

图 4-53 不同车速下的汽车重心侧偏角时域特性曲线

(3) 比较前轮转向和四轮转向的区别 车速选取 20m/s，在仿真时间 0s 时给前轮一个阶跃信号，使前轮转角从 0°转到 10°，并保持不变。

前轮转向和四轮转向的汽车操纵稳定性仿真模型如图 4-54 所示。当增益为 1 时，代表四轮转向汽车，横摆角速度和重心侧偏角分别存储在 a11 和 b11 文件中；当增益为 0 时，代表前轮转向汽车，横摆角速度和重心侧偏角分别存储在 a12 及 b12 文件中。

运行前轮转向和四轮转向的汽车操纵稳定性仿真模型，在 MATLAB 命令行窗口输入以下程序，可以得到前轮转向和四轮转向汽车横摆角速度时域特性

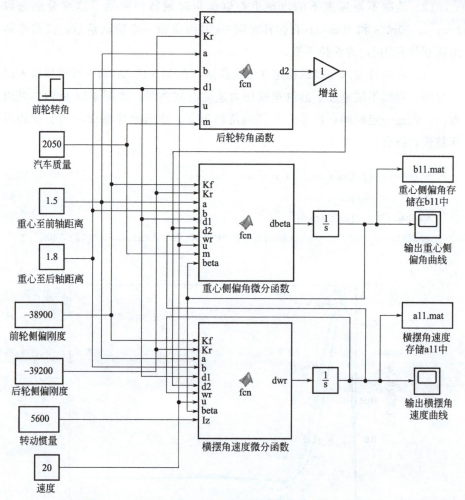

图 4-54　前轮转向和四轮转向的汽车操纵稳定性仿真模型

曲线，如图 4-55 所示。可以看出，四轮转向汽车比前轮转向汽车的横摆角速度大幅度减小。

```
A1=load('a11.mat');
A2=load('a12.mat');
plot(A1.ans)
xlabel('时间/s')
ylabel('横摆角速度/(rad/s)')
hold on
plot(A2.ans)
text(5,0.3,'四轮转向');text(5,0.7,'前轮转向');
```

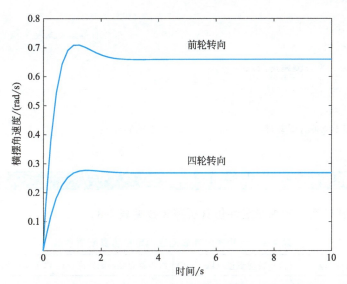

图 4-55 前轮转向和四轮转向汽车横摆角速度时域特性曲线

在 MATLAB 命令行窗口输入以下程序,可以得到前轮转向和四轮转向汽车重心侧偏角时域特性曲线,如图 4-56 所示。可以看出,四轮转向汽车比两轮转向汽车的横摆角速度大幅度减小,四轮转向汽车重心侧偏角明显小于两轮转向汽车重心侧偏角。

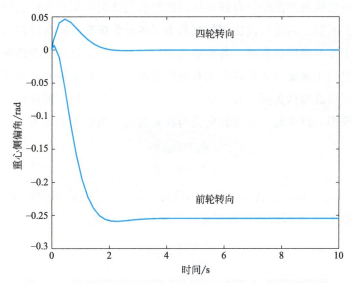

图 4-56 前轮转向和四轮转向汽车重心侧偏角时域特性曲线

```
B1=load('b11.mat');
B2=load('b12.mat');
```

```
plot(B1.ans)
xlabel('时间/s')
ylabel('重心侧偏角/rad')
hold on
plot(B2.ans)
text(5,0.02,'四轮转向');text(5,-0.23,'前轮转向');
```

三、六轮转向汽车操纵稳定性仿真

六轮转向汽车操纵稳定性仿真所需参数见表 4-8。

表 4-8 六轮转向汽车操纵稳定性仿真所需参数

汽车质量/kg	汽车转动惯量/(kg·m²)	汽车重心至前轴距离/m	汽车重心至中轴距离/m
6000	10800	2.65	0.3
汽车重心至后轴距离/m	前轮综合侧偏刚度/(N/rad)	中轮综合侧偏刚度/(N/rad)	后轮综合侧偏刚度/(N/rad)
2.55	−70000	−80000	−80000

1. 建立方向盘比例前馈六轮转向控制模型

将后两轴转角和前轮转角成比例的六轮转向比例控制作为前馈控制器来计算前馈比例系数。六轮转向比例控制是为了尽量保证车辆转弯时的重心侧偏角为零。为了减少轮胎的磨损,各轮转角理论上都应该满足阿克曼转角关系,但实际上使它们均满足阿克曼转角关系是很困难的,在各车轮的转角不是很大的情况下,可以近似认为同一转向轴的内外侧车轮转角相同,因此可以将模型转换为单轨模型。设中轮、后轮转向角与前轮转向角的比例关系为

$$\delta_2 = G_{21}\delta_1$$
$$\delta_3 = G_{31}\delta_1 \tag{4-61}$$

式中,G_{21}、G_{31} 分别为中轮、后轮转向角与前轮转向角的比值。

根据图 4-57 不同转向轴的阿克曼转角关系,得出

$$\frac{\tan\delta_2}{\tan\delta_1} = \frac{L_2}{L_1}$$
$$\frac{\tan\delta_3}{\tan\delta_1} = \frac{L_3}{L_1} \tag{4-62}$$

式中,L_1 为前轴距离转向中心的垂直距离;L_2 为中轴距离转向中心的垂直距离;L_3 为后轴距离转向中心的垂直距离。

因为各车轮转向角较小，所以 $\tan\delta_i \approx \delta_i$ $(i=1,2,3)$，又根据图 4-57 的几何关系可得出

$$\frac{L_2}{L_1} = \frac{L_1 - L_{12}}{L_1} = 1 - \frac{L_{12}}{L_1}$$
$$\frac{L_3}{L_1} = \frac{L_1 - L_{13}}{L_1} = 1 - \frac{L_{13}}{L_1}$$
(4-63)

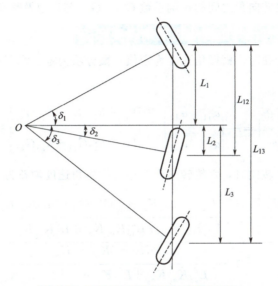

图 4-57　不同转向轴的阿克曼转角关系

式中，$L_{12}=a+b$；$L_{13}=a+c$。

中轮、后轮和前轮的转向角比例系数为

$$G_{21} = 1 - \frac{L_{12}}{L_1}$$
$$G_{31} = 1 - \frac{L_{13}}{L_1}$$
(4-64)

要确定比例系数 G_{21}、G_{31}，就要先确定 L_1。依据零重心侧偏角控制策略确定 L_1。

车辆转弯达到稳态时，重心侧偏角 $\beta=0$，并且还满足 $\dot{\beta}=0$、$\dot{\omega}_r=0$。将 $\beta=0$、$\dot{\beta}=0$、$\dot{\omega}_r=0$、$\delta_2 = \left(1 - \frac{L_{12}}{L_1}\right)\delta_1$、$\delta_3 = \left(1 - \frac{L_{13}}{L_1}\right)\delta_3$ 代入式(4-43)，可以得到

$$L_1 = \frac{(a^2k_1+b^2k_2+c^2k_3)(k_2L_{12}+k_3L_{13})+(ak_1-bk_2-ck_3-mu^2)(bk_2L_{12}+ck_3L_{13})}{(a^2k_1+b^2k_2+c^2k_3)(k_1+k_2+k_3)-(ak_1-bk_2-ck_3)^2+mu^2(ak_1-bk_2-ck_3)}$$

(4-65)

将 L_1 代入式(4-64)，就能够得到中轮、后轮转向角与前轮转向角之间的比例系数 G_{21}、G_{31}。

由此可见，三轴汽车六轮转向时，为使其稳态重心侧偏角为 0，中轮、后轮转向角与前轮转向角之间的比例系数 G_{21}、G_{31} 与车速及整车参数有关。

2. 建立六轮转向汽车的稳态横摆角速度增益

汽车稳态行驶时，横摆角速度为定值，微分项为零。汽车重心侧偏角和横摆角速度为

$$\begin{bmatrix} \beta \\ \omega_r \end{bmatrix} = -\begin{bmatrix} a_{11} & a_{12} \\ a_{21} & a_{22} \end{bmatrix}^{-1} \begin{bmatrix} b_{11}+b_{12}G_{21}+b_{13}G_{31} \\ b_{21}+b_{22}G_{21}+b_{23}G_{31} \end{bmatrix} \delta_1 \quad (4\text{-}66)$$

当汽车稳态转向时，六轮转向汽车稳态横摆角速度增益为

$$\left.\frac{\omega_r}{\delta_1}\right|_{6\text{WS}} = \frac{\dfrac{L_{12}K_{\alpha_1}K_{\alpha_2}(1-G_{21})+L_{13}K_{\alpha_1}K_{\alpha_3}(1-G_{31})+L_2K_{\alpha_2}K_{\alpha_3}(G_{21}-G_{31})}{L_{12}^2K_{\alpha_1}K_{\alpha_2}+L_{13}^2K_{\alpha_1}K_{\alpha_3}+L_2^2K_{\alpha_2}K_{\alpha_3}}u}{1+m\dfrac{aK_{\alpha_1}-bK_{\alpha_2}-cK_{\alpha_3}}{L_{12}^2K_{\alpha_1}K_{\alpha_2}+L_{13}^2K_{\alpha_1}K_{\alpha_3}+L_2^2K_{\alpha_2}K_{\alpha_3}}u^2}$$

(4-67)

式中，$L_2 = c - b$。

六轮转向汽车稳定性因数定义为

$$K = m\frac{aK_{\alpha_1}-bK_{\alpha_2}-cK_{\alpha_3}}{L_{12}^2K_{\alpha_1}K_{\alpha_2}+L_{13}^2K_{\alpha_1}K_{\alpha_3}+L_2^2K_{\alpha_2}K_{\alpha_3}} \quad (4\text{-}68)$$

式(4-68)分母永远是正值，所以，汽车稳定性因数的正负主要取决于分子。

当 $K=0$，即 $aK_{\alpha_1}-bK_{\alpha_2}-cK_{\alpha_3}=0$ 时，三轴六轮转向汽车具有中性转向特性。

当 $K>0$，即 $aK_{\alpha_1}-bK_{\alpha_2}-cK_{\alpha_3}>0$ 时，三轴六轮转向汽车具有不足转向特性。

当 $K<0$，即 $aK_{\alpha_1}-bK_{\alpha_2}-cK_{\alpha_3}<0$ 时，三轴六轮转向汽车具有过度转向特性。

当三轴汽车前轮转向时，其横摆角速度增益为

$$\left.\frac{\omega_r}{\delta_1}\right|_{2\text{WS}} = \frac{\dfrac{L_{12}K_{\alpha_1}K_{\alpha_2}+L_{13}K_{\alpha_1}K_{\alpha_3}}{L_{12}^2K_{\alpha_1}K_{\alpha_2}+L_{13}^2K_{\alpha_1}K_{\alpha_3}+L_2^2K_{\alpha_2}K_{\alpha_3}}u}{1+m\dfrac{aK_{\alpha_1}-bK_{\alpha_2}-cK_{\alpha_3}}{L_{12}^2K_{\alpha_1}K_{\alpha_2}+L_{13}^2K_{\alpha_1}K_{\alpha_3}+L_2^2K_{\alpha_2}K_{\alpha_3}}u^2} \qquad (4\text{-}69)$$

3. 建立六轮转向汽车横摆角速度和重心侧偏角的传递函数

对六轮转向汽车操纵稳定性矩阵方程进行拉普拉斯变换得

$$\begin{bmatrix} s-a_{11} & -a_{12} \\ -a_{21} & s-a_{22} \end{bmatrix}\begin{bmatrix} \beta(s) \\ \omega_r(s) \end{bmatrix} = \begin{bmatrix} b_{11} & b_{12} & b_{13} \\ b_{21} & b_{22} & b_{23} \end{bmatrix}\begin{bmatrix} \delta_1(s) \\ \delta_2(s) \\ \delta_3(s) \end{bmatrix} \qquad (4\text{-}70)$$

中轴、后轴和前轴的转角关系为

$$\delta_2(s) = G_{12}\delta(s)$$
$$\delta_2(s) = G_{13}\delta(s) \qquad (4\text{-}71)$$

六轮转向汽车横摆角速度传递函数为

$$\frac{\omega_r(s)}{\delta_1(s)} = \frac{E_1 s + E_2 + E_3 G_{21} + E_4 G_{31}}{s^2 + E_5 s + E_6} \qquad (4\text{-}72)$$

式中，$E_1 = b_{21}+b_{22}G_{21}+b_{23}G_{31}$；$E_2 = a_{21}b_{11}-a_{11}b_{21}$；$E_3 = a_{21}b_{12}-a_{11}b_{22}$；$E_4 = a_{21}b_{13}-a_{11}b_{23}$；$E_5 = -a_{11}-a_{22}$；$E_6 = a_{11}a_{22}-a_{12}a_{21}$。

六轮转向汽车重心侧偏角传递函数为

$$\frac{\beta(s)}{\delta_1(s)} = \frac{F_1 s + F_2 + F_3 G_{21} + F_4 G_{31}}{s^2 + E_5 s + E_6} \qquad (4\text{-}73)$$

式中，$F_1 = b_{11}+b_{12}G_{21}+b_{13}G_{32}$；$F_2 = a_{12}b_{21}-a_{22}b_{11}$；$F_3 = a_{12}b_{22}-a_{22}b_{12}$；$F_4 = a_{12}b_{23}-a_{22}b_{13}$。

4. 六轮转向汽车操纵稳定性仿真

（1）六轮转向汽车稳态横摆角速度增益　六轮转向汽车稳态横摆角速度增益仿真模型如图 4-58 所示。

计算稳定性因数函数如下。

```
function k=fcn(m,a,b,c,k1,k2,k3)
k=m*(a*k1-b*k2-c*k3)./(k1*k2*(a+b).^2+k1*k3*(a+c).^2+k2*k3*(c-b).^2);
```

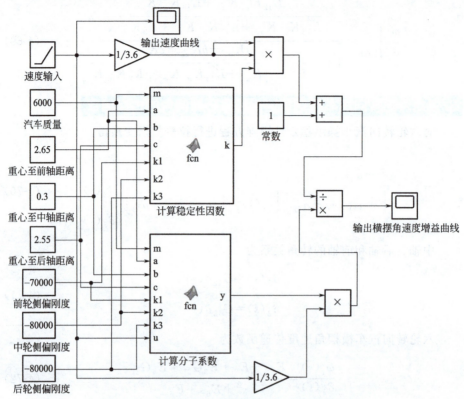

图 4-58 六轮转向汽车稳态横摆角速度增益仿真模型

计算分子系数函数如下。

```
function y=fcn(m,a,b,c,k1,k2,k3,u)
g1=k1*a.^2+k2*b.^2+k3*c.^2;
g2=k2*(a+b)+k3*(a+c);
g3=b*k2*(a+b)+c*k3*(a+c);
g4=k1+k2+k3;
g5=a*k1-b*k2-c*k3;
L1=(g1*g2+(g5-m*u.^2)*g3)./(g1*g4-g5^2+g5*m*u.^2);
G21=1-(a+b)./L1;
G31=1-(a+c)./L1;
f61=(a+b)*k1*k2.*(1-G21)+(a+c)*k1*k3.*(1-G31)+(c-b)*k2*k3.*(G21-G31);
f62=k1*k2*(a+b).^2+k1*k3*(a+c).^2+k2*k3*(c-b).^2;
y=f61/f62;
```

运行六轮转向汽车稳态横摆角速度增益仿真模型，在 MATLAB 命令行窗口输入以下程序，得到六轮转向汽车稳态横摆角速度增益曲线，如图4-59所示。

```
plot(out.u.signals.values,out.W.signals.values)
xlabel('速度/(km/h)')
ylabel('横摆角速度增益/(1/s)')
```

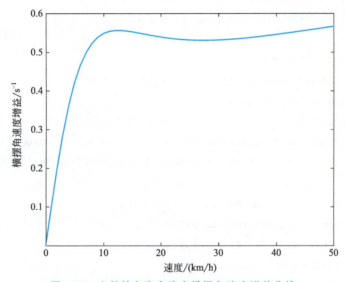

图4-59 六轮转向汽车稳态横摆角速度增益曲线

（2）六轮转向汽车时域特性　车速分别选取5m/s和30m/s；在仿真时间0s时给前轮一个单位阶跃信号。

六轮转向汽车时域特性仿真模型如图4-60所示。

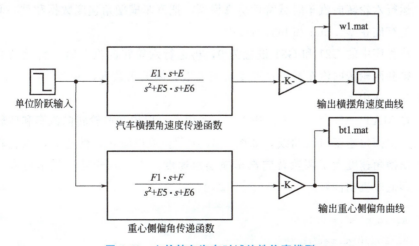

图4-60 六轮转向汽车时域特性仿真模型

在 MATLAB 编辑器窗口输入以下程序，计算汽车横摆角速度传递函数和重心侧偏角传递函数的系数。取车速为 5m/s。

```
m=6000;Iz=10800;a=2.65;b=0.3;c=2.55;
L12=2.95;L13=5.2;L2=2.25;
k1=-70000;k2=-80000;k3=-80000;
u=5;
g1=k1*a.^2+k2*b.^2+k3*c.^2;g2=k2*L12+k3*L13;
g3=b*k2*L12+c*k3*L13;g4=k1+k2+k3;
g5=a*k1-b*k2-c*k3;
L1=(g1*g2+(g5-m*u.^2)*g3)./(g1*g4-g5^2+g5*m*u.^2);
G21=1-L12./L1;
G31=1-L13./L1;
a11=(k1+k2+k3)./m/u;a12=(a.*k1-b.*k2-c.*k3-m.*u.^2)./m/u.^2;
a21=(a.*k1-b.*k2-c.*k3)./Iz;a22=(a.^2*k1+b.^2*k2+c.^2*k3)./Iz/u;
b11=-k1./m/u;b12=-k2./m/u;b13=-k3./m/u;
b21=-a*k1./Iz;b22=b*k2./Iz;b23=c*k3./Iz;
E1=b21+b22.*G21+b23.*G31;E2=a21.*b11-a11.*b21;
E3=a21.*b12-a11.*b22;E4=a21.*b13-a11.*b23;
E5=-a11-a22;E6=a11.*a22-a12.*a21;
E=E2+E3*G21+E4*G31;
F1=b11+b12.*G21+b13.*G31;F2=a12*b21-a22*b11;
F3=a12*b22-a22*b12;F4=a12*b23-a22*b13;
F=F2+F3*G21+F4*G31;
```

运行六轮转向汽车时域特性仿真模型，把汽车横摆角速度数据和重心侧偏角数据存储在 w1.mat 和 bt1.mat 中。

将程序中的 G21 和 G31 设置为 0，再运行六轮转向汽车时域特性仿真模型，得到两轮转向汽车横摆角速度数据和重心侧偏角数据，并存储在 w2.mat 和 bt2.mat 中。

在 MATLAB 命令行窗口输入以下程序，可以得到两轮转向汽车和四轮转向汽车横摆角速度时域曲线，如图 4-61 所示。可以看出，低速时，六轮转向汽车横摆角速度大于两轮转向汽车横摆角速度，表明六轮转向汽车更容易转向，即低速机动性好。

```
A1=load('w1.mat');
A2=load('w2.mat');
```

```
plot(A1.ans)
hold on
plot(A2.ans)
xlabel('时间/s')
ylabel('横摆角速度/(rad/s)')
text(5,0.18,'两轮转向');text(5,0.27,'六轮转向');
```

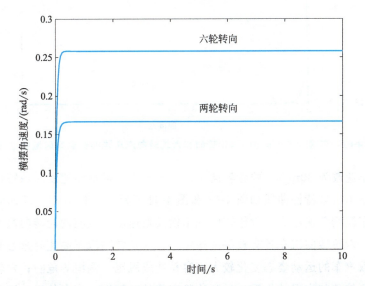

图 4-61　车速为 5m/s 时的两轮转向和六轮转向汽车横摆角速度时域特性曲线

在 MATLAB 命令行窗口输入以下程序,可以得到两轮转向汽车和四轮转向汽车重心侧偏角时域曲线,如图 4-62 所示。低速时,六轮转向汽车重心侧偏角小于两轮转向汽车重心侧偏角,而且到达稳定的时间也短,说明稳定性好。

```
B1=load('bt1.mat');
B2=load('bt2.mat');
plot(57.3*B1.ans)
hold on
plot(57.3*B2.ans)
xlabel('时间/s')
ylabel('重心侧偏角/(°)')
text(5,0.17,'六轮转向');text(5,2.3,'两轮转向');
```

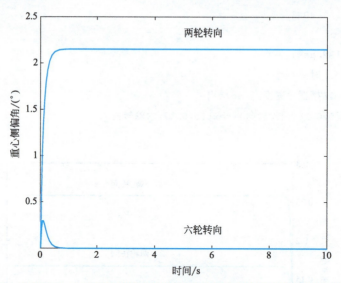

图 4-62　车速为 5m/s 时的两轮转向和六轮转向汽车重心侧偏角时域特性曲线

将车速改为 30m/s，两轮转向和六轮转向汽车横摆角速度时域特性曲线和重心侧偏角时域特性曲线如图 4-63 和图 4-64 所示。可以看出，高速时，两轮转向汽车横摆角速度大于六轮转向汽车横摆角速度，表明两轮转向汽车高速稳定性差，六轮转向汽车具有较好的稳定性；两轮转向汽车高速时重心侧偏角较大，导致汽车的运动姿态变化较大，容易造成甩尾、侧滑等危险；六轮转向汽车重心侧偏角基本保持为零，且到达稳态值的时间短，汽车的运动姿态得到了很好的控制。

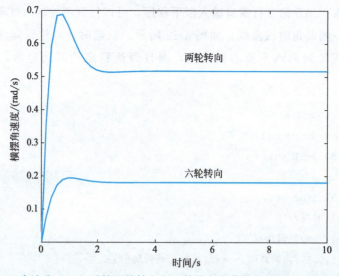

图 4-63　车速为 30m/s 时的两轮转向和六轮转向汽车横摆角速度时域特性曲线

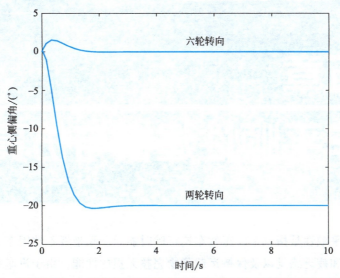

图 4-64 车速为 30m/s 时的两轮转向和六轮转向汽车重心侧偏角时域特性曲线

第五章 汽车平顺性建模与仿真

汽车平顺性是指汽车以正常车速行驶时能保证乘坐者不致因车身振动而引起不舒适和疲乏感觉以及保持运载货物完整无损的性能。由于汽车平顺性主要是根据乘坐者的舒适程度来评价的，所以它有时又称为乘坐舒适性。

第一节 汽车平顺性评价指标

汽车平顺性可由图 5-1 所示的汽车振动系统的框图来说明。振动系统由轮胎、悬架、座椅等弹性、阻尼元件和悬挂、非悬挂质量构成，路面不平度和车速形成了该系统的输入，该输入经过振动系统的传递，得到了振动系统的输出——悬挂质量或进一步经座椅传至人体的加速度。此加速度通过人体对振动的反应——舒适性程度来评价汽车平顺性。

图 5-1 汽车振动系统框图

影响汽车平顺性的因素是多方面的，它包括路、车、人三个环节，其中人是最活跃的因素，因此汽车平顺性的评价是一个极为复杂的问题。

汽车平顺性评价方法分为主观评价法和客观评价法。主观评价法是依靠评价人员乘坐的主观感觉进行评价，其主要考虑人的因素。进行汽车平顺性主观评价时，由有经验的驾驶员和乘客组成的专门小组按预定方式驾驶或乘坐一组汽车来主观评价汽车平顺性的水平或特征；然后完成相应的主观评价表，最后综合确定汽车的乘坐舒适性。

客观评价法是借助于仪器设备来完成随机振动数据的采集、记录和处理，通过得到相关的分析值与对应的限制值进行比较，做出客观评价。

依据《汽车平顺性试验方法》（GB/T 4970—2009），对于 M 类和 N 类汽车，汽车平顺性评价方法分为脉冲输入行驶评价方法和随机输入行驶评价方法。

1. 脉冲输入行驶评价方法

脉冲输入行驶评价方法的评价指标主要有最大（绝对值）加速度响应和振动剂量值。

（1）最大（绝对值）加速度响应　当振动波形峰值系数小于 9 时，脉冲输入行驶试验用不同行驶车速下的最大（绝对值）加速度响应作为评价指标。

最大（绝对值）加速度响应为

$$\ddot{z}_{max} = \frac{1}{n} \sum_{j=1}^{n} \ddot{z}_{maxj} \tag{5-1}$$

式中，$\ddot{z}_{max}$ 为最大（绝对值）加速度响应；$\ddot{z}_{maxj}$ 为第 j 次试验结果的最大（绝对值）加速度响应；n 为脉冲试验有效试验次数，$n \geqslant 5$。

测量位置有：驾驶员座椅坐垫上方，驾驶员座椅靠背，驾驶员座椅底部地板；与驾驶员同侧最后排座椅坐垫上方，与驾驶员同侧最后排座椅靠背，与驾驶员同侧最后排座椅底部地板；车厢地板中心等。

振动波形峰值系数是指加权加速度时间历程 $a_w(t)$ 的峰值（绝对值最大）与加权加速度均方根值 $\bar{a}_w$ 比值的绝对值。

（2）振动剂量值　当振动波形峰值系数大于 9 时，用最大（绝对值）加速度响应不能完全描述振动对人体的影响，还应采用振动剂量值来评价。

振动剂量值为

$$VDV = \left[\int_0^T a_w^4(t) dt \right]^{\frac{1}{4}} \tag{5-2}$$

式中，VDV 为振动剂量值；T 为作用时间，即从汽车前轮接触凸块到汽车驶过凸块且冲击响应消失的时间；$a_w(t)$ 为加权加速度时间历程。

2. 随机输入行驶评价方法

随机输入行驶评价方法的评价指标主要是加权加速度均方根值，它是按振动方向并根据人体对振动频率的敏感程度而进行加权计算的，是人体振动的评价指标。加权加速度均方根值分为单轴向加权加速度均方根值和总加权加速度均方根值。

（1）单轴向加权加速度均方根值　单轴向加权加速度均方根值有两种计算

方法：一种是由等带宽频率分析得到的加速度自功率谱密度函数计算；另一种是通过加权加速度时间历程计算。

由等带宽频率分析得到的加速度自功率谱密度函数计算单轴向加权加速度均方根值，需要先计算 1/3 倍频带加速度均方根值。1/3 倍频带加速度均方根值为

$$\bar{a}_j = \left[\int_{f_{ij}}^{f_{wj}} G_a(f) df \right]^{\frac{1}{2}} \tag{5-3}$$

式中，$\bar{a}_j$ 为中心频率为 f_j 的第 $j(j=1,2,3\cdots23)$ 个 1/3 倍频带加速度均方根值；f_{ij}、f_{wj} 分别是 1/3 倍频带的中心频率 f_j 的上、下限频率；$G_a(f)$ 为加速度自功率谱密度函数。

1/3 倍频带中心频率的上、下限频率见表 5-1。

表 5-1 1/3 倍频带中心频率的上、下限频率

1/3 倍频带中心频率 f_j/Hz	f_j 的下限频率 f_{ij}/Hz	f_j 的上限频率 f_{wj}/Hz
0.50	0.45	0.57
0.63	0.57	0.71
0.80	0.71	0.90
1.0	0.9	1.12
1.25	1.12	1.4
1.6	1.4	1.8
2.0	1.8	2.24
2.5	2.24	2.8
3.15	2.8	3.55
4.0	3.55	4.5
5.0	4.5	5.6
6.3	5.6	7.1
8.0	7.1	9
10.0	9	11.2
12.5	11.2	14
16.0	14	18
20.0	18	22.4
25.0	22.4	28
31.5	28	35.5
40.0	35.5	45
50.0	45	56
63.0	56	71
80.0	71	90

单轴向加权加速度均方根值为

$$\bar{a}_w = \left[\sum_{j=1}^{23}(w_j \bar{a}_j)^2\right]^{\frac{1}{2}} \quad (5\text{-}4)$$

式中，$\bar{a}_w$ 为单轴向加权加速度均方根值；w_j 为第 j 个 1/3 倍频带的加权系数，根据测点的位置和方向不同分别取 w_k、w_d 和 w_c。

不同测点和方向的倍频带的加权系数见表 5-2。1/3 倍频带的主要加权系数取值见表 5-3。

表 5-2 不同测点和方向的倍频带的加权系数

位置	坐标轴名称	频率加权函数 w_j
座椅坐垫上方	纵向	w_d
	横向	w_d
	垂向	w_k
座椅靠背	纵向	w_c
	横向	w_d
	垂向	w_c
乘员（或驾驶员）脚部地板	纵向	w_k
	横向	w_k
	垂向	w_k

表 5-3 1/3 倍频带的主要加权系数

频率带数	频率 f/Hz	w_k 频率加权系数×1000	/dB	w_d 频率加权系数×1000	/dB	w_c 频率加权系数×1000	/dB
1	0.5	418	−7.57	853	−1.38	843	−1.48
2	0.63	459	−6.77	944	−0.50	929	−0.64
3	0.8	477	−6.43	992	−0.07	972	−0.24
4	1	482	−6.33	1011	0.1	991	−0.08
5	1.25	484	−6.29	1008	0.07	1000	0.00
6	1.6	494	−6.12	968	−0.28	1007	0.06
7	2	531	−5.49	890	−1.01	1012	0.10
8	2.5	631	−4.01	776	−2.20	1017	0.15
9	3.15	804	−1.90	642	−3.85	1022	0.19
10	4	967	−0.29	512	−5.82	1024	0.20
11	5	1039	0.33	409	−7.76	1013	0.11
12	6.3	1054	0.46	323	−9.81	974	−0.23

续表

频率带数	频率 f/Hz	w_k 频率加权系数×1000	/dB	w_d 频率加权系数×1000	/dB	w_c 频率加权系数×1000	/dB
13	8	1036	0.31	253	−11.93	891	−1.00
14	10	988	−0.1	212	−13.91	776	−2.20
15	12.5	902	−0.89	161	−15.87	647	−3.79
16	16	768	−2.28	125	−18.03	512	−5.82
17	20	636	−3.93	100	−19.99	409	−7.77
18	25	513	−5.80	80.0	−21.94	325	−9.76
19	31.5	405	−7.86	63.2	−23.98	256	−11.84
20	40	314	−10.05	49.4	−26.13	199	−14.02
21	50	246	−12.19	38.8	−28.22	156	−16.13
22	63	186	−14.61	29.5	−30.60	118	−18.53
23	80	132	−17.56	21.1	−33.53	84.4	−21.47

对于记录的加速度时间历程,通过符合表5-3规定的频率加权滤波网络得到加权加速度时间历程 $a_w(t)$,加权加速度均方根值为

$$\bar{a}_w = \left[\frac{1}{T}\int_0^T a_w^2(t)\mathrm{d}t\right]^{\frac{1}{2}} \tag{5-5}$$

式中, $\bar{a}_w$ 为加权加速度均方根值; T 为统计持续时间。

(2) 总加权加速度均方根值 座椅坐垫上方、座椅靠背及驾驶室地板处各点的总加权加速度均方根值为

$$\bar{a}_{v_j} = (q_x^2 \bar{a}_{w_x}^2 + q_y^2 \bar{a}_{w_y}^2 + q_z^2 \bar{a}_{w_z}^2)^{\frac{1}{2}} \tag{5-6}$$

式中, $\bar{a}_{w_x}$ 为前后方向(即 x 轴向)加权加速度均方根值; $\bar{a}_{w_y}$ 为左右方向(即 y 轴向)加权加速度均方根值; $\bar{a}_{w_z}$ 为垂直方向(即 z 轴向)加权加速度均方根值; q_x、q_y、q_z 分别为 x、y、z 轴的轴加权系数; $j=1$、2、3,分别代表座椅坐垫上方、座椅靠背及乘员(或驾驶员)脚部地板三个位置; $\bar{a}_{v_j}$ 为某点总加权加速度均方根值。

综合总加权加速度均方根值为

$$\bar{a}_v = (\bar{a}_{v_1}^2 + \bar{a}_{v_2}^2 + \bar{a}_{v_3}^2)^{\frac{1}{2}} \tag{5-7}$$

式中, $\bar{a}_v$ 为综合总加权加速度均方根值; $\bar{a}_{v_1}$ 为座椅坐垫上方总加权加速度均方根值; $\bar{a}_{v_2}$ 为座椅靠背总加权加速度均方根值; $\bar{a}_{v_3}$ 为乘员(或驾驶员)脚部地板总加权加速度均方根值。

不同位置处的轴加权系数见表 5-4。

表 5-4　不同位置处的轴加权系数

位置	坐标轴名称	轴加权系数
座椅坐垫上方	纵向	$q_x=1.00$
	横向	$q_y=1.00$
	垂向	$q_z=1.00$
座椅靠背	纵向	$q_x=0.80$
	横向	$q_y=0.50$
	垂向	$q_z=0.40$
乘员(或驾驶员)脚部地板	纵向	$q_x=0.25$
	横向	$q_y=0.25$
	垂向	$q_z=0.40$

研究振动对人体舒适性感觉的影响时，一般采用座椅坐垫上方、座椅靠背处和脚支撑面处综合总加权加速度均方根值来评价。

要获得良好的汽车行驶平顺性，需要对悬架系统进行合理设计和匹配。根据汽车整车性能对悬架系统的要求，通常用车身垂直加速度、悬架动挠度和轮胎动载荷来评价悬架系统的优劣。车身垂直加速度是影响汽车行驶平顺性的最主要指标，降低车身垂直加速度幅值，也就提高了乘客的舒适性；悬架动挠度和其限位行程有关，过大的动挠度会导致撞击限位块的现象，因此，减小动挠度有利于提高汽车的平顺性；车轮与路面的轮胎动载荷直接影响车轮与路面的附着效果，这与汽车操纵稳定性有关，在一定范围内降低轮胎动载荷，有利于提高汽车操纵稳定性。在汽车平顺性分析时，要在路面随机输入下对汽车车身垂直加速度、悬架动挠度和轮胎动载荷进行仿真，以综合选择悬架系统的设计参数，改善汽车性能。

汽车平顺性仿真主要通过模型对车身垂直加速度、悬架动挠度和轮胎动载荷进行时域特性和频域特性仿真。

第二节　汽车路面输入建模

路面扰动输入一般分为离散冲击和连续振动。离散冲击是指在平坦路面突遇的凸包或凹坑等短时间、高强度的离散冲击事件；连续振动是指沿粗糙路面长度方向的连续激励。在进行汽车平顺性研究中，主要以路面连续激励作为扰动输入。路面的粗糙程度用路面不平度表示。

路面不平度是指路面相对某个基准平面的高度，随道路走向而变化。由于汽车的主要激励来自路面，因此，路面不平度的模型是进行汽车平顺性分析的基础。

路面输入模型分为频域模型和时域模型。

一、频域模型

大量的测试分析结果表明，路面不平度具有随机、平稳和各态历经的特性，可用平稳随机过程理论来分析描述。由于各国对路面不平度的理解不同，各个国家及行业所采用的标准也不相同。国内汽车工程领域通常以道路垂直纵断面与道路表面的交线作为路面不平度的样本，通过样本的数学特征方程和功率谱密度函数来描述道路的路面状况。功率谱密度函数能够表示路面不平度能量在空间频域的分布，它刻画了路面不平度即路面波的结构。

路面位移空间频率功率谱密度为

$$S_q(n) = S_q(n_0)\left(\frac{n}{n_0}\right)^{-\omega} \tag{5-8}$$

式中，$S_q(n)$ 为路面位移空间频率功率谱密度；n 为空间频率；n_0 为参考空间频率；$S_q(n_0)$ 为参考空间频率 n_0 下的路面功率谱密度，称为路面不平度系数，其值取决于道路的路面等级；ω 为频率指数，为双对数坐标上斜线的频率，它决定路面功率谱密度的频率结构。

路面不平度系数见表5-5。

表5-5 路面不平度系数

路面等级	下限	几何平均值	上限
A	8×10^{-6}	16×10^{-6}	32×10^{-6}
B	32×10^{-6}	64×10^{-6}	128×10^{-6}
C	128×10^{-6}	256×10^{-6}	512×10^{-6}
D	512×10^{-6}	1024×10^{-6}	2048×10^{-6}
E	2048×10^{-6}	4096×10^{-6}	8192×10^{-6}
F	8192×10^{-6}	16384×10^{-6}	32768×10^{-6}
G	32768×10^{-6}	65536×10^{-6}	131072×10^{-6}
H	131072×10^{-6}	262144×10^{-6}	524288×10^{-6}

路面位移空间频率功率谱密度为空间频率域表达式，与车速无关。对汽车振动系统的输入除了路面不平度外，还要考虑车速，为此需要将空间频率功率

谱密度转换成时间频率功率谱密度，且时间频率功率谱密度和空间频率功率谱密度关系为

$$S_q(f) = \frac{S_q(n)}{u} \tag{5-9}$$

式中，$S_q(f)$ 为路面位移时间频率功率谱密度；f 为时间频率；u 为汽车行驶速度。

当路面不平度系数按表 5-5 取值时，频率指数通常取 2～2.5 为宜。当频率指数为 2 时，可得时间频率功率谱密度为

$$\begin{aligned} S_q(f) &= \frac{1}{u} S_q(n_0) \left(\frac{n}{n_0}\right)^{-2} = S_q(n_0) n_0^2 \frac{u}{f^2} \\ S_q(\omega) &= \frac{S_q(f)}{2\pi} = 2\pi S_q(n_0) n_0^2 \frac{u}{\omega^2} \end{aligned} \tag{5-10}$$

路面速度功率谱密度为

$$S_{\dot{q}}(f) = (2\pi f)^2 S_q(f) = 4\pi^2 S_q(n_0) n_0^2 u \tag{5-11}$$

路面速度功率谱密度幅值在整个频率范围为一个常数，即为一个"白噪声"，幅值大小只与路面不平度系数和速度有关。对于线性汽车模型来说，时间频率功率谱密度可以直接用来作为频域分析的系统输入。

二、时域模型

如果汽车系统模型中存在非线性，则路面模型必须在时间域内加以描述。路面谱时域模型可分为积分白噪声时域路面输入模型和滤波白噪声时域路面输入模型。

积分白噪声时域路面输入模型为

$$\dot{q}(t) = 2\pi \sqrt{S_q(n_0) u} \, w(t) \tag{5-12}$$

滤波白噪声时域路面输入模型为

$$\dot{q}(t) = -2\pi f_0 q(t) + 2\pi \sqrt{S_q(n_0) u} \, w(t) \tag{5-13}$$

式中，$\dot{q}(t)$ 为路面位移；f_0 为下截止频率；$w(t)$ 为均值是 0、强度是 1 的均匀分布白噪声。

第三节　汽车路面输入仿真

汽车路面输入时域特性仿真模型如图 5-2 所示。

运行汽车路面输入时域特性仿真模型，在 MATLAB 命令行窗口输入以下

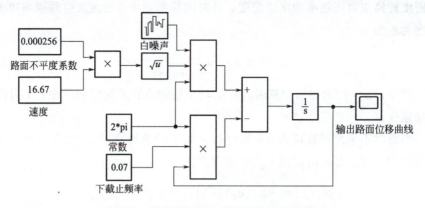

图 5-2　汽车路面输入时域特性仿真模型

程序，可以得到汽车路面位移时域特性曲线，如图 5-3 所示。

```
plot(out.x.time,out.x.signals.values)
xlabel('时间/s')
ylabel('路面位移/m')
```

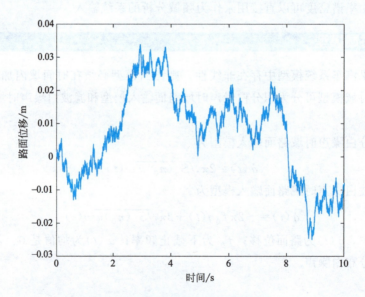

图 5-3　汽车路面输入时域特性曲线

分别改变速度和路面不平度系数，可以得到速度和路面等级对汽车路面输入时域特性影响曲线，如图 5-4 和图 5-5 所示。可以看出，速度和路面等级都对汽车路面输入时域特性有影响，特别是路面等级，影响较大。

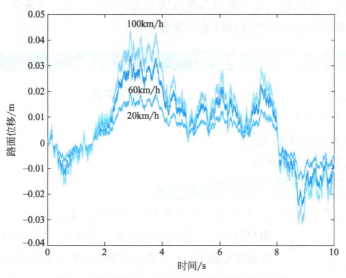

图 5-4 速度对汽车路面输入时域特性影响曲线

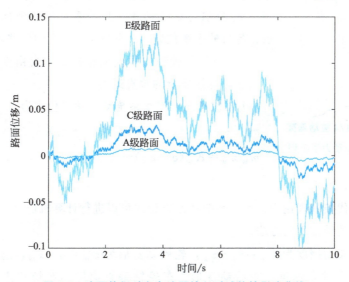

图 5-5 路面等级对汽车路面输入时域特性影响曲线

第四节 汽车平顺性建模

研究汽车平顺性可以使用汽车行驶动力学模型，有 1/4 汽车行驶动力学模型、1/2 汽车行驶动力学模型和汽车行驶动力学整车模型。根据汽车安装的悬架形式不同，可以分为被动悬架汽车行驶动力学模型、全主动悬架汽车行驶动力学模型和半主动悬架汽车行驶动力学模型。

一、1/4 汽车行驶动力学模型

在建立 1/4 汽车行驶动力学模型时，作如下假设。

① 只考虑垂直方向振动。

② 不考虑非线性因素。

③ 认为轮胎不离开地面。

1. 1/4 被动悬架汽车行驶动力学模型

假设被动悬架系统由弹簧和减振器组成，其特征参数是悬架刚度和减振器阻尼系数。轮胎由弹簧组成，其特征参数是轮胎刚度，不考虑轮胎阻尼。1/4 被动悬架汽车行驶动力学模型如图 5-6 所示。图 5-6 中：m_s 为悬挂质量，m_w 为非悬挂质量；K_s 为悬架刚度，C_s 为悬架阻尼系数；K_w 为轮胎刚度；z_w、z_s 分别为车轮轴和车身的垂直位移坐标，坐标原点在各自的平衡位置；q 为路面不平度的位移函数。

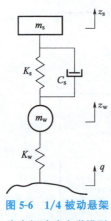

图 5-6　1/4 被动悬架汽车行驶动力学模型

1/4 汽车行驶动力学模型包括 2 个自由度，即悬挂质量和非悬挂质量的垂直运动。

1/4 被动悬架汽车系统动力学方程式为

$$m_s \ddot{z}_s = K_s(z_w - z_s) + C_s(\dot{z}_w - \dot{z}_s)$$
$$m_w \ddot{z}_w = K_w(q - z_w) - K_s(z_w - z_s) - C_s(\dot{z}_w - \dot{z}_s)$$

(5-14)

在现代控制理论中，利用系统状态方程式可以进行计算机仿真，是研究系统动态特性最常用的方法。

设悬架动挠度为 $z_{sw} = z_s - z_w$，轮胎动变形为 $z_{qw} = q - z_w$，选取悬架动挠度、车身垂直速度、轮胎动变形、车轮轴垂直速度为系统状态变量，即 $X = \begin{bmatrix} z_{sw} & \dot{z}_s & z_{qw} & \dot{z}_w \end{bmatrix}^T$，则 1/4 被动悬架汽车系统状态方程式为

$$\begin{bmatrix} \dot{z}_{sw} \\ \ddot{z}_s \\ \dot{z}_{qw} \\ \ddot{z}_w \end{bmatrix} = \begin{bmatrix} 0 & 1 & 0 & -1 \\ -K_s/m_s & -C_s/m_s & 0 & C_s/m_s \\ 0 & 0 & 0 & -1 \\ K_s/m_w & C_s/m_w & K_w/m_w & -C_s/m_w \end{bmatrix} \begin{bmatrix} z_{sw} \\ \dot{z}_s \\ z_{qw} \\ \dot{z}_w \end{bmatrix} + \begin{bmatrix} 0 \\ 0 \\ 1 \\ 0 \end{bmatrix} [\dot{q}]$$

(5-15)

选取车身垂直加速度、悬架动挠度、轮胎动载荷为系统输出变量，即 $Y = \begin{bmatrix} \ddot{z}_s & z_{sw} & K_w z_{qw} \end{bmatrix}^T$，则 1/4 被动悬架汽车系统输出方程为

$$\begin{bmatrix} \ddot{z}_s \\ z_{sw} \\ K_w z_{qw} \end{bmatrix} = \begin{bmatrix} -K_s/m_s & -C_s/m_s & 0 & C_s/m_s \\ 1 & 0 & 0 & 0 \\ 0 & 0 & K_w & 0 \end{bmatrix} \begin{bmatrix} z_{sw} \\ \dot{z}_s \\ z_{qw} \\ \dot{z}_w \end{bmatrix} \quad (5\text{-}16)$$

2. 1/4 全主动悬架汽车行驶动力学模型

假设全主动悬架系统是在悬挂质量和非悬挂质量之间安装力发生器，通过力发生器产生的控制力来调节悬架刚度和阻尼系数，以适应汽车对悬架系统的要求。1/4 全主动悬架汽车行驶动力学模型如图 5-7 所示。图 5-7 中 F_u 为力发生器产生的控制力，其余符号意义与图 5-6 中的符号意义相同。

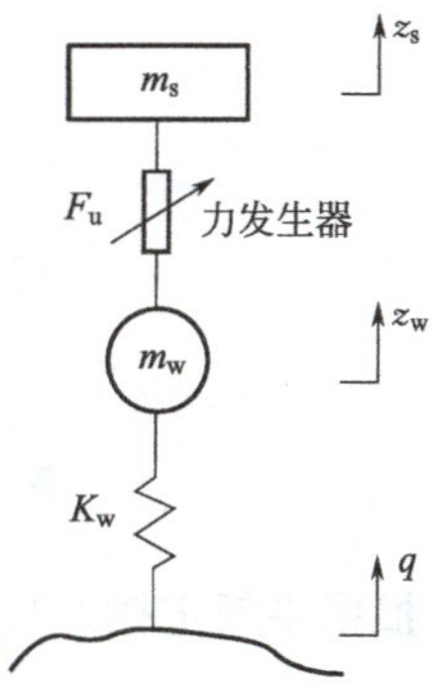

根据牛顿定律，1/4 全主动悬架汽车系统动力学方程式为

$$m_w \ddot{z}_w = K_w(q - z_w) - F_u \\ m_s \ddot{z}_s = F_u \quad (5\text{-}17)$$

图 5-7　1/4 全主动悬架汽车行驶动力学模型

选取悬架动挠度、车身垂直速度、轮胎动变形、车轮轴垂直速度为系统状态变量，即 $X = \begin{bmatrix} z_{sw} & \dot{z}_s & z_{qw} & \dot{z}_w \end{bmatrix}^T$，则 1/4 全主动悬架汽车系统状态方程为

$$\begin{bmatrix} \dot{z}_{sw} \\ \ddot{z}_s \\ \dot{z}_{qw} \\ \ddot{z}_w \end{bmatrix} = \begin{bmatrix} 0 & 1 & 0 & -1 \\ 0 & 0 & 0 & 0 \\ 0 & 0 & 0 & -1 \\ 0 & 0 & K_w/m_w & 0 \end{bmatrix} \begin{bmatrix} z_{sw} \\ \dot{z}_s \\ z_{qw} \\ \dot{z}_w \end{bmatrix} + \begin{bmatrix} 0 \\ 1/m_s \\ 0 \\ -1/m_w \end{bmatrix} [F_u] + \begin{bmatrix} 0 \\ 0 \\ 1 \\ 0 \end{bmatrix} [\dot{q}]$$

$$(5\text{-}18)$$

选取车身垂直加速度、悬架动挠度、轮胎动载荷为系统输出变量，即 $Y = \begin{bmatrix} \ddot{z}_s & z_{sw} & K_w z_{qw} \end{bmatrix}^T$，则 1/4 全主动悬架汽车系统输出方程为

$$\begin{bmatrix} \ddot{z}_s \\ z_{sw} \\ K_w z_{qw} \end{bmatrix} = \begin{bmatrix} 0 & 0 & 0 & 0 \\ 1 & 0 & 0 & 0 \\ 0 & 0 & K_w & 0 \end{bmatrix} \begin{bmatrix} z_{sw} \\ \dot{z}_s \\ z_{qw} \\ \dot{z}_w \end{bmatrix} + \begin{bmatrix} 1/m_s \\ 0 \\ 0 \end{bmatrix} [F_u] \quad (5\text{-}19)$$

3. 1/4 半主动悬架汽车行驶动力学模型

假设半主动悬架系统由弹簧和减振器组成，其中弹簧刚度是不变的，减振器阻尼系数包括不变阻尼系数和可变阻尼系数。1/4 半主动悬架汽车行驶动力学模型如图 5-8 所示。图中 C_s 为半主动悬架不变阻尼系数；F_{uc} 为半主动悬架可变阻尼力，其余符号意义与图 5-6 中符号意义相同。

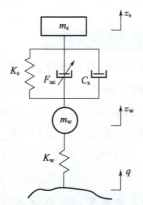

图 5-8 1/4 半主动悬架汽车行驶动力学模型

根据牛顿定律，1/4 半主动悬架汽车系统动力学方程式为

$$m_s \ddot{z}_s = K_s(z_w - z_s) + C_s(\dot{z}_w - \dot{z}_s) + F_{uc}$$
$$m_w \ddot{z}_w = K_w(q - z_w) - K_s(z_w - z_s) - C_s(\dot{z}_w - \dot{z}_s) - F_{uc} \quad (5\text{-}20)$$

选取悬架动挠度、车身垂直速度、轮胎动变形、车轮轴垂直速度为系统状态变量，即 $X = \begin{bmatrix} z_{sw} & \dot{z}_s & z_{qw} & \dot{z}_w \end{bmatrix}^T$，则 1/4 半主动悬架汽车系统状态方程式为

$$\begin{bmatrix} \dot{z}_{sw} \\ \ddot{z}_s \\ \dot{z}_{qw} \\ \ddot{z}_w \end{bmatrix} = \begin{bmatrix} 0 & 1 & 0 & -1 \\ -\dfrac{K_s}{m_s} & -\dfrac{C_s}{m_s} & 0 & \dfrac{C_s}{m_s} \\ 0 & 0 & 0 & -1 \\ \dfrac{K_s}{m_w} & \dfrac{C_s}{m_w} & \dfrac{K_w}{m_w} & -\dfrac{C_s}{m_w} \end{bmatrix} \begin{bmatrix} z_{sw} \\ \dot{z}_s \\ z_{qw} \\ \dot{z}_w \end{bmatrix} + \begin{bmatrix} 0 \\ \dfrac{1}{m_s} \\ 0 \\ -\dfrac{1}{m_w} \end{bmatrix} [F_{uc}] + \begin{bmatrix} 0 \\ 0 \\ 1 \\ 0 \end{bmatrix} [\dot{q}] \quad (5\text{-}21)$$

选取车身垂直加速度、悬架动挠度、轮胎动载荷为系统输出变量，即 $Y = \begin{bmatrix} \ddot{z}_s & z_{sw} & K_w z_{qw} \end{bmatrix}^T$，则 1/4 半主动悬架汽车系统输出方程式为

$$\begin{bmatrix} \ddot{z}_s \\ z_{sw} \\ K_w z_{qw} \end{bmatrix} = \begin{bmatrix} -\dfrac{K_s}{m_s} & -\dfrac{C_s}{m_s} & 0 & \dfrac{C_s}{m_s} \\ 1 & 0 & 0 & 0 \\ 0 & 0 & K_w & 0 \end{bmatrix} \begin{bmatrix} z_{sw} \\ \dot{z}_s \\ z_{qw} \\ \dot{z}_w \end{bmatrix} + \begin{bmatrix} \dfrac{1}{m_s} \\ 0 \\ 0 \end{bmatrix} [F_{uc}] \quad (5\text{-}22)$$

二、1/2 汽车行驶动力学模型

在建立 1/2 汽车行驶动力学模型时，作如下假设。
① 汽车对称其纵轴线，且左右车轮的路面不平度函数相等。
② 不考虑非线性因素。
③ 认为轮胎不离开地面。

1. 1/2 被动悬架汽车行驶动力学模型

1/2 被动悬架汽车行驶动力学模型如图 5-9 所示。图 5-9 中 m_s 为悬挂质量；m_{sf}、m_{sr} 分别为悬挂质量等效在前、后车轮上方的质量；m_{wf}、m_{wr} 分别为非悬挂质量等效在前、后车轮上的质量；I_{sy} 为悬挂质量绕 y 轴的转动惯量；a、b、L 分别为车身重心至前、后轴距离和轴距；K_{sf}、K_{sr} 分别为前、后悬架刚度；C_{sf}、C_{sr} 分别为前、后悬架阻尼系数；K_{wf}、K_{wr} 分别为前、后轮胎刚度；ϕ 为车身俯仰角；q_f、q_r 分别为汽车前、后轮地面不平度的位移函数；z_{wf}、z_{wr} 分别为前后轴非悬挂质量的垂直位移；z_{sf}、z_{sr} 分别为前、后车轮上方悬挂质量的垂直位移；z_s 为车身重心处的垂直位移，坐标原点在各自的平衡位置。

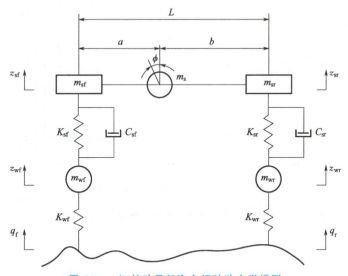

图 5-9　1/2 被动悬架汽车行驶动力学模型

1/2 汽车行驶动力学模型包括 4 个自由度，即车身的垂直和俯仰运动以及前、后非悬挂质量的垂直运动。

以车身为研究对象，由垂直方向力的平衡和绕重心的力矩平衡得

$$m_s \ddot{z}_s = K_{sf}(z_{wf} - z_{sf}) + C_{sf}(\dot{z}_{wf} - \dot{z}_{sf}) + K_{sr}(z_{wr} - z_{sr}) + C_{sr}(\dot{z}_{wr} - \dot{z}_{sr})$$
$$I_{sy} \ddot{\phi} = bK_{sr}(z_{wr} - z_{sr}) + bC_{sr}(\dot{z}_{wr} - \dot{z}_{sr}) - aK_{sf}(z_{wf} - z_{sf}) - aC_{sf}(\dot{z}_{wf} - \dot{z}_{sf})$$

(5-23)

以前、后非悬挂质量为研究对象，由垂直方向力的平衡得

$$m_{wf} \ddot{z}_{wf} = K_{wf}(q_f - z_{wf}) - K_{sf}(z_{wf} - z_{sf}) - C_{sf}(\dot{z}_{wf} - \dot{z}_{sf})$$
$$m_{wr} \ddot{z}_{wr} = K_{wr}(q_r - z_{wr}) - K_{sr}(z_{wr} - z_{sr}) - C_{sr}(\dot{z}_{wr} - \dot{z}_{sr})$$

(5-24)

当俯仰角较小时，前后车轮上方悬挂质量的垂直位移与车身重心处的垂直位移、俯仰角之间的关系为

$$z_{sf} = z_s - a\phi$$
$$z_{sr} = z_s + b\phi$$

(5-25)

选取车身垂直位移、车身俯仰角、前后轴非悬挂质量的垂直位移、前后轮地面不平度的位移、车身垂直速度、车身俯仰角速度、前后轴非悬挂质量的垂直速度为系统的状态变量，即 $X = [z_s \quad \phi \quad z_{wf} \quad z_{wr} \quad q_f \quad q_r \quad \dot{z}_s \quad \dot{\phi} \quad \dot{z}_{wf} \quad \dot{z}_{wr}]^T$，则 1/2 被动悬架汽车系统状态方程式为

$$\begin{bmatrix} \dot{z}_s \\ \dot{\phi} \\ \dot{z}_{wf} \\ \dot{z}_{wr} \\ \dot{q}_f \\ \dot{q}_r \\ \ddot{z}_s \\ \ddot{\phi} \\ \ddot{z}_{wf} \\ \ddot{z}_{wr} \end{bmatrix} = \begin{bmatrix} 0 & 0 & 0 & 0 & 0 & 0 & 1 & 0 & 0 & 0 \\ 0 & 0 & 0 & 0 & 0 & 0 & 0 & 1 & 0 & 0 \\ 0 & 0 & 0 & 0 & 0 & 0 & 0 & 0 & 1 & 0 \\ 0 & 0 & 0 & 0 & 0 & 0 & 0 & 0 & 0 & 1 \\ 0 & 0 & 0 & 0 & 0 & 0 & 0 & 0 & 0 & 0 \\ 0 & 0 & 0 & 0 & 0 & 0 & 0 & 0 & 0 & 0 \\ a_{71} & a_{72} & a_{73} & a_{74} & 0 & 0 & a_{77} & a_{78} & a_{79} & a_{710} \\ a_{81} & a_{82} & a_{83} & a_{84} & 0 & 0 & a_{87} & a_{88} & a_{89} & a_{910} \\ a_{91} & a_{92} & a_{93} & 0 & a_{95} & 0 & a_{97} & a_{98} & a_{99} & 0 \\ a_{101} & a_{102} & 0 & a_{104} & 0 & a_{106} & a_{107} & a_{108} & 0 & a_{1010} \end{bmatrix} \begin{bmatrix} z_s \\ \phi \\ z_{wf} \\ z_{wr} \\ q_f \\ q_r \\ \dot{z}_s \\ \dot{\phi} \\ \dot{z}_{wf} \\ \dot{z}_{wr} \end{bmatrix} + \begin{bmatrix} 0 & 0 \\ 0 & 0 \\ 0 & 0 \\ 0 & 0 \\ 1 & 0 \\ 0 & 1 \\ 0 & 0 \\ 0 & 0 \\ 0 & 0 \\ 0 & 0 \end{bmatrix} \begin{bmatrix} \dot{q}_f \\ \dot{q}_r \end{bmatrix}$$

(5-26)

式中，$a_{71} = -(K_{sf} + K_{sr})/m_s$；$a_{72} = (aK_{sf} - bK_{sr})/m_s$；$a_{73} = K_{sf}/m_s$；$a_{74} = K_{sr}/m_s$；$a_{77} = -(C_{sf} + C_{sr})/m_s$；$a_{78} = (aC_{sf} - bC_{sr})/m_s$；$a_{79} = C_{sf}/m_s$；$a_{710} = C_{sr}/m_s$；$a_{81} = (aK_{sf} - bK_{sr})/I_{sy}$；$a_{82} = -(a^2 K_{sf} + b^2 K_{sr})/I_{sy}$；$a_{83} = -aK_{sf}/I_{sy}$；$a_{84} = bK_{sr}/I_{sy}$；$a_{87} = (aC_{sf} - bC_{sr})/I_{sy}$；$a_{88} = -(a^2 C_{sf} + b^2 C_{sr})/I_{sy}$；$a_{89} = -aC_{sf}/I_{sy}$；$a_{810} = bC_{sr}/I_{sy}$；$a_{91} = K_{sf}/m_{wf}$；$a_{92} = $

$-aK_{sf}/m_{wf}$; $a_{93}=-(K_{sf}+K_{wf})$; $a_{95}=K_{wf}/m_{wf}$; $a_{97}=C_{sf}/m_{wf}$; $a_{98}=-aC_{sf}/m_{wf}$; $a_{99}=-C_{sf}/m_{wf}$; $a_{101}=K_{sr}/m_{wr}$; $a_{102}=bK_{sr}/m_{wr}$; $a_{104}=-(K_{sr}+K_{wr})/m_{wr}$; $a_{106}=K_{wr}/m_{wr}$; $a_{107}=C_{sr}/m_{wr}$; $a_{108}=bC_{sr}/m_{wr}$; $a_{1010}=-C_{sr}/m_{wr}$。

设前、后悬架动挠度分别为 $z_{swf}=z_{sf}-z_{wf}$ 和 $z_{swr}=z_{sr}-z_{wr}$，前、后轮胎动变形分别为 $z_{qwf}=z_{qf}-z_{wf}$ 和 $z_{qwr}=z_{qr}-z_{wr}$，选择车身垂直加速度、车身俯仰角加速度、前后悬架动挠度、前后轮胎动载荷为系统输出变量，即 $Y=[\ddot{z}_s \quad \ddot{\phi} \quad z_{swf} \quad z_{swr} \quad K_{wf}z_{qwf} \quad K_{wr}z_{qwr}]^T$，则 1/2 被动悬架汽车系统输出方程式为

$$\begin{bmatrix} \ddot{z}_s \\ \ddot{\phi} \\ z_{swf} \\ z_{swr} \\ K_{wf}z_{qwf} \\ K_{wr}z_{qwr} \end{bmatrix} = \begin{bmatrix} a_{71} & a_{72} & a_{73} & a_{74} & 0 & 0 & a_{77} & a_{78} & a_{79} & a_{710} \\ a_{81} & a_{82} & a_{83} & a_{84} & 0 & 0 & a_{87} & a_{88} & a_{89} & a_{810} \\ 1 & -a & -1 & 0 & 0 & 0 & 0 & 0 & 0 & 0 \\ 1 & b & 0 & -1 & 0 & 0 & 0 & 0 & 0 & 0 \\ 0 & 0 & -K_{wf} & 0 & K_{wf} & 0 & 0 & 0 & 0 & 0 \\ 0 & 0 & 0 & -K_{wr} & 0 & K_{wr} & 0 & 0 & 0 & 0 \end{bmatrix} \begin{bmatrix} z_s \\ \phi \\ z_{wf} \\ z_{wr} \\ q_f \\ q_r \\ \dot{z}_s \\ \dot{\phi} \\ \dot{z}_{wf} \\ \dot{z}_{wr} \end{bmatrix}$$

(5-27)

2. 1/2 全主动悬架汽车行驶动力学模型

1/2 全主动悬架汽车行驶动力学模型如图 5-10 所示。图 5-10 中 F_{uf}、F_{ur} 分别为前、后主动悬架力发生器产生的控制力，其余符号与图 5-9 中的符号意义相同。

以车身为研究对象，由垂直方向力的平衡和绕重心的力矩平衡得

$$\begin{aligned} m_s\ddot{z}_s &= F_{uf}+F_{ur} \\ I_{sy}\ddot{\phi} &= bF_{ur}-aF_{uf} \end{aligned}$$

(5-28)

以前、后非悬挂质量为研究对象，由垂直方向力的平衡得

$$\begin{aligned} m_{wf}\ddot{z}_{wf} &= K_{wf}(q_f-z_{wf})-F_{uf} \\ m_{wr}\ddot{z}_{wr} &= K_{wr}(q_r-z_{wr})-F_{ur} \end{aligned}$$

(5-29)

选取车身垂直位移、车身俯仰角、前后轮胎动变形、车身垂直速度、车身俯仰角速度、前后轴非悬挂质量的垂直速度为系统的状态变量，即 $X=[z_s \quad \phi \quad z_{qwf} \quad z_{qwr} \quad \dot{z}_s \quad \dot{\phi} \quad \dot{z}_{wf} \quad \dot{z}_{wr}]^T$，则 1/2 全主动悬架汽车系统状态方程式为

$$\begin{bmatrix} \dot{z}_s \\ \dot{\phi} \\ \dot{z}_{qwf} \\ \dot{z}_{qwr} \\ \ddot{z}_s \\ \ddot{\phi} \\ \ddot{z}_{wf} \\ \ddot{z}_{wr} \end{bmatrix} = \begin{bmatrix} 0 & 0 & 0 & 0 & 1 & 0 & 0 & 0 \\ 0 & 0 & 0 & 0 & 0 & 1 & 0 & 0 \\ 0 & 0 & 0 & 0 & 0 & 0 & -1 & 0 \\ 0 & 0 & 0 & 0 & 0 & 0 & 0 & -1 \\ 0 & 0 & 0 & 0 & 0 & 0 & 0 & 0 \\ 0 & 0 & 0 & 0 & 0 & 0 & 0 & 0 \\ 0 & \dfrac{K_{wf}}{m_{wf}} & 0 & 0 & 0 & 0 & 0 & 0 \\ 0 & 0 & 0 & \dfrac{K_{wr}}{m_{wr}} & 0 & 0 & 0 & 0 \end{bmatrix} \begin{bmatrix} z_s \\ \phi \\ z_{qwf} \\ z_{qwr} \\ \dot{z}_s \\ \dot{\phi} \\ \dot{z}_{wf} \\ \dot{z}_{wr} \end{bmatrix} +$$

$$\begin{bmatrix} 0 & 0 \\ 0 & 0 \\ 0 & 0 \\ 0 & 0 \\ \dfrac{1}{m_s} & \dfrac{1}{m_s} \\ \dfrac{-a}{I_{sy}} & \dfrac{b}{I_{sy}} \\ \dfrac{-1}{m_{wf}} & 0 \\ 0 & \dfrac{-1}{m_{wr}} \end{bmatrix} \begin{bmatrix} F_{uf} \\ F_{ur} \end{bmatrix} + \begin{bmatrix} 0 & 0 \\ 0 & 0 \\ 1 & 0 \\ 0 & 1 \\ 0 & 0 \\ 0 & 0 \\ \dfrac{K_{wf}}{m_{wf}} & 0 \\ 0 & \dfrac{K_{wr}}{m_{wr}} \end{bmatrix} \begin{bmatrix} \dot{q}_f \\ \dot{q}_r \end{bmatrix} \quad (5\text{-}30)$$

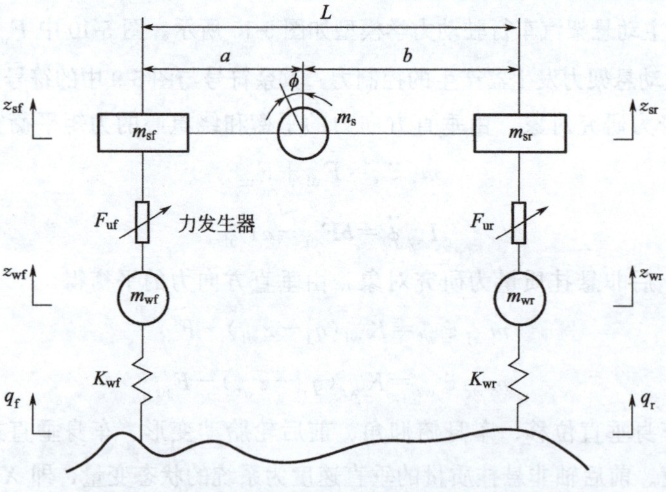

图 5-10 1/2 全主动悬架汽车行驶动力学模型

选择车身垂直加速度、车身俯仰角加速度、前后悬架动挠度、前后轮胎动载荷为系统输出变量，即 $Y = \begin{bmatrix} \ddot{z}_s & \ddot{\phi} & z_{swf} & z_{swr} & K_{wf}z_{qwf} & K_{wr}z_{qwr} \end{bmatrix}^T$，则 1/2 全主动悬架汽车系统输出方程式为

$$\begin{bmatrix} \ddot{z}_s \\ \ddot{\phi} \\ z_{swf} \\ z_{swr} \\ K_{wf}z_{qwf} \\ K_{wr}z_{qwr} \end{bmatrix} = \begin{bmatrix} 0 & 0 & 0 & 0 & 0 & 0 & 0 \\ 0 & 0 & 0 & 0 & 0 & 0 & 0 \\ 1 & -a & -1 & 0 & 0 & 0 & 0 \\ 1 & b & -1 & 0 & 0 & 0 & 0 \\ 0 & 0 & K_{wf} & 0 & 0 & 0 & 0 \\ 0 & 0 & 0 & K_{wr} & 0 & 0 & 0 \end{bmatrix} \begin{bmatrix} z_s \\ \phi \\ z_{qwf} \\ z_{qwr} \\ \dot{z}_s \\ \dot{\phi} \\ \dot{z}_{wf} \\ \dot{z}_{wr} \end{bmatrix} +$$

$$\begin{bmatrix} \dfrac{1}{m_s} & \dfrac{1}{m_s} \\ -\dfrac{a}{I_{sy}} & \dfrac{b}{I_{sy}} \\ 0 & 0 \\ 0 & 0 \\ 0 & 0 \\ 0 & 0 \end{bmatrix} \begin{bmatrix} F_{uf} \\ F_{ur} \end{bmatrix} \quad (5-31)$$

3. 1/2 半主动悬架汽车行驶动力学模型

1/2 半主动悬架汽车行驶动力学模型如图 5-11 所示。图 5-11 中 C_{sf}、C_{sr} 分别为前、后半主动悬架不变阻尼系数；F_{ucf}、F_{ucr} 分别为前、后半主动悬架可变阻尼力，其余符号与图 5-9 中的符号意义相同。

以车身为研究对象，由垂直方向力的平衡和绕重心的力矩平衡得

$$m_s\ddot{z}_s = K_{sf}(z_{wf}-z_{sf}) + C_{sf}(\dot{z}_{wf}-\dot{z}_{sf}) + K_{sr}(z_{wr}-z_{sr}) + C_{sr}(\dot{z}_{wr}-\dot{z}_{sr}) + F_{ucf} + F_{ucr}$$

$$I_{sy}\ddot{\phi} = bK_{sr}(z_{wr}-z_{sr}) + bC_{sr}(\dot{z}_{wr}-\dot{z}_{sr}) - aK_{sf}(z_{wf}-z_{sf}) - aC_{sf}(\dot{z}_{wf}-\dot{z}_{sf}) + bF_{ucr} - aF_{ucf}$$
(5-32)

以前、后非悬挂质量为研究对象，由垂直方向力的平衡得

$$m_{wf}\ddot{z}_{wf} = K_{wf}(q_f-z_{wf}) - K_{sf}(z_{wf}-z_{sf}) - C_{sf}(\dot{z}_{wf}-\dot{z}_{sf}) - F_{ucf}$$

$$m_{wr}\ddot{z}_{wr} = K_{wr}(q_r-z_{wr}) - K_{sr}(z_{wr}-z_{sr}) - C_{sr}(\dot{z}_{wr}-\dot{z}_{sr}) - F_{ucr}$$
(5-33)

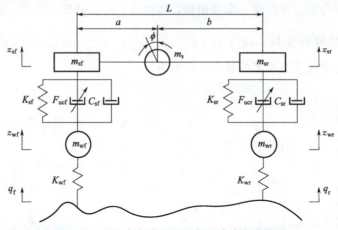

图 5-11　1/2 半主动悬架汽车行驶动力学模型

选取车身垂直位移、车身俯仰角、前后轴非悬挂质量的垂直位移、前后轮地面不平度位移、车身垂直速度、车身俯仰角速度、前后轴非悬挂质量的垂直速度为系统的状态变量，即 $X = [z_s \quad \phi \quad z_{wf} \quad z_{wr} \quad q_f \quad q_r \quad \dot{z}_s \quad \dot{\phi} \quad \dot{z}_{wf} \quad \dot{z}_{wr}]^T$，则 1/2 半主动悬架汽车系统状态方程为

$$\begin{bmatrix} \dot{z}_s \\ \dot{\phi} \\ \dot{z}_{wf} \\ \dot{z}_{wr} \\ \dot{q}_f \\ \dot{q}_r \\ \ddot{z}_s \\ \ddot{\phi} \\ \ddot{z}_{wf} \\ \ddot{z}_{wr} \end{bmatrix} = \begin{bmatrix} 0 & 0 & 0 & 0 & 0 & 0 & 1 & 0 & 0 & 0 \\ 0 & 0 & 0 & 0 & 0 & 0 & 0 & 1 & 0 & 0 \\ 0 & 0 & 0 & 0 & 0 & 0 & 0 & 0 & 1 & 0 \\ 0 & 0 & 0 & 0 & 0 & 0 & 0 & 0 & 0 & 1 \\ 0 & 0 & 0 & 0 & 0 & 0 & 0 & 0 & 0 & 0 \\ 0 & 0 & 0 & 0 & 0 & 0 & 0 & 0 & 0 & 0 \\ a_{71} & a_{72} & a_{73} & a_{74} & 0 & 0 & a_{77} & a_{78} & a_{79} & a_{710} \\ a_{81} & a_{82} & a_{83} & a_{84} & 0 & 0 & a_{87} & a_{88} & a_{89} & a_{910} \\ a_{91} & a_{92} & a_{93} & 0 & a_{95} & 0 & a_{97} & a_{98} & a_{99} & 0 \\ a_{101} & a_{102} & 0 & a_{104} & 0 & a_{106} & a_{107} & a_{108} & 0 & a_{1010} \end{bmatrix} \begin{bmatrix} z_s \\ \phi \\ z_{wf} \\ z_{wr} \\ q_f \\ q_r \\ \dot{z}_s \\ \dot{\phi} \\ \dot{z}_{wf} \\ \dot{z}_{wr} \end{bmatrix} +$$

$$\begin{bmatrix} 0 & 0 \\ 0 & 0 \\ 0 & 0 \\ 0 & 0 \\ 0 & 0 \\ 0 & 0 \\ 1/m_s & 1/m_s \\ -a/I_{cy} & b/I_{cy} \\ -1/m_{wf} & 0 \\ 0 & -1/m_{wr} \end{bmatrix} \begin{bmatrix} F_{ucf} \\ F_{ucr} \end{bmatrix} + \begin{bmatrix} 0 & 0 \\ 0 & 0 \\ 0 & 0 \\ 0 & 0 \\ 0 & 0 \\ 0 & 0 \\ 0 & 0 \\ 0 & 0 \\ 1 & 0 \\ 0 & 1 \end{bmatrix} \begin{bmatrix} \dot{q}_f \\ \dot{q}_r \end{bmatrix} \quad (5\text{-}34)$$

式中，$a_{71}=-(K_{sf}+K_{sr})/m_s$；$a_{72}=(aK_{sf}-bK_{sr})/m_s$；$a_{73}=K_{sf}/m_s$；$a_{74}=K_{sr}/m_s$；$a_{77}=-(C_{sf}+C_{sr})/m_s$；$a_{78}=(aC_{sf}-bC_{sr})/m_s$；$a_{79}=C_{sf}/m_s$；$a_{710}=C_{sr}/m_s$；$a_{81}=(aK_{sf}-bK_{sr})/I_{sy}$；$a_{82}=-(a^2K_{sf}+b^2K_{sr})/I_{sy}$；$a_{83}=-aK_{sf}/I_{sy}$；$a_{84}=bK_{sr}/I_{sy}$；$a_{87}=(aC_{sf}-bC_{sr})/I_{sy}$；$a_{88}=-(a^2C_{sf}+b^2C_{sr})/I_{sy}$；$a_{89}=-aC_{sf}/I_{sy}$；$a_{810}=bC_{sr}/I_{sy}$；$a_{91}=K_{sf}/m_{wf}$；$a_{92}=-aK_{sf}/m_{wf}$；$a_{93}=-(K_{sf}+K_{wf})/m_{wf}$；$a_{95}=K_{wf}/m_{wf}$；$a_{97}=C_{sf}/m_{wf}$；$a_{98}=-aC_{sf}/m_{wf}$；$a_{99}=-C_{sf}/m_{wf}$；$a_{101}=K_{sr}/m_{wr}$；$a_{102}=bK_{sr}/m_{wr}$；$a_{104}=-(K_{sr}+K_{wr})/m_{wr}$；$a_{106}=K_{wr}/m_{wr}$；$a_{107}=C_{sr}/m_{wr}$；$a_{108}=bC_{sr}/m_{wr}$；$a_{1010}=-C_{sr}/m_{wr}$。

选择车身垂直加速度、车身俯仰角加速度、前后悬架动挠度、前后轮胎动载荷为系统输出变量，即 $Y=\begin{bmatrix}\ddot{z}_s & \ddot{\phi} & z_{swf} & z_{swr} & K_{wf}z_{qwf} & K_{wr}z_{qwr}\end{bmatrix}^T$，则 1/2 半主动悬架汽车系统输出方程式为

$$\begin{bmatrix}\ddot{z}_s \\ \ddot{\phi} \\ z_{swf} \\ z_{swr} \\ K_{wf}z_{qwf} \\ K_{wr}z_{qwr}\end{bmatrix} = \begin{bmatrix} a_{71} & a_{72} & a_{73} & a_{74} & 0 & 0 & a_{77} & a_{78} & a_{79} & a_{710} \\ a_{81} & a_{82} & a_{83} & a_{84} & 0 & 0 & a_{87} & a_{88} & a_{89} & a_{810} \\ 1 & -a & -1 & 0 & 0 & 0 & 0 & 0 & 0 & 0 \\ 1 & b & 0 & -1 & 0 & 0 & 0 & 0 & 0 & 0 \\ 0 & 0 & -K_{wf} & 0 & K_{wf} & 0 & 0 & 0 & 0 & 0 \\ 0 & 0 & 0 & -K_{wr} & 0 & K_{wr} & 0 & 0 & 0 & 0 \end{bmatrix} \begin{bmatrix} z_s \\ \phi \\ z_{wf} \\ z_{wr} \\ q_f \\ q_r \\ \dot{z}_s \\ \dot{\phi} \\ \dot{z}_{wf} \\ \dot{z}_{wr} \end{bmatrix} + \begin{bmatrix} \dfrac{1}{m_s} & \dfrac{1}{m_s} \\ \dfrac{-a}{I_{cy}} & \dfrac{b}{I_{cy}} \\ 0 & 0 \\ 0 & 0 \\ 0 & 0 \\ 0 & 0 \end{bmatrix} \begin{bmatrix} F_{ucf} \\ F_{ucr} \end{bmatrix} \quad (5-35)$$

三、汽车行驶动力学整车模型

在建立汽车行驶动力学整车模型时，作如下假设。

① 汽车载客人数或装载质量不影响车身重心的位置。
② 在路面激励的作用下，整车在平衡位置附近做微幅振动。
③ 汽车做俯仰、侧倾运动时角度很小，不超过 5°。

1. 被动悬架汽车行驶动力学模型

被动悬架汽车整车行驶动力学模型如图 5-12 所示。图 5-12 中 m_s 为悬挂质量，m_{wf1}、m_{wf2}、m_{wr1}、m_{wr2} 分别非悬挂质量等效在 4 个车轮的质量；I_{sx} 为悬挂质量绕 x 轴的转动惯量，I_{sy} 为悬挂质量绕 y 轴的转动惯量；z_s 为车身重心处的垂直位移；θ 为车身绕 x 轴的侧倾角；ϕ 车身为绕 y 轴的俯仰角；z_{sf1}、z_{sf2}、z_{sr1}、z_{sr2} 分别为 4 个车轮上方悬挂质量的垂直位移；z_{wf1}、z_{wf2}、z_{wr1}、z_{wr2} 分别为 4 个车轮轴的垂直位移；K_{sf1}、K_{sf2}、K_{sr1}、K_{sr2} 分别为 4 个悬架的刚度，C_{sf1}、C_{sf2}、C_{sr1}、C_{sr2} 分别为 4 个悬架的阻尼系数；K_{wf1}、K_{wf2}、K_{wr1}、K_{wr2} 分别为 4 个轮胎的刚度；q_{f1}、q_{f2}、q_{r1}、q_{r2} 分别为 4 个车轮路面不平度的位移；a、b 分别为重心至前、后轴距离，l_r、l_l 分别为质心至左、右侧车轮的距离。

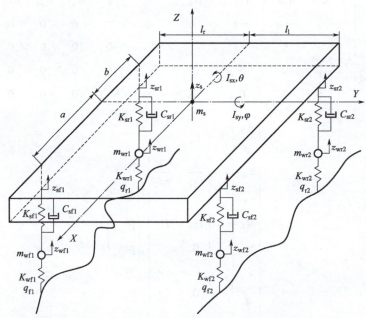

图 5-12 被动悬架汽车整车行驶动力学模型

汽车行驶动力学整车模型包括 7 个自由度，即车身的垂直、俯仰和侧倾运动以及 4 个非悬挂质量的垂直运动。

当侧倾角和俯仰角在小角度范围内变化时，车轮上方 4 个悬挂质量端点的位移分别为

$$z_{sf1} = z_s - l_r\theta - a\phi$$
$$z_{sf2} = z_s + l_1\theta - a\phi$$
$$z_{sr1} = z_s - l_r\theta + b\phi$$
$$z_{sr2} = z_s + l_1\theta + b\phi$$
(5-36)

车身重心处的垂直运动方程式为

$$m_s\ddot{z}_s = K_{sf1}(z_{wf1}-z_{sf1}) + C_{sf1}(\dot{z}_{wf1}-\dot{z}_{sf1}) + K_{sf2}(z_{wf2}-z_{sf2}) +$$
$$C_{sf2}(\dot{z}_{wf2}-\dot{z}_{sf2}) + K_{sr1}(z_{wr1}-z_{sr1}) + C_{sr1}(\dot{z}_{wr1}-\dot{z}_{sr1}) +$$
$$K_{sr2}(z_{wr2}-z_{sr2}) + C_{sr2}(\dot{z}_{wr2}-\dot{z}_{sr2})$$
(5-37)

车身俯仰运动方程式为

$$I_{sy}\ddot{\phi} = b[K_{sr1}(z_{wr1}-z_{sr1}) + C_{sr1}(\dot{z}_{wr1}-\dot{z}_{sr1}) + K_{sr2}(z_{wr2}-z_{sr2}) +$$
$$C_{sr2}(\dot{z}_{wr2}-\dot{z}_{sr2})] - a[K_{sf1}(z_{wf1}-z_{sf1}) + C_{sf1}(\dot{z}_{wf1}-\dot{z}_{sf1}) +$$
$$K_{sf2}(z_{wf2}-z_{sf2}) + C_{sf2}(\dot{z}_{wf2}-\dot{z}_{sf2})]$$
(5-38)

车身的侧倾运动方程式为

$$I_{sx}\ddot{\theta} = l_1[K_{sf2}(z_{wf2}-z_{sf2}) + C_{sf2}(\dot{z}_{wf2}-\dot{z}_{sf2}) +$$
$$K_{sr2}(z_{wr2}-z_{sr2}) + C_{sr2}(\dot{z}_{wr2}-\dot{z}_{sr2})] -$$
$$l_r[K_{sf1}(z_{wf1}-z_{sf1}) + C_{sf1}(\dot{z}_{wf1}-\dot{z}_{sf1}) +$$
$$K_{sr1}(z_{wr1}-z_{sr1}) + C_{sr1}(\dot{z}_{wr1}-\dot{z}_{sr1})]$$
(5-39)

4个非悬挂质量的垂直运动方程式分别为

$$m_{wf1}\ddot{z}_{wf1} = K_{wf1}(q_{f1}-z_{wf1}) - K_{sf1}(z_{wf1}-z_{sf1}) - C_{sf1}(\dot{z}_{wf1}-\dot{z}_{sf1})$$
$$m_{wf2}\ddot{z}_{wf2} = K_{wf2}(q_{f2}-z_{wf2}) - K_{sf2}(z_{wf2}-z_{sf2}) - C_{sf2}(\dot{z}_{wf2}-\dot{z}_{sf2})$$
$$m_{wr1}\ddot{z}_{wr1} = K_{wr1}(q_{r1}-z_{wr1}) - K_{sr1}(z_{wr1}-z_{sr1}) - C_{sr1}(\dot{z}_{wr1}-\dot{z}_{sr1})$$
$$m_{wr2}\ddot{z}_{wr2} = K_{wr2}(q_{r2}-z_{wr2}) - K_{sr2}(z_{wr2}-z_{sr2}) - C_{sr2}(\dot{z}_{wr2}-\dot{z}_{sr2})$$
(5-40)

选取车身垂直位移、车身俯仰角、车身侧倾角、4个车轮轴的垂直位移、4个车轮的地面不平度位移、车身垂直速度、车身俯仰角速度、车身侧倾角速度、4个车轮轴的垂直速度为系统的状态变量，即 $X = [z_s \quad \phi \quad \theta \quad z_{wf1} \quad z_{wf2} \quad z_{wr1} \quad z_{wr2} \quad q_{f1} \quad q_{f2} \quad q_{r1} \quad q_{r2} \quad \dot{z}_s \quad \dot{\phi} \quad \dot{\theta} \quad \dot{z}_{wf1} \quad \dot{z}_{wf2} \quad \dot{z}_{wr1} \quad \dot{z}_{wr2}]^T$。

设4个悬架挠度分别为 $z_{swf1} = z_{sf1} - z_{wf1}$、$z_{swf2} = z_{sf2} - z_{wf2}$、$z_{swr1} = z_{sr1} - z_{wr1}$、$z_{swr2} = z_{sr2} - z_{wr2}$，4个轮胎动变形分别为 $z_{qwf1} = q_{f1} - z_{wf1}$、$z_{qwf2} = q_{f2} - z_{wf2}$、$z_{qwr1} = q_{r1} - z_{wr1}$、$z_{qwr2} = q_{r2} - z_{wr2}$，选择车身垂直加速度、车身俯仰角加速度、车身侧倾角加速度、4个悬架动挠度和4个轮胎动载荷为系统输出变量，即 $Y = [\ddot{z}_s \quad \ddot{\phi} \quad \ddot{\theta} \quad z_{swf1} \quad z_{swf2} \quad z_{swr1} \quad z_{swr2} \quad K_{wf1}z_{qwf1} \quad K_{wf2}z_{qwf2}$

$K_{wr1}z_{qwr1} \quad K_{wr2}z_{qwr2}]^T$。

被动悬架汽车整车系统状态方程式和输出方程式分别为

$$\dot{X} = AX + EW \\ Y = CX \tag{5-41}$$

式中，A 为 18×18 阶系统矩阵；E 为 18×4 阶扰动矩阵；C 为 11×18 阶输出矩阵；$W = \begin{bmatrix} q_{f1} & q_{f2} & q_{r1} & q_{r2} \end{bmatrix}^T$ 为系统的扰动向量。

系统矩阵 A 中不为零的表达式为

$a_{112}=1$；$a_{213}=1$；$a_{314}=1$；$a_{415}=1$；$a_{516}=1$；$a_{617}=1$；$a_{718}=1$；$a_{121}=-(K_{sf1}+K_{sf2}+K_{sr1}+K_{sr2})/m_s$；$a_{122}=a(K_{sf1}+K_{sf2})/m_s-b(K_{sr1}+K_{sr2})/m_s$；$a_{123}=l_r(K_{sf1}+K_{sr1})/m_s-l_1(K_{sf2}+K_{sr2})/m_s$；$a_{124}=K_{sf1}/m_s$；$a_{125}=K_{sf2}/m_s$；$a_{126}=K_{sr1}/m_s$；$a_{127}=K_{sr2}/m_s$；$a_{1212}=-(C_{sf1}+C_{sf2}+C_{sr1}+C_{sr2})/m_s$；$a_{1213}=a(C_{sf1}+C_{sf2})/m_s-b(C_{sr1}+C_{sr2})/m_s$；$a_{1214}=l_r(C_{sf1}+C_{sr1})/m_s-l_1(C_{sf2}+C_{sr2})/m_s$；$a_{1215}=C_{sf1}/m_s$；$a_{1216}=C_{sf2}/m_s$；$a_{1217}=C_{sr1}/m_s$；$a_{1218}=C_{sr2}/m_s$；$a_{131}=(aK_{sf1}+aK_{sf2}-bK_{sr1}-bK_{sr2})/I_{sy}$；$a_{132}=-a^2(K_{sf1}+K_{sf2})/I_{sy}-b^2(K_{sr1}+K_{sr2})/I_{sy}$；$a_{133}=(al_1K_{sf2}-al_rK_{sf1}+bl_rK_{sr1}-bl_1K_{sr2})/I_{sy}$；$a_{134}=-aK_{sf1}/I_{sy}$；$a_{135}=-aK_{sf2}/I_{sy}$；$a_{136}=bK_{sr1}/I_{sy}$；$a_{137}=bK_{sr2}/I_{sy}$；$a_{1312}=(aC_{sf1}+aC_{sf2}-bC_{sr1}-bC_{sr2})/I_{sy}$；$a_{1313}=-a^2(C_{sf1}+C_{sf2})/I_{sy}-b^2(C_{sr1}+C_{sr2})/I_{sy}$；$a_{1314}=(al_1C_{sf2}-al_rC_{sf1}+bl_rC_{sr1}-bl_1C_{sr2})/I_{sy}$；$a_{1315}=-aC_{sf1}/I_{sy}$；$a_{1316}=-aC_{sf2}/I_{sy}$；$a_{1317}=bC_{sr1}/I_{sy}$；$a_{1318}=bC_{sr2}/I_{sy}$；$a_{141}=(l_rK_{sf1}+l_rK_{sr1}-l_1K_{sf2}-l_1K_{sr2})/I_{sx}$；$a_{142}=(al_1K_{sf2}-al_rK_{sf1}+bl_rK_{sr1}-bl_1K_{sr2})/I_{sx}$；$a_{143}=-(l_r^2K_{sf1}+l_r^2K_{sr1}+l_1^2K_{sf2}+l_1^2K_{sr2})/I_{sx}$；$a_{144}=-l_rK_{sf1}/I_{sx}$；$a_{145}=l_1K_{sf2}/I_{sx}$；$a_{146}=-l_rK_{sr1}/I_{sx}$；$a_{147}=l_1K_{sr2}/I_{sx}$；$a_{1412}=(l_rC_{sf1}+l_rC_{sr1}-l_1C_{sf2}-l_1C_{sr2})/I_{sx}$；$a_{1413}=(al_1C_{sf2}-bl_1C_{sr2}-al_rC_{sf1}+bl_rC_{sr1})/I_{sx}$；$a_{1414}=-(l_r^2C_{sf1}+l_r^2C_{sr1}+l_1^2C_{sf2}+l_1^2C_{sr2})/I_{sx}$；$a_{1415}=-l_rC_{sf1}/I_{sx}$；$a_{1416}=l_1C_{sf2}/I_{sx}$；$a_{1417}=-l_rC_{sr1}/I_{sx}$；$a_{1418}=l_1C_{sr2}/I_{sx}$；$a_{151}=K_{sf1}/m_{wf1}$；$a_{152}=-aK_{sf1}/m_{wf1}$；$a_{153}=-l_rK_{sf1}/m_{wf1}$；$a_{154}=-(K_{sf1}+K_{wf1})/m_{wf1}$；$a_{158}=K_{wf1}/m_{wf1}$；$a_{1512}=C_{sf1}/m_{wf1}$；$a_{1513}=-aC_{sf1}/m_{wf1}$；$a_{1514}=-l_rC_{sf1}/m_{wf1}$；$a_{1515}=-C_{sf1}/m_{wf1}$；$a_{161}=K_{sf2}/m_{wf2}$；$a_{162}=-aK_{sf2}/m_{wf2}$；$a_{163}=l_1K_{sf2}/m_{wf2}$；$a_{165}=-(K_{sf2}+K_{wf2})/m_{wf2}$；$a_{169}=K_{wf2}/m_{wf1}$；$a_{1612}=C_{sf2}/m_{wf2}$；$a_{1613}=-aC_{sf2}/m_{wf2}$；$a_{1614}=l_1C_{sf2}/m_{wf2}$；$a_{1616}=-C_{sf2}/m_{wf2}$；$a_{171}=K_{sr1}/m_{wr1}$；$a_{172}=bK_{sr1}/m_{wr1}$；$a_{173}=-l_rK_{sr1}/m_{wr1}$；$a_{176}=-(K_{sr1}+K_{wr1})/m_{wr1}$；

$a_{1710} = K_{wr1}/m_{wr1}$；$a_{1712} = C_{sr1}/m_{wr1}$；$a_{1713} = bC_{sr1}/m_{wr1}$；$a_{1714} = -l_r C_{sr1}/m_{wr1}$；$a_{1717} = -C_{sr1}/m_{wr1}$；$a_{181} = K_{sr2}/m_{wr2}$；$a_{182} = bK_{sr2}/m_{wr2}$；$a_{183} = l_1 K_{sr2}/m_{wr2}$；$a_{187} = -(K_{sr2}+K_{wr2})/m_{wr2}$；$a_{1811} = K_{wr2}/m_{wr2}$；$a_{1812} = C_{sr2}/m_{wr2}$；$a_{1813} = bC_{sr2}/m_{wr2}$；$a_{1814} = l_1 C_{sr2}/m_{wr2}$；$a_{1818} = -C_{sr2}/m_{wr2}$。

扰动矩阵 E 中不为零的表达式为 $e_{81} = 1$；$e_{92} = 1$；$e_{103} = 1$；$e_{114} = 1$。

输出矩阵 C 中不为零的表达式为 $c_{1j} = a_{12j}$，$c_{2j} = a_{13j}$，$c_{3j} = a_{14j}$，$j = 1 \sim 18$；$c_{41} = 1$；$c_{42} = -a$；$c_{43} = -l_r$；$c_{44} = -1$；$c_{51} = 1$；$c_{52} = -a$；$c_{53} = l_1$；$c_{55} = -1$；$c_{61} = 1$；$c_{62} = b$；$c_{63} = -l_r$；$c_{66} = -1$；$c_{71} = 1$；$c_{72} = b$；$c_{73} = l_1$；$c_{77} = -1$；$c_{84} = -K_{wf1}$；$c_{88} = K_{wf1}$；$c_{95} = -K_{wf2}$；$c_{99} = K_{wf2}$；$c_{106} = -K_{wr1}$；$c_{1010} = K_{wr1}$；$c_{117} = -K_{wr2}$；$c_{1111} = K_{wr2}$。

2. 全主动悬架汽车整车行驶动力学模型

全主动悬架汽车整车行驶动力学模型如图 5-13 所示。图 5-13 中 F_{uf1}、F_{uf2}、F_{ur1}、F_{ur2} 分别为 4 个全主动悬架力发生器产生的控制力，其余符号与图 5-12 中的符号意义相同。

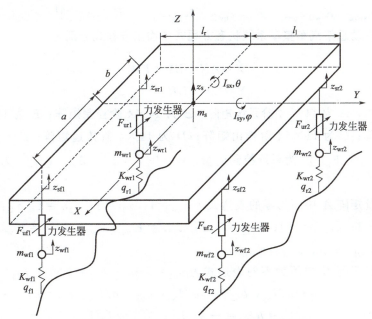

图 5-13 全主动悬架汽车整车行驶动力学模型

车身重心处的垂直运动方程式为

$$m_s \ddot{z}_s = F_{uf1} + F_{uf2} + F_{ur1} + F_{ur2} \tag{5-42}$$

车身俯仰运动方程式为

$$I_{sy} \ddot{\varphi} = b(F_{ur1} + F_{ur2}) - a(F_{uf1} + F_{uf2}) \tag{5-43}$$

车身侧倾运动方程式为

$$I_{sx}\ddot{\theta} = l_1(F_{uf2} + F_{ur2}) - l_r(F_{uf1} + F_{ur1}) \tag{5-44}$$

4个非悬挂质量的垂直运动方程式分别为

$$\begin{aligned} m_{wf1}\ddot{z}_{wf1} &= K_{wf1}(q_{f1} - z_{wf1}) - F_{uf1} \\ m_{wf2}\ddot{z}_{wf2} &= K_{wf2}(q_{f2} - z_{wf2}) - F_{uf2} \\ m_{wr1}\ddot{z}_{wr1} &= K_{wr1}(q_{r1} - z_{wr1}) - F_{ur1} \\ m_{wr2}\ddot{z}_{wr2} &= K_{wr2}(q_{r2} - z_{wr2}) - F_{ur2} \end{aligned} \tag{5-45}$$

选取车身垂直位移、车身俯仰角、车身侧倾角、4个轮胎动挠度、车身垂直速度、车身俯仰角速度、车身侧倾角速度、4个车轮轴的垂直速度为系统的状态变量，即 $X = [z_s \quad \phi \quad \theta \quad z_{qwf1} \quad z_{qwf2} \quad z_{qwr1} \quad z_{qwr2} \quad \dot{z}_s \quad \dot{\phi} \quad \dot{\theta} \quad \dot{z}_{wf1} \quad \dot{z}_{wf2} \quad \dot{z}_{wr1} \quad \dot{z}_{wr2}]^T$。

选择车身垂直加速度、车身俯仰角加速度、车身侧倾角加速度、4个悬架动挠度、4个轮胎动载荷为系统输出变量，即 $Y = [\ddot{z}_s \quad \ddot{\phi} \quad \ddot{\theta} \quad z_{swf1} \quad z_{swf2} \quad z_{swr1} \quad z_{swr2} \quad K_{wf1}z_{qwf1} \quad K_{wf2}z_{qwf2} \quad K_{wr1}z_{qwr1} \quad K_{wr2}z_{qwr2}]^T$。

全主动悬架汽车整车系统状态方程式和输出方程式分别为

$$\begin{aligned} \dot{X} &= AX + BU + EW \\ Y &= CX + DU \end{aligned} \tag{5-46}$$

式中，A 为 14×14 阶系统矩阵；B 为 14×4 阶控制矩阵；E 为 14×4 阶扰动矩阵；C 为 11×14 阶输出矩阵；D 为 14×4 阶传递矩阵；$U = [F_{uf1} \quad F_{uf2} \quad F_{ur1} \quad F_{ur2}]^T$ 为系统控制向量；$W = [\dot{q}_{f1} \quad \dot{q}_{f2} \quad \dot{q}_{r1} \quad \dot{q}_{r2}]^T$ 为系统扰动向量。

系统矩阵 A 中不为零的表达式为 $a_{18}=1$；$a_{29}=1$；$a_{310}=1$；$a_{411}=-1$；$a_{512}=-1$；$a_{613}=-1$；$a_{714}=-1$；$a_{114}=K_{wf1}/m_{wf1}$；$a_{125}=K_{wf2}/m_{wf2}$；$a_{136}=K_{wr1}/m_{wr1}$；$a_{147}=K_{wr2}/m_{wr2}$。

控制矩阵 B 中不为零的表达式为 $b_{81}=1/m_s$；$b_{82}=1/m_s$；$b_{83}=1/m_s$；$b_{84}=1/m_s$；$b_{91}=-a/I_{sy}$；$b_{92}=-a/I_{sy}$；$b_{93}=b/I_{sy}$；$b_{94}=b/I_{sy}$；$b_{101}=-l_r/I_{sx}$；$b_{102}=l_1/I_{sx}$；$b_{103}=-l_r/I_{sx}$；$b_{104}=l_1/I_{sx}$；$b_{111}=-1/m_{wf1}$；$b_{122}=-1/m_{wf2}$；$b_{133}=-1/m_{wr1}$；$b_{144}=-1/m_{wr2}$。

扰动矩阵 E 中不为零的表达式为 $e_{41}=1$；$e_{52}=1$；$e_{63}=1$；$e_{74}=1$。

输出矩阵 C 中不为零的表达式为 $c_{41}=1$；$c_{42}=-a$；$c_{43}=-l_r$；$c_{44}=-1$；$c_{51}=1$；$c_{52}=-a$；$c_{53}=l_1$；$c_{54}=-1$；$c_{61}=1$；$c_{62}=b$；$c_{63}=-l_r$；$c_{64}=-1$；$c_{71}=1$；$c_{72}=b$；$c_{73}=l_1$；$c_{74}=-1$；$c_{84}=K_{wf1}$；$c_{95}=K_{wf2}$；

$c_{106}=K_{wr1}$；$c_{117}=K_{wr2}$。

传递矩阵 D 中不为零的表达式为 $d_{11}=1/m_s$；$d_{12}=1/m_s$；$d_{13}=1/m_s$；$d_{14}=1/m_s$；$d_{21}=-a/I_{sy}$；$d_{22}=-a/I_{sy}$；$d_{23}=b/I_{sy}$；$d_{24}=b/I_{sy}$；$d_{31}=-l_r/I_{sx}$；$d_{32}=l_1/I_{sx}$；$d_{33}=-l_r/I_{sx}$；$d_{34}=l_1/I_{sx}$。

3. 半主动悬架汽车整车行驶动力学模型

半主动悬架汽车整车行驶动力学模型如图 5-14 所示。图 5-14 中 C_{sf1}、C_{sf2}、C_{sr1}、C_{sr2} 分别为 4 个半主动悬架不变阻尼系数；F_{cuf1}、F_{cuf2}、F_{cur1}、F_{cur2} 分别为 4 个半主动悬架的阻尼调节力，其余符号与图 5-12 中符号意义相同。

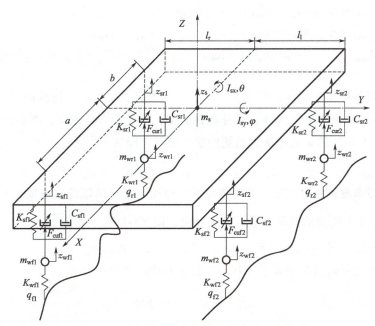

图 5-14　半主动悬架汽车整车行驶动力学模型

车身重心处的垂直运动方程式为

$$m_s\ddot{z}_s = K_{sf1}(z_{wf1}-z_{sf1})+C_{sf1}(\dot{z}_{wf1}-\dot{z}_{sf1})+K_{sf2}(z_{wf2}-z_{sf2})+ \\ C_{sf2}(\dot{z}_{wf2}-\dot{z}_{sf2})+K_{sr1}(z_{wr1}-z_{sr1})+C_{sr1}(\dot{z}_{wr1}-\dot{z}_{sr1})+ \\ K_{sr2}(z_{wr2}-z_{sr2})+C_{sr2}(\dot{z}_{wr2}-\dot{z}_{sr2})+F_{cuf1}+F_{cuf2}+ \\ F_{cur1}+F_{cur2} \tag{5-47}$$

车身俯仰运动方程式为

$$I_{sy}\ddot{\phi} = b[K_{sr1}(z_{wr1}-z_{sr1})+C_{sr1}(\dot{z}_{wr1}-\dot{z}_{sr1})+K_{sr2}(z_{wr2}-z_{sr2})+ \\ C_{sr2}(\dot{z}_{wr2}-\dot{z}_{sr2})+F_{cur1}+F_{cur2}]-a[K_{sf1}(z_{wf1}-z_{sf1})+$$

$$C_{sf1}(\dot{z}_{wf1}-\dot{z}_{sf1})+K_{sf2}(z_{wf2}-z_{sf2})+C_{sf2}(\dot{z}_{wf2}-\dot{z}_{sf2})+$$
$$F_{cuf1}+F_{cuf2}] \tag{5-48}$$

车身侧倾运动方程式为

$$I_{sx}\ddot{\theta}=l_1[K_{sf2}(z_{wf2}-z_{sf2})+C_{sf2}(\dot{z}_{wf2}-\dot{z}_{sf2})+K_{sr2}(z_{wr2}-z_{sr2})+$$
$$C_{sr2}(\dot{z}_{wr2}-\dot{z}_{sr2})+F_{cuf2}+F_{cur2}]-l_r[K_{sf1}(z_{wf1}-z_{sf1})+$$
$$C_{sf1}(\dot{z}_{wf1}-\dot{z}_{sf1})+K_{sr1}(z_{wr1}-z_{sr1})+C_{sr1}(\dot{z}_{wr1}-\dot{z}_{sr1})+$$
$$F_{cur1}+F_{cur2}] \tag{5-49}$$

4 个非悬挂质量的垂直运动方程式分别为

$$m_{wf1}\ddot{z}_{wf1}=K_{wf1}(q_{f1}-z_{wf1})-K_{sf1}(z_{wf1}-z_{sf1})-C_{sf1}(\dot{z}_{wf1}-\dot{z}_{sf1})-F_{ucf1}$$
$$m_{wf2}\ddot{z}_{wf2}=K_{wf2}(q_{f2}-z_{wf2})-K_{sf2}(z_{wf2}-z_{sf2})-C_{sf2}(\dot{z}_{wf2}-\dot{z}_{sf2})-F_{ucf2}$$
$$m_{wr1}\ddot{z}_{wr1}=K_{wr1}(q_{r1}-z_{wr1})-K_{sr1}(z_{wr1}-z_{sr1})-C_{sr1}(\dot{z}_{wr1}-\dot{z}_{sr1})-F_{ucr1}$$
$$m_{wr2}\ddot{z}_{wr2}=K_{wr2}(q_{r2}-z_{wr2})-K_{sr2}(z_{wr2}-z_{sr2})-C_{sr2}(\dot{z}_{wr2}-\dot{z}_{sr2})-F_{ucr2}$$
$$\tag{5-50}$$

选取车身垂直位移、车身俯仰角、车身侧倾角、4 个车轮轴的垂直位移、4 个车轮的地面不平度位移、车身垂直速度、车身俯仰角速度、车身侧倾角速度、4 个车轮轴的垂直速度为系统的状态变量，即 $X=[z_s \quad \phi \quad \theta \quad z_{wf1} \quad z_{wf2} \quad z_{wr1} \quad z_{wr2} \quad q_{f1} \quad q_{f2} \quad q_{z1} \quad q_{z2} \quad \dot{z}_s \quad \dot{\phi} \quad \dot{\theta} \quad \dot{z}_{wf1} \quad \dot{z}_{wf2} \quad \dot{z}_{wr1} \quad \dot{z}_{wr2}]^T$。

选择车身垂直加速度、车身俯仰角加速度、车身侧倾角加速度、4 个悬架动挠度、4 个轮胎动载荷为系统输出变量，即 $Y=[\ddot{z}_s \quad \ddot{\phi} \quad \ddot{\theta} \quad z_{swf1} \quad z_{swf2} \quad z_{swr1} \quad z_{swr2} \quad K_{wf1}z_{qwf1} \quad K_{wf2}z_{qwf2} \quad K_{wr1}z_{qwr1} \quad K_{wr2}z_{qwr2}]^T$。

半主动悬架汽车整车系统状态方程式和输出方程式分别为

$$\dot{X}=AX+BU+EW$$
$$Y=CX+DU \tag{5-51}$$

式中，A 为 18×18 阶系统矩阵；B 为 18×4 阶控制矩阵；E 为 18×4 阶扰动矩阵；C 为 11×18 阶输出矩阵；D 为 18×4 阶传递矩阵；$U=[F_{ucf1} \quad F_{ucf2} \quad F_{ucr1} \quad F_{ucr2}]^T$ 为系统控制向量；$W=[\dot{q}_{f1} \quad \dot{q}_{f2} \quad \dot{q}_{r1} \quad \dot{q}_{r2}]^T$ 为系统扰动向量。

系统矩阵 A 中不为零的表达式为 $a_{112}=1$；$a_{213}=1$；$a_{314}=1$；$a_{415}=1$；$a_{516}=1$；$a_{617}=1$；$a_{718}=1$；$a_{121}=-(K_{sf1}+K_{sf2}+K_{sr1}+K_{sr2})/m_s$；$a_{122}=a(K_{sf1}+K_{sf2})/m_s-b(K_{sr1}+K_{sr2})/m_s$；$a_{123}=l_r(K_{sf1}+K_{sr1})/m_s-l_1(K_{sf2}+K_{sr2})/m_s$；$a_{124}=K_{sf1}/m_s$；$a_{125}=K_{sf2}/m_s$；$a_{126}=K_{sr1}/m_s$；$a_{127}=K_{sr2}/m_s$；$a_{1212}=-(C_{sf1}+C_{sf2}+C_{sr1}+C_{sr2})/m_s$；$a_{1213}=a(C_{sf1}+C_{sf2})/$

$m_s - b(C_{sr1} + C_{sr2})/m_s$; $a_{1214} = l_r(C_{sf1} + C_{sr1})/m_s - l_1(C_{sf2} + C_{sr2})/m_s$; $a_{1215} = C_{sf1}/m_s$; $a_{1216} = C_{sf2}/m_s$; $a_{1217} = C_{sr1}/m_s$; $a_{1218} = C_{sr2}/m_s$; $a_{131} = (aK_{sf1} + aK_{sf2} - bK_{sr1} - bK_{sr2})/I_{sy}$; $a_{132} = -a^2(K_{sf1} + K_{sf2})/I_{sy} - b^2(K_{sr1} + K_{sr2})/I_{sy}$; $a_{133} = (al_1 K_{sf2} - al_r K_{sf1} + bl_r K_{sr1} - bl_1 K_{sr2})/I_{sy}$; $a_{134} = -aK_{sf1}/I_{sy}$; $a_{135} = -aK_{sf2}/I_{sy}$; $a_{136} = bK_{sr1}/I_{sy}$; $a_{137} = bK_{sr2}/I_{sy}$; $a_{1312} = (aC_{sf1} + aC_{sf2} - bC_{sr1} - bC_{sr2})/I_{sy}$; $a_{1313} = -a^2(C_{sf1} + C_{sf2})/I_{sy} - b^2(C_{sr1} + C_{sr2})/I_{sy}$; $a_{1314} = (al_1 C_{sf2} - al_r C_{sf1} + bl_r C_{sr1} - bl_1 C_{sr2})/I_{sy}$; $a_{1315} = -aC_{sf1}/I_{sy}$; $a_{1316} = -aC_{sf2}/I_{sy}$; $a_{1317} = bC_{sr1}/I_{sy}$; $a_{1318} = bC_{sr2}/I_{sy}$; $a_{141} = (l_r K_{sf1} + l_r K_{sr1} - l_1 K_{sf2} - l_1 K_{sr2})/I_{sx}$; $a_{142} = (al_1 K_{sf2} - al_r K_{sf1} + bl_r K_{sr1} - bl_1 K_{sr2})/I_{sx}$; $a_{143} = -(l_r^2 K_{sf1} + l_r^2 K_{sr1} + l_1^2 K_{sf2} + l_1^2 K_{sr2})/I_{sx}$; $a_{144} = -l_r K_{sf1}/I_{sx}$; $a_{145} = l_1 K_{sf2}/I_{sx}$; $a_{146} = -l_r K_{sr1}/I_{sx}$; $a_{147} = l_1 K_{sr2}/I_{sx}$; $a_{1412} = (l_r C_{sf1} + l_r C_{sr1} - l_1 C_{sf2} - l_1 C_{sr2})/I_{sx}$; $a_{1413} = (al_1 C_{sf2} - bl_1 C_{sr2} - al_r C_{sf1} + bl_r C_{sr1})/I_{sx}$; $a_{1414} = -(l_r^2 C_{sf1} + l_r^2 C_{sr1} + l_1^2 C_{sf2} + l_1^2 C_{sr2})/I_{sx}$; $a_{1415} = -l_r C_{sf1}/I_{sx}$; $a_{1416} = l_1 C_{sf2}/I_{sx}$; $a_{1417} = -l_r C_{sr1}/I_{sx}$; $a_{1418} = l_1 C_{sr2}/I_{sx}$; $a_{151} = K_{sf1}/m_{wf1}$; $a_{152} = -aK_{sf1}/m_{wf1}$; $a_{153} = -l_r K_{sf1}/m_{wf1}$; $a_{154} = -(K_{sf1} + K_{wf1})/m_{wf1}$; $a_{158} = K_{wf1}/m_{wf1}$; $a_{1512} = C_{sf1}/m_{wf1}$; $a_{1513} = -aC_{sf1}/m_{wf1}$; $a_{1514} = -l_r C_{sf1}/m_{wf1}$; $a_{1515} = -C_{sf1}/m_{wf1}$; $a_{161} = K_{sf2}/m_{wf2}$; $a_{162} = -aK_{sf2}/m_{wf2}$; $a_{163} = l_1 K_{sf2}/m_{wf2}$; $a_{165} = -(K_{sf2} + K_{wf2})/m_{wf2}$; $a_{169} = K_{wf2}/m_{wf1}$; $a_{1612} = C_{sf2}/m_{wf2}$; $a_{1613} = -aC_{sf2}/m_{wf2}$; $a_{1614} = l_1 C_{sf2}/m_{wf2}$; $a_{1616} = -C_{sf2}/m_{wf2}$; $a_{171} = K_{sr1}/m_{wr1}$; $a_{172} = bK_{sr1}/m_{wr1}$; $a_{173} = -l_r K_{sr1}/m_{wr1}$; $a_{176} = -(K_{sr1} + K_{wr1})/m_{wr1}$; $a_{1710} = K_{wr1}/m_{wr1}$; $a_{1712} = C_{sr1}/m_{wr1}$; $a_{1713} = bC_{sr1}/m_{wr1}$; $a_{1714} = -l_r C_{sr1}/m_{wr1}$; $a_{1717} = -C_{sr1}/m_{wr1}$; $a_{181} = K_{sr2}/m_{wr2}$; $a_{182} = bK_{sr2}/m_{wr2}$; $a_{183} = l_1 K_{sr2}/m_{wr2}$; $a_{187} = -(K_{sr2} + K_{wr2})/m_{wr2}$; $a_{1811} = K_{wr2}/m_{wr2}$; $a_{1812} = C_{sr2}/m_{wr2}$; $a_{1813} = bC_{sr2}/m_{wr2}$; $a_{1814} = l_1 C_{sr2}/m_{wr2}$; $a_{1818} = -C_{sr2}/m_{wr2}$。

控制矩阵 B 中不为零的表达式为 $b_{81} = 1/m_s$; $b_{82} = 1/m_s$; $b_{83} = 1/m_s$; $b_{84} = 1/m_s$; $b_{91} = -a/I_{sy}$; $b_{92} = -a/I_{sy}$; $b_{93} = b/I_{sy}$; $b_{94} = b/I_{sy}$; $b_{101} = -l_r/I_{sx}$; $b_{102} = l_1/I_{sx}$; $b_{103} = -l_r/I_{sx}$; $b_{104} = l_1/I_{sx}$; $b_{111} = -1/m_{wf1}$; $b_{122} = -1/m_{wf2}$; $b_{133} = -1/m_{wr1}$; $b_{144} = -1/m_{wr2}$。

扰动矩阵 E 中不为零的表达式为 $e_{81} = 1$; $e_{92} = 1$; $e_{103} = 1$; $e_{114} = 1$。

输出矩阵 C 中不为零的表达式为 $c_{1j} = a_{12j}$, $c_{2j} = a_{13j}$, $c_{3j} = a_{14j}$, $j = 1 \sim 18$; $c_{41} = 1$; $c_{42} = -a$; $c_{43} = -l_r$; $c_{44} = -1$; $c_{51} = 1$; $c_{52} = -a$; $c_{53} = l_1$; $c_{55} = -1$; $c_{61} = 1$; $c_{62} = b$; $c_{63} = -l_r$; $c_{66} = -1$; $c_{71} = 1$; $c_{72} = b$; $c_{73} = l_1$; $c_{77} = -1$; $c_{84} = -K_{wf1}$; $c_{88} = K_{wf1}$; $c_{95} = -K_{wf2}$; $c_{99} = K_{wf2}$; $c_{106} =$

$-K_{wr1}$；$c_{1010}=K_{wr1}$；$c_{117}=-K_{wr2}$；$c_{1111}=K_{wr2}$。

传递矩阵 D 中不为零的表达式为 $d_{11}=1/m_s$；$d_{12}=1/m_s$；$d_{13}=1/m_s$；$d_{14}=1/m_s$；$d_{21}=-a/I_{sy}$；$d_{22}=-a/I_{sy}$；$d_{23}=b/I_{sy}$；$d_{24}=b/I_{sy}$；$d_{31}=-l_r/I_{sx}$；$d_{32}=l_1/I_{sx}$；$d_{33}=-l_r/I_{sx}$；$d_{34}=l_1/I_{sx}$。

四、悬架评价指标的传递函数

对 1/4 汽车平顺性的矩阵方程取拉普拉斯变换得

$$\begin{bmatrix} m_w s^2 + C_s s + K_w + K_s & -C_s s - K_s \\ -C_s s - K_s & m_s s^2 + C_s s + K_s \end{bmatrix} \begin{bmatrix} z_w(s) \\ z_s(s) \end{bmatrix} = \begin{bmatrix} K_w \\ 0 \end{bmatrix} q(s) \tag{5-52}$$

车身位移对路面位移的传递函数为

$$G_{sq}(s) = \frac{z_s(s)}{q(s)} = \frac{K_w(C_s s + K_s)}{\Delta(s)} \tag{5-53}$$

式中，$\Delta(s) = m_s m_w s^4 + (m_s + m_w) C_s s^3 + (m_s K_s + m_s K_w + m_w K_s) s^2 + C_s K_w s + K_w K_s$。

车轮轴位移对路面位移的传递函数为

$$G_{wq}(s) = \frac{z_w(s)}{q(s)} = \frac{K_w(m_s s^2 + C_s s + K_s)}{\Delta(s)} \tag{5-54}$$

车身垂直加速度对路面位移的传递函数为

$$G_1(s) = \frac{\ddot{z}_s(s)}{q(s)} = \frac{s^2 z_s(s)}{q(s)} = \frac{K_w(C_s s + K_s) s^2}{\Delta(s)} \tag{5-55}$$

悬架动挠度对路面位移的传递函数为

$$G_2(s) = \frac{z_s(s) - z_w(s)}{q(s)} = \frac{-m_w K_w s^2}{\Delta(s)} \tag{5-56}$$

轮胎相对动载荷对路面位移的传递函数为

$$G_3(s) = \frac{K_w[q(s) - z_w(s)]}{(m_s + m_w) g q(s)} = \frac{[m_s m_w s^2 + (m_s + m_w) C_s s + (m_s + m_w) K_s] K_w s^2}{(m_s + m_w) g \Delta(s)} \tag{5-57}$$

五、悬架评价指标的频率响应函数

令 $s = \omega j$，可得车身垂直加速度对路面位移的频率响应函数为

$$H_1(\omega) = \frac{\ddot{z}_s(\omega)}{q(\omega)} = -\frac{K_w(K_s + C_s \omega j) \omega^2}{\Delta_1(\omega)} \tag{5-58}$$

式中，$\Delta_1(\omega) = m_s m_w \omega^4 - (m_s K_s + m_s K_t + m_w K_s) \omega^2 + K_w K_s +$

$$[K_w-(m_s+m_w)\omega^2]C_s\omega j$$

悬架动挠度对路面位移的频率响应函数为

$$H_2(\omega)=\frac{z_s(\omega)-z_w(\omega)}{q(\omega)}=\frac{m_s K_w \omega^2}{\Delta_1(\omega)} \tag{5-59}$$

轮胎相对动载荷对路面位移的频率响应函数为

$$H_3(\omega)=\frac{K_w[q(\omega)-z_w(\omega)]}{(m_s+m_w)gq(\omega)}=\frac{[m_s m_w \omega^2-(m_s+m_w)K_s-(m_s+m_w)C_s\omega j]K_w\omega^2}{(m_s+m_w)g\Delta_1(\omega)} \tag{5-60}$$

六、随机路面下的汽车平顺性时域特性

在随机路面下，路面不平度的功率谱密度函数为

$$S_q(\omega)=2\pi S_q(n_0)n_0^2\frac{u}{\omega^2} \tag{5-61}$$

（1）车身垂直加速度均方根值　车身垂直加速度对路面位移的频率响应函数可整理成标准形式为

$$H_1(\omega)=\frac{-\omega_w^2(\omega_s^2+2\varepsilon_s\omega j)\omega^2}{\Delta_2(\omega)} \tag{5-62}$$

式中，$\Delta_2(\omega)=\omega^4-2\varepsilon_s(1+\lambda)j\omega^3-(\omega_s^2+\lambda\omega_s^2+\omega_w^2)\omega^2+2\varepsilon_s\omega_w^2 j\omega+\omega_s^2\omega_w^2$；$\omega_s=\sqrt{K_s/m_s}$ 为车身固有频率；$\varepsilon_s=C_s/2m_s$ 为车身阻尼系数；$\omega_w=\sqrt{K_w/m_w}$ 为轮胎固有频率；$\lambda=m_s/m_w$ 为质量比。

车身垂直加速度的功率谱密度为

$$S_1(\omega)=|H_1(\omega)|^2 S_q(\omega) \tag{5-63}$$

车身垂直加速度均方根值为

$$\sigma_1^2=\frac{1}{2\pi}\int_{-\infty}^{+\infty}S_1(\omega)d\omega=2\pi S_q(n_0)n_0^2 u\omega_s^3\left(\frac{K_w}{K_s}\psi+\frac{1+\lambda}{4\lambda\psi}\right) \tag{5-64}$$

式中，$\psi=\varepsilon_s/\omega_s$ 为相对阻尼系数。

可以得出以下结论。

① 当悬挂质量 m_s 和非悬挂质量 m_w 不变，即质量比 λ 不变时，降低悬架刚度 K_s 和轮胎刚度 K_w，可以使车身垂直加速度均方根值减小。

② 增大质量比 λ，即增大悬挂质量 m_s 或减小非悬挂质量 m_w，也可以使车身垂直加速度均方根值减小。

③ 使车身垂直加速度均方根值最小的相对阻尼系数为

$$\psi_{\min}=\frac{1}{2}\sqrt{\frac{1+\lambda}{\lambda}\times\frac{K_s}{K_w}}=\frac{1}{2}\sqrt{\frac{f_w}{f_s}} \tag{5-65}$$

式中，$f_w = \dfrac{m_s + m_w}{K_w}g$，为轮胎静挠度；$f_s = \dfrac{m_s g}{K_s}$ 为悬架静挠度。

车身垂直加速度均方根值最小值为

$$\sigma_{1\min}^2 = 2\pi S_q(n_0) n_0^2 u \omega_s^3 \sqrt{\dfrac{K_w}{K_s} \times \dfrac{1+\lambda}{\lambda}} \tag{5-66}$$

④ 当悬挂质量 m_s 和非悬挂质量 m_w 不变时，为使车身垂直加速度均方根值减小，降低弹簧刚度比降低轮胎刚度更有效。

(2) 悬架动挠度均方根值　悬架动挠度对路面位移的频率响应函数改写成标准形式为

$$H_2(\omega) = \dfrac{-\omega_w^2 \omega^2}{\Delta_2(\omega)} \tag{5-67}$$

悬架动挠度的功率谱密度为

$$S_2(\omega) = |H_2(\omega)|^2 S_q(\omega) \tag{5-68}$$

悬架动挠度的均方根值为

$$\sigma_2^2 = \dfrac{1}{2\pi}\int_{-\infty}^{+\infty} S_2(\omega)\,d\omega = \pi S_q(n_0) n_0^2 u \dfrac{1+\lambda}{2\varepsilon_s \lambda} \tag{5-69}$$

在使用条件一定时，被动悬架动挠度随阻尼增大而单调减少。

(3) 轮胎相对动载荷均方根值　轮胎相对动载荷对路面位移的频率响应函数改写成标准形式为

$$H_3(\omega) = \dfrac{\dfrac{\omega_w^2}{g}\left(\dfrac{\omega^2}{1+\lambda} - \omega_s^2 - 2\varepsilon_s \omega j\right)\omega^2}{\Delta_2(\omega)} \tag{5-70}$$

轮胎相对动载荷的功率谱密度为

$$S_3(\omega) = |H_3(\omega)|^2 S_q(\omega) \tag{5-71}$$

轮胎相对动载荷的均方根值为

$$\sigma_3^2 = \dfrac{1}{2\pi}\int_{-\infty}^{+\infty} S_3(\omega)\,d\omega = \dfrac{\pi S_q(n_0) n_0^2 u}{2 f_s^2 \lambda \psi}\left[\left(\dfrac{f_s}{f_w} - 1\right)^2 + \lambda + 4\psi^2(1+\lambda)\dfrac{f_s}{f_w}\right] \tag{5-72}$$

在使用条件一定时，使车轮动载最小有一最佳阻尼值

$$\psi_{\min} = \dfrac{1}{2}\sqrt{\dfrac{(\theta_f - 1)^2 + \lambda}{(1+\lambda)\theta_f}} \tag{5-73}$$

式中，$\theta_f = f_s/f_w$。

七、随机路面下的汽车平顺性频域特性

频域特性包括幅频特性和相频特性，对于汽车平顺性，关心的是幅频特

性。车身垂直加速度、悬架动挠度和轮胎相对动载荷的频域特性可以根据其频率响应函数求出。

车身垂直加速度对路面输入速度的幅频特性为

$$A_1(\omega) = \left| \frac{\ddot{z}_s(\omega)}{\dot{q}(\omega)} \right| = \frac{1}{\omega} \left| \frac{\ddot{z}_s(\omega)}{q(\omega)} \right| = \omega_w^2 \omega \left[\frac{\omega_s^4 + 4\varepsilon_s^2 \omega^2}{\Delta_3(\omega)} \right]^{\frac{1}{2}} \quad (5\text{-}74)$$

式中，$\Delta_3(\omega) = [\omega^4 - (\omega_s^2 + \lambda\omega_s^2 + \omega_w^2)\omega^2 + \omega_s^2\omega_w^2]^2 + 4[\omega_w^2 - (1+\lambda)\omega^2]^2 \varepsilon_s^2 \omega^2$。

悬架动挠度对路面输入速度的幅频特性为

$$A_2(\omega) = \left| \frac{z_s(\omega) - z_w(\omega)}{\dot{q}(\omega)} \right| = \frac{1}{\omega} |H_2(\omega)| \\ = \omega_w^2 \omega \left[\frac{1}{\Delta_3(\omega)} \right]^{\frac{1}{2}} \quad (5\text{-}75)$$

轮胎相对动载荷对路面输入速度的幅频特性为

$$A_3(\omega) = \frac{K_w[q(\omega) - z_w(\omega)]}{(m_s + m_w)g\dot{q}(\omega)} = \frac{1}{\omega} |H_3(\omega)| \\ = \frac{\omega_w^2 \omega}{g(1+\lambda)} \left\{ \frac{[\omega^2 - (1+\lambda)^2 \omega_s^2]^2 + 4\varepsilon_s^2(1+\lambda)^2 \omega^2}{\Delta_3(\omega)} \right\}^{\frac{1}{2}} \quad (5\text{-}76)$$

第五节　汽车平顺性仿真

一、1/4 被动悬架汽车平顺性仿真

1/4 被动悬架汽车平顺性仿真所需参数见表 5-6。

表 5-6　1/4 被动悬架汽车平顺性仿真所需参数

悬挂质量/kg	非悬挂质量/kg	悬架弹簧刚度/(N/m)	悬架阻尼系数/(N·s/m)
320	50	22000	1500
轮胎刚度/(N/m)	下截止频率/Hz	路面不平度系数	仿真时间/s
195000	0.07	5×10^{-6}	10

1. 汽车平顺性时域特性仿真

1/4 被动悬架汽车平顺性仿真模型如图 5-15 所示。

在 MATLAB 命令行窗口输入以下程序，把汽车悬架参数导入到工作区。

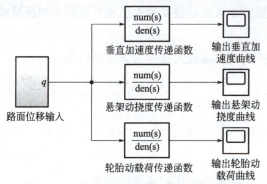

图 5-15 1/4 被动悬架汽车平顺性仿真模型

```
ms= 320;
mw= 50;
ks= 22000;
kw= 195000;
cs= 1500;
```

运行 1/4 被动悬架汽车平顺性仿真模型，在 MATLAB 命令行窗口输入以下程序，可以得到车身垂直加速度时域特性曲线，如图 5-16 所示。

```
plot(out.a.time,out.a.signals.values)
xlabel('时间/s')
ylabel('车身垂直加速/(m/s^2)')
```

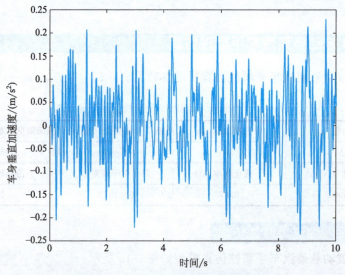

图 5-16 车身垂直加速度时域特性曲线

在 MATLAB 命令行窗口输入以下程序，可以得到悬架动挠度位移时域特性曲线，如图 5-17 所示。

```
plot(out.y.time,out.y.signals.values)
xlabel('时间/s')
ylabel('悬架动挠度/m')
```

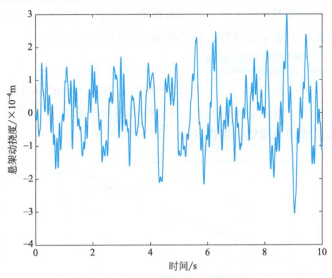

图 5-17　悬架动挠度时域特性曲线

在 MATLAB 命令行窗口输入以下程序，可以得到轮胎动载荷时域特性曲线，如图 5-18 所示。

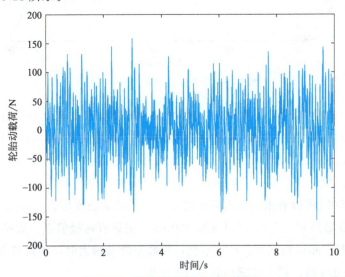

图 5-18　轮胎动载荷时域特性曲线

```
plot(out.Fz.time,out.Fz.signals.values)
xlabel('时间/s')
ylabel('轮胎动载荷/N')
```

从图 5-15～图 5-18 可以看出，路面输入为随机信号时，被动悬架的车身垂直加速度、悬架动挠度、轮胎动载荷均为随机信号，而且均值接近为 0。通过改变速度和路面不平度系数，可以求得不同速度、不同路面下的被动悬架的车身垂直加速度、悬架动挠度、轮胎动载荷随时间的变化曲线。

2. 汽车平顺性频域特性仿真

根据 1/4 被动悬架汽车平顺性仿真模型，利用 Simulink Linear Analysis 中的 Linearize Block 绘制 Bode 图，可以得到车身垂直加速、悬架动挠度和轮胎动载荷的频域特性曲线，如图 5-19～图 5-21 所示。

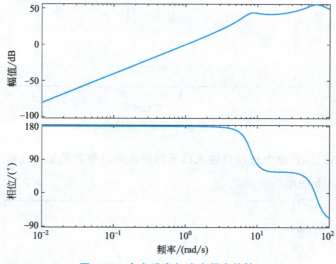

图 5-19 车身垂直加速度频率特性

从图 5-19 可以看出，随着频率的增大，车身垂直加速度幅值总体呈上升趋势，在 10rad/s 和 100rad/s 附近有两极值点；再增加频率，车身垂直加速度幅值下降。频率在 0.01～1rad/s 内时，相位角基本保持 180°不变；当频率继续增大时，相位角减小；当频率达到 100rad/s 时，相位角减小到 -90°附近。

从图 5-20 可以看出，随着频率的增大，悬架动挠度增益总体呈上升趋势，由 -120dB 增加到 0dB，10rad/s 和 100rad/s 附近有两极值点。频率在 0.01～1rad/s 内时，相位角基本保持 0 不变；当频率继续增大时，相角减小；当频率达到 100rad/s 时，相位角减小到 -360°附近。

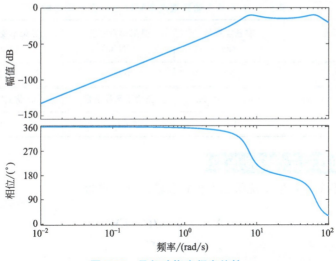

图 5-20 悬架动挠度频率特性

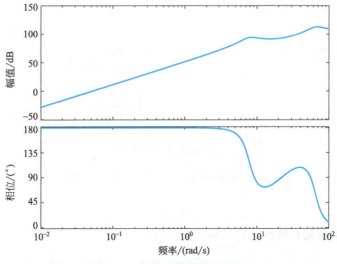

图 5-21 轮胎动载荷频率特性

从图 5-21 可以看出，随着频率的增大，轮胎相对动载荷增益总体呈上升趋势，由 -100dB 增加到 50dB，在 10rad/s 和 100rad/s 附近有两极值点。频率在 0.01~1rad/s 内时，相位角基本保持 180°不变；当频率继续增大时，相位角减小；当频率达到 10rad/s 时，减小到极小值点，此时相位角为 90°；频率在 10~100rad/s 内，相位角先增大后减小，最后减小为 0。

二、1/4 半主动悬架汽车平顺性仿真

1/4 半主动悬架汽车平顺性仿真所需参数见表 5-7。

表 5-7　1/4 半主动悬架汽车平顺性仿真所需参数

悬挂质量/kg	非悬挂质量/kg	悬架弹簧刚度/(N/m)	悬架不变阻尼系数/(N·s/m)
280	50	19000	1400
轮胎刚度/(N/m)	下截止频率/Hz	路面不平度系数	仿真时间/s
180000	0.07	5×10^{-6}	10

1. 半主动悬架最优控制模型

汽车半主动悬架系统状态方程式和输出方程式为

$$\dot{X}=AX+BU+EW$$
$$Y=CX+DU \quad (5\text{-}77)$$

式中，$X=\begin{bmatrix} z_{sw} & \dot{z}_s & z_{qw} & \dot{z}_w \end{bmatrix}^T$；$Y=\begin{bmatrix} \ddot{z}_s & z_{sw} & K_w z_{qw} \end{bmatrix}^T$；

$A=\begin{bmatrix} 0 & 1 & 0 & -1 \\ -\dfrac{K_s}{m_s} & -\dfrac{C_s}{m_s} & 0 & \dfrac{C_s}{m_s} \\ 0 & 0 & 0 & -1 \\ \dfrac{K_s}{m_w} & \dfrac{C_s}{m_w} & \dfrac{K_w}{m_w} & -\dfrac{C_s}{m_w} \end{bmatrix}$；$B=\begin{bmatrix} 0 \\ \dfrac{1}{m_s} \\ 0 \\ -\dfrac{1}{m_w} \end{bmatrix}$；$E=\begin{bmatrix} 0 \\ 0 \\ 1 \\ 0 \end{bmatrix}$；$C=$

$\begin{bmatrix} -\dfrac{K_s}{m_s} & -\dfrac{C_s}{m_s} & 0 & \dfrac{C_s}{m_s} \\ 1 & 0 & 0 & 0 \\ 0 & 0 & K_w & 0 \end{bmatrix}$；$D=\begin{bmatrix} \dfrac{1}{m_s} \\ 0 \\ 0 \end{bmatrix}$；$U=[F_{uc}]$；$W=[\dot{q}]$。

半主动悬架系统性能的目标函数取为

$$J=\int_0^\infty \left[q_1\ddot{z}_s^2 + q_2 z_{sw}^2 + q_3(K_w z_{qw})^2 + q_4 F_{uc}^2 \right] dt \quad (5\text{-}78)$$

式中，q_1、q_2、q_3、q_4 为权重系数。

还可表示为二次型目标函数

$$J=\int_0^\infty (Y^T QY + U^T RU) dt \quad (5\text{-}79)$$

式中，$Q=\mathrm{diag}(q_1 \ q_2 \ q_3)$，为状态变量的加权矩阵；$R=(q_4)$ 为控制变量的加权矩阵。

将 Y 表达式代入式(5-79) 得

$$J=\int_0^\infty (X^T Q_d X + 2X^T N_d U + U^T R_d U) dt \quad (5\text{-}80)$$

式中，$Q_d = C^T Q C = \begin{bmatrix} \dfrac{q_1 K_s^2}{m_s^2} + q_2 & \dfrac{q_1 K_s C_s}{m_s^2} & 0 & -\dfrac{q_1 K_s C_s}{m_s^2} \\ \dfrac{q_1 K_s C_s}{m_s^2} & \dfrac{q_1 C_s^2}{m_s^2} & 0 & -\dfrac{q_1 C_s^2}{m_s^2} \\ 0 & 0 & q_3 K_s^2 & 0 \\ -\dfrac{q_1 K_s C_s}{m_s^2} & -\dfrac{q_1 C_s^2}{m_s^2} & 0 & \dfrac{q_1 C_s^2}{m_s^2} \end{bmatrix}$；$N_d =$

$C^T Q D = \begin{bmatrix} -\dfrac{q_1 K_s}{m_s^2} & -\dfrac{q_1 C_s}{m_s^2} & 0 & \dfrac{q_1 C_s}{m_s^2} \end{bmatrix}^T$；$R_d = R + D^T Q D = q_4 + q_1 / m_s^2$。

取控制律 $U = -KX$ 可满足给定条件下系统性能指标最小，此时 $K = R_d^{-1}(N_d^T + B^T P)$。矩阵 P 由黎卡提方程求得。

$$PA + A^T P - PBR_d^{-1} B^T P + Q_d = 0 \tag{5-81}$$

最优控制规律可由状态变量的线性函数给出

$$F_{uc}(t) = -[k_1 z_{sw}(t) + k_2 \dot{z}_s(t) + k_3 z_{qw}(t) + k_4 \dot{z}_w(t)] \tag{5-82}$$

2. 汽车半主动悬架最优控制仿真模型

汽车半主动悬架最优控制仿真模型如图 5-22 所示。

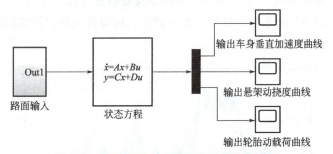

图 5-22　汽车半主动悬架最优控制仿真模型

3. 绘制汽车半主动悬架输出变量的时域特性曲线

根据汽车半主动悬架最优控制数学模型，编写求汽车半主动悬架最优控制参数的 MATLAB 程序如下。

```
ms=280;mw=50;ks=19000;Cs=1400;kw=180000;
q1=30000000;q2=4000000;q3=200;q4=1;
A=[0,1,0,-1;-ks/ms,-Cs/ms,0,Cs/ms;0,0,0,-1;ks/mw,Cs/mw,kw/mw,-Cs/mw];
B=[0,1.0/ms,0,- 1/mw]';
```

```
E=[0,0,1,0]';
Qd=[q1*ks^2/(ms^2)+q2,q1*ks*Cs/(ms^2),0,-q1*ks*Cs/(ms^2);
    q1*ks*Cs/(ms^2),q1*Cs^2/(ms^2),0,-q1*Cs^2/(ms^2);
    0,0,q3*ks^2,0;
    -q1*ks*Cs/(ms^2),-q1*Cs^2/(ms^2),0,q1*Cs^2/ms^2];
Rd=q4+q1/ms^2;
Nd=1/ms^2*[-q1*ks,-q1*Cs,-ks,q1*Cs]';
[K,S,E]=lqr(A,B,Qd,Rd,Nd);
fprintf('K=%6.2f\n\n',K)
```

在 MATLAB 编辑器中输入这些程序，点击运行按钮，就会得到汽车半主动悬架最优控制参数为 $k_1=-18024.61$，$k_2=-675.99$，$k_3=196.44$，$k_4=1160.70$。

由于状态方程中的参数均含有变量，需要在 MATLAB 工作区中调用，因此需要在 MATLAB 命令行窗口进行赋值，或者编写函数运行后赋值，程序如下。

```
ms=280;mw=50;Ks=19000;Cs=1400;Kw=180000;
k1=-18024.61;k2=-675.99;k3=196.44;k4=1160.70;
```

完成变量赋值后，在 Simulink 模型中设置仿真时长并点击运行。

在 MATLAB 命令行窗口输入以下程序，可以得到路面位移随时间变化曲线，如图 5-23 所示。

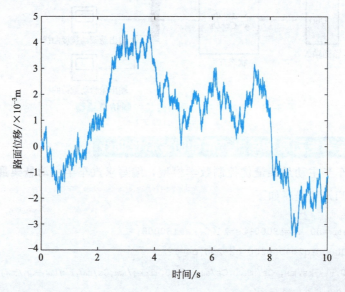

图 5-23　路面位移时域曲线

```
plot(q.time,q.signals.values)
xlabel('时间/s')
ylabel('路面位移/m')
```

在 MATLAB 命令行窗口输入以下程序，可以得到车身垂直加速度随时间变化曲线，如图 5-24 所示。

```
plot(a1.time,a1.signals.values)
xlabel('时间/s')
ylabel('车身垂直加速度/(m/s^2)')
```

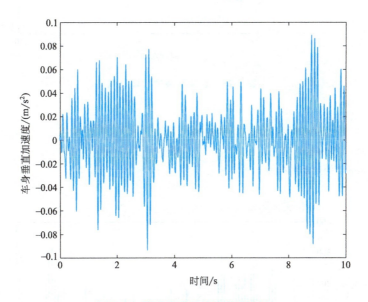

图 5-24　车身垂直加速度时域曲线

在 MATLAB 命令行窗口输入以下程序，可以得到悬架动挠度随时间变化曲线，如图 5-25 所示。

```
plot(a2.time,a2.signals.values)
xlabel('时间/s')
ylabel('悬架动挠度/m')
```

在 MATLAB 命令行窗口输入以下程序，可以得到轮胎动载荷随时间变化曲线，如图 5-26 所示。

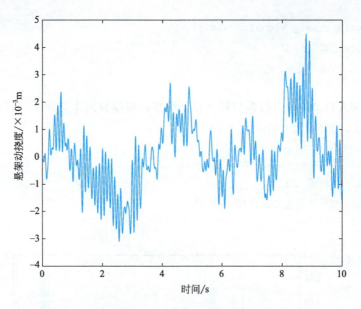

图 5-25 悬架动挠度时域曲线

```
plot(a3.time,a3.signals.values)
xlabel('时间/s')
ylabel('轮胎动载荷/N')
```

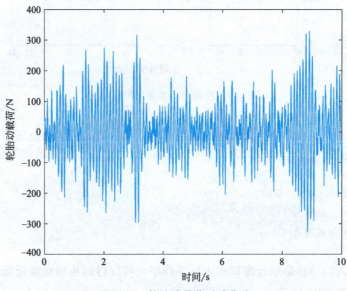

图 5-26 轮胎动载荷时域曲线

三、1/2 被动悬架汽车平顺性仿真

1/2 被动悬架汽车平顺性仿真所需参数见表 5-8。

表 5-8　1/2 被动悬架汽车平顺性仿真所需参数

悬挂质量/kg	转动惯量/(kg·m^2)	前非悬挂质量/kg	后非悬挂质量/kg
690	1222	40.5	45.4
前悬架刚度/(N/m)	后悬架刚度/(N/m)	前悬架阻尼系数/(N·s/m)	后悬架阻尼系数/(N·s/m)
17000	22000	1500	1500
前轮胎刚度/(N/m)	后轮胎刚度/(N/m)	车身质心至前轴距离/m	车身质心至后轴距离/m
192000	192000	1.25	1.51

1/2 被动悬架汽车平顺性仿真模型如图 5-27 所示。

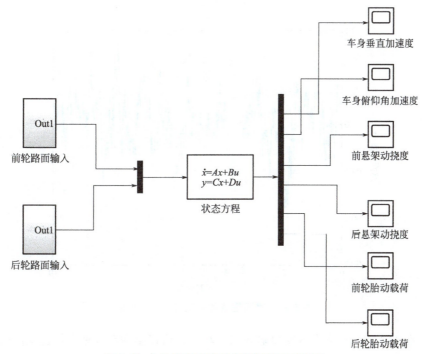

图 5-27　1/2 被动悬架汽车平顺性仿真模型

由于 Simulink 模型中的参数均含有变量，需要在 MATLAB 工作区中调用，因此需要在 MATLAB 命令行窗口进行赋值，或者编写函数运行后赋值，程序如下。

```
ms=690;Isy=1222;mwf=40.5;mwr=45.4;Ksf=17000;Ksr=22000;Csf=1500;
Csr=1500;Kwf=192000;Kwr=192000;a=1.25;b=1.51;L=a+b;
n00=0.011;
u=16.67;
f0=2*pi*n00*u;
Sq=0.000256;
```

完成变量赋值后，在 Simulink 模型中设置仿真时长并点击运行。在 MATLAB 命令行窗口输入以下程序，可以得到前轮路面垂直位移随时间变化曲线，如图 5-28 所示。

```
plot(out.q1.time,out.q1.signals.values)
xlabel('时间/s')
ylabel('路面位移/m')
```

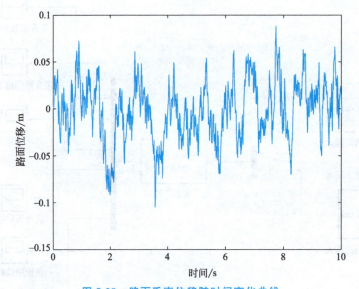

图 5-28　路面垂直位移随时间变化曲线

在 MATLAB 命令行窗口输入以下程序，可以得到车身垂直加速度随时间变化曲线，如图 5-29 所示。

```
plot(out.a1.time,out.a1.signals.values)
xlabel('时间/s')
ylabel('车身垂直加速度/(m/s^2)')
```

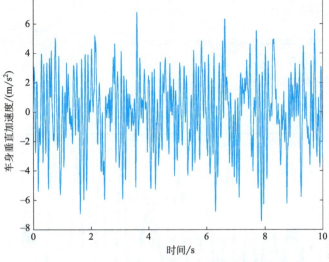

图 5-29　车身垂直加速度随时间变化曲线

在 MATLAB 命令行窗口输入以下程序，可以得到车身俯仰角加速度随时间变化曲线，如图 5-30 所示。

```
plot(out.a2.time,out.a2.signals.values)
xlabel('时间/s')
ylabel('车身俯仰角加速度/(rad/s^2)')
```

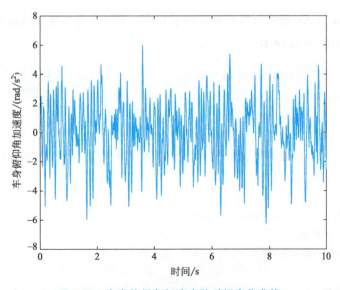

图 5-30　车身俯仰角加速度随时间变化曲线

在 MATLAB 命令行窗口输入以下程序,可以得到前悬架动挠度随时间变化曲线,如图 5-31 所示。

```
plot(out.a3.time,out.a3.signals.values)
xlabel('时间/s')
ylabel('前悬架动挠度/m')
```

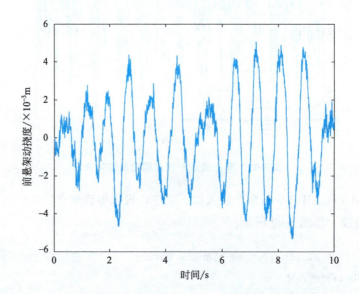

图 5-31 前悬架动挠度随时间变化曲线

在 MATLAB 命令行窗口输入以下程序,可以得到后悬架动挠度随时间变化曲线,如图 5-32 所示。

```
plot(out.a4.time,out.a4.signals.values)
xlabel('时间/s')
ylabel('后悬架动挠度/m')
```

在 MATLAB 命令行窗口输入以下程序,可以得到前轮胎动载荷随时间变化曲线,如图 5-33 所示。

```
plot(out.a5.time,out.a5.signals.values)
xlabel('时间/s')
ylabel('前轮胎动载荷/N')
```

在 MATLAB 命令行窗口输入以下程序,可以得到后轮胎动载荷随时间变

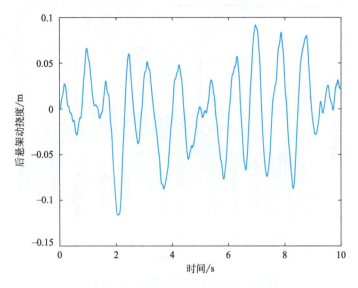

图 5-32　后悬架动挠度随时间变化曲线

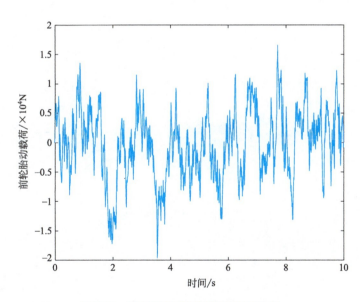

图 5-33　前轮胎动载荷随时间变化曲线

化曲线，如图 5-34 所示。

```
plot(out.a6.time,out.a6.signals.values)
xlabel('时间/s')
ylabel('后轮胎动载荷/N')
```

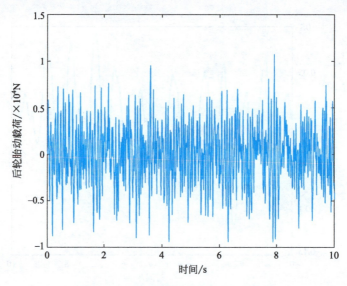

图 5-34 后轮胎动载荷随时间变化曲线

第六章
汽车先进驾驶辅助系统建模与仿真

先进驾驶辅助系统（Advanced Driver Assistance Systems，ADAS）是利用安装在车辆上的传感、通信、决策及执行等装置，实时监测驾驶员、车辆及其行驶环境，并通过提示/报警或控制等方式辅助驾驶员执行驾驶任务或主动避免/减轻碰撞危害的各类系统的总称。车道保持附着系统、自动紧急制动系统、自适应巡航控制系统和路径跟踪系统都属于先进驾驶辅助系统。

第一节 车道保持辅助系统建模与仿真

一、车道保持辅助系统概述

车道保持辅助（Lane Keeping Assist，LKA）系统能够实时监测车辆与车道边线的相对位置，持续或在必要情况下控制车辆横向运动，使车辆保持在原车道内行驶，从而减轻驾驶员负担，减少交通事故的发生，如图6-1所示。

车道保持辅助系统主要由信息采集单元、电子控制单元和执行单元组成，如图6-2所示。

当系统正常工作时，信息采集单元通过车载传感器采集车速、转向角以及车道线信息，电子控制单元对采集的信息进行处理，比较车道线和汽车的行驶方向，判断汽车是否偏离行驶车道。当汽车行驶可能偏离车道线时，发出报警信息；当汽车已经偏离车道线时，电子控制单元计算出辅助操舵力和减速度，根据偏离的程度控制方向盘和制动器的操纵模块，施加操舵力和制动力使汽车

图 6-1 车道保持辅助系统

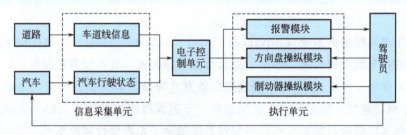

图 6-2 车道保持辅助系统组成

稳定地回到正常轨道。

二、基于模型预测控制的车道保持辅助系统建模

1. 车道保持辅助系统的控制目标

模型预测控制是一种先进的控制方法,具有对模型要求低、能处理多变量和有约束控制等优点。模型预测控制更贴合实际应用情景,可改善在不确定性影响下的控制系统保持良好状态的能力。

装备车道保持辅助(LKA)系统的汽车具有测量车道中心线和汽车之间的横向偏差及相对偏航角的传感器,例如视觉传感器。传感器还可以测量当前车道曲率,根据传感器测到的曲线长度,可以根据当前曲率和曲率导数预测出汽车前面的车道曲率。

车道保持辅助(LKA)系统能够帮助驾驶员在标记的车道内保持安全行驶。当 LKA 系统检测到汽车偏离车道时,可以自动调整转向以恢复车道内的正确行驶,而无须驾驶员的额外干预。为了使 LKA 正常工作,汽车必须检测车道边界以及前方的车道曲率。理想的 LKA 设计主要取决于预瞄的曲率、横向偏差和车道中心线与汽车之间的相对偏航角。

LKA 系统通过调整汽车的前轮转角，使汽车沿着道路上的车道中心线行驶。车道保持辅助系统的控制目标是使横向偏差和相对偏航角接近于零，如图 6-3 所示。

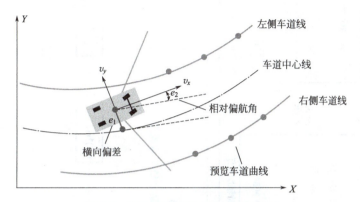

图 6-3 车道保持辅助系统的控制目标

2. 基于模型预测控制的车道保持辅助系统仿真模型

基于模型预测控制的车道保持辅助系统仿真模型如图 6-4 所示，它主要包括传感器动力学、汽车动力学、车道保持辅助系统和曲率预览器等模块。

（1）传感器动力学模块　传感器动力学模块如图 6-5 所示，它的输入为当前曲率（Current curvature）、纵向速度（Longitudinal velocity）、横向速度（Lateral velocity）和横摆角速度（Yaw rate）；输出为横向偏差（Lateral deviation）和相对偏航角（Relative yaw angle）。

相对偏航角的动力学为

$$\dot{e}_2 = \omega_r - u_x \rho \tag{6-1}$$

式中，e_2 为相对偏航角；ω_r 为横摆角速度；u_x 为纵向速度；ρ 为道路曲率半径。

横向偏差的动力学为

$$\dot{e}_1 = u_x e_2 + u_y \tag{6-2}$$

式中，e_1 为横向偏差；u_y 为横向速度。

（2）汽车动力学模块　汽车动力学模块如图 6-6 所示，它的输入为纵向速度（Longitudinal velocity）和转向角（Steering angle）；输出为横向速度（Lateral velocity）和横摆角速度（Yaw rate）。

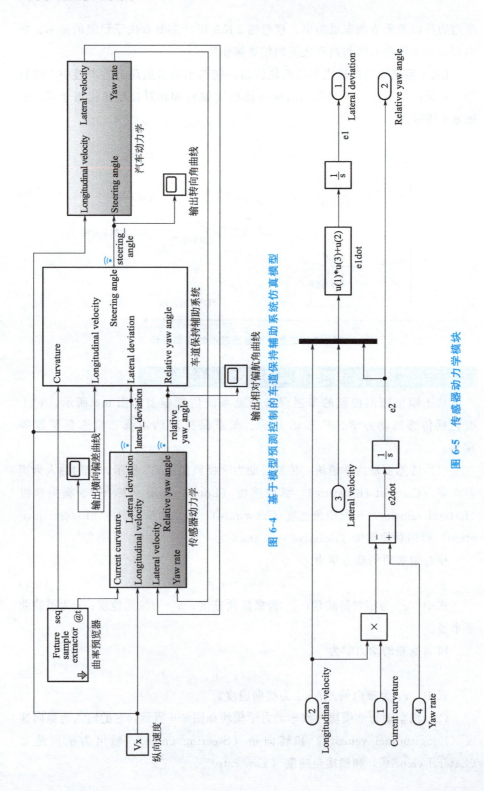

图 6-4 基于模型预测控制的车道保持辅助系统仿真模型

图 6-5 传感器动力学模块

车道保持辅助系统模块设置包括参数设置和块选项,其中参数设置包括主车设置、车道保持控制器约束（Lane keeping controller constraints）、模型预测控制器设置（Model predictive controller settings）；块选项包括优化、数据类型、输入选择、自定义。

(4) 曲率预览器模块　曲率预览器模块如图 6-9 所示,其函数为

```
function [seq,first,next_t]=fcn(data,steps,t)
[seq,first,next_t]=mpcblock_preview('md',data,steps,t);
```

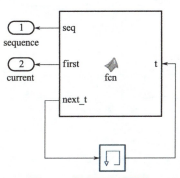

图 6-9　曲率预览器模块

三、基于模型预测控制的车道保持辅助系统仿真实例

基于模型预测控制的车道保持辅助系统仿真参数见表 6-1。

表 6-1　基于模型预测控制的车道保持辅助系统仿真参数

汽车质量/kg	汽车转动惯量/(kg·m^2)	汽车重心至前轴距离/m
2150	5800	1.5
汽车重心至后轴距离/m	前轮侧偏刚度/(N/rad)	后轮侧偏刚度/(N/rad)
1.8	19450	19600

在 MATLAB 编辑器窗口中,输入以下程序,调出基于模型预测的车道保持辅助系统仿真模型。

```
addpath(fullfile(matlabroot,'examples','mpc','main'));
md1='mpcLKAsystem';
open_system(md1)
Ts=0.1;
T=15;
m=2150;
```

```
Iz=5800;
lf=1.5;
lr=1.8;
Cf=19450;
Cr=19600;
Vx=20;
A=[-(2*Cf+2*Cr)/m/Vx,-Vx-(2*Cf*lf-2*Cr*lr)/m/Vx;...
    -(2*Cf*lf-2*Cr*lr)/Iz/Vx,-(2*Cf*lf^2+2*Cr*lr^2)/Iz/Vx];
B=[2*Cf/m,2*Cf*lf/Iz]';
C=eye(2);
G=ss(A,B,C,0);
PredictionHorizon=10;
time=0:0.1:15;
md=getCurvature(Vx,time);
u_min=-0.5;
u_max=0.5;
sim(md1)
```

在车道保持辅助系统模块设置界面，设置仿真参数，如图 6-10 所示。这里要注意，程序中的仿真参数和模块设置中的仿真参数要一致。

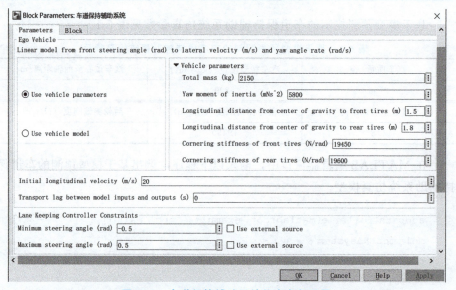

图 6-10　车道保持辅助系统仿真参数设置

运行 MATLAB 编辑器窗口中的程序，在 MATLAB 命令行窗口输入以下程序，得到横向偏差与时间的关系曲线，如图 6-11 所示。

```
plot(e1.time,e1.signals.values)
xlabel('时间/s')
ylabel('横向偏差/m')
```

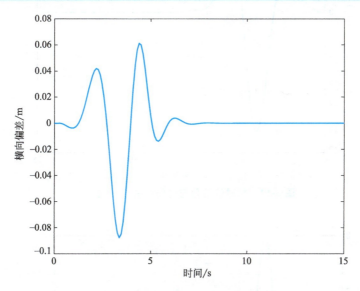

图 6-11　横向偏差与时间的关系曲线

在 MATLAB 命令行窗口输入以下程序，得到相对偏航角与时间的关系曲线，如图 6-12 所示。

```
plot(e2.time,57.3*e2.signals.values)
xlabel('时间/s')
ylabel('相对偏航角/(°)')
```

在 MATLAB 命令行窗口输入以下程序，得到转向角与时间的关系曲线，如图 6-13 所示。

```
plot(dt.time,57.3*dt.signals.values)
xlabel('时间/s')
ylabel('转向角/(°)')
```

从图 6-11～图 6-13 可以看出，横向偏差、相对偏航角和转向角都能收敛到零，这说明汽车能够根据预览的曲率紧跟道路行驶，完成车道保持辅助功能。

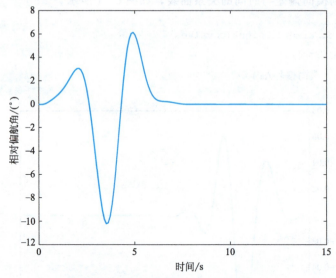

图 6-12　相对偏航角与时间的关系曲线

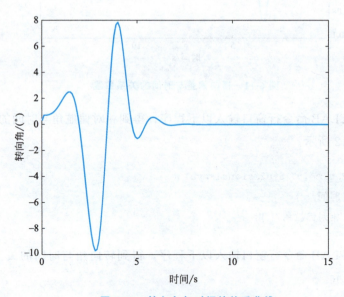

图 6-13　转向角与时间的关系曲线

四、基于车道保持辅助系统测试平台的仿真建模

MATLAB 提供了车道保持辅助系统测试平台，如图 6-14 所示，它主要包括车道保持辅助（Lane Keeping Assist）模块、汽车与环境（Vehicle and Environment）模块、用户控制（User Controls）和模型按钮（Model Buttons）组成。

第六章 汽车先进驾驶辅助系统建模与仿真

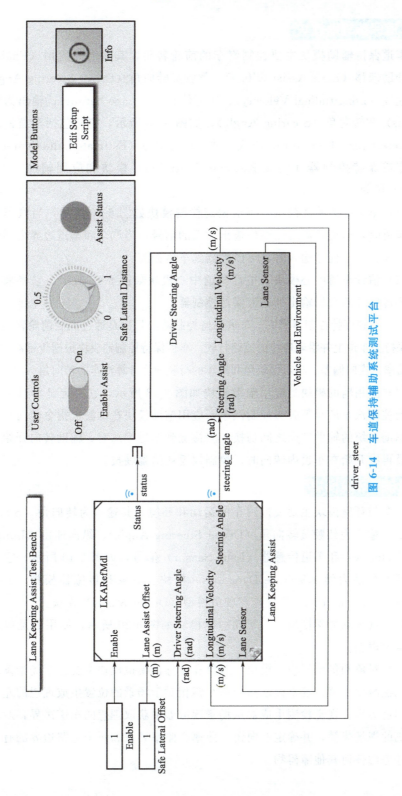

图 6-14 车道保持辅助系统测试平台

1. 车道保持辅助模块

车道保持辅助模块主要控制汽车的前轮转角，其输入为启用（Enable）、车道辅助偏移（Lane Assist Offset）、驾驶员转向角（Driver Steering Angle）、纵向速度（Longitudinal Velocity）、车道传感器（Lane Sensor）；输出为状态（Status）和转向角（Steering Angle），如图 6-15 所示，它又包括车道偏离检测（Detect Lane Departure）模块、估计车道中心（Estimate Lane Center）模块、车道保持控制器（Lane Keeping Controller）模块和应用辅助（Apply Assist）模块。

(1) 车道偏离检测模块　车道偏离检测模块如图 6-16 所示，当汽车靠近检测车道时，车道偏离检测模块输出为真的信号；当汽车和车道边界之间的偏移小于车道辅助偏移输入时，可以检测到车辆偏离。

(2) 估计车道中心模块　估计车道中心模块如图 6-17 所示，它将来自车道检测传感器的数据输出到车道保持控制器。

(3) 车道保持控制器模块　车道保持控制器的目标是通过控制前轮转向角使车辆保持在车道上并沿着弯曲的道路行驶。车道保持控制器模块根据传感器检测的道路曲率、横向偏差、相对偏航角和汽车的行驶速度计算汽车的转向角。

(4) 应用辅助模块　应用辅助模块如图 6-18 所示，它决定是车道保持辅助系统控制汽车还是驾驶员控制汽车，应用辅助模块在驾驶员指令转向和车道保持辅助系统的辅助转向之间切换。当检测到车道偏离时，辅助转向开始；当驾驶员再次开始在车道内转向时，控制权返还给驾驶员。

2. 汽车与环境模块

汽车与环境模块主要模拟汽车的运动和环境，其输入为转向角（Steering Angle）；输出为驾驶员转向角（Driver Steering Angle）、纵向速度（Longitudinal Velocity）和车道传感器（Lane Sensor）信号，如图 6-19 所示，它又主要包括汽车动力学（Vehicle Dynamics）模块、对象和传感器模拟（Actors and Sensor Simulation）模块和驾驶员模型（Driver Model）模块。

(1) 汽车动力学模块　汽车动力学模块如图 6-20 所示，使用的是单轨汽车三自由模型。

(2) 对象和传感器模拟模块　对象和传感器模拟模块主要包括场景读取器和视觉检测生成器。场景读取器根据车辆相对于场景的位置生成理想的左车道和右车道边界；视觉检测生成器从场景读取器中获取理想的车道边界，对单目摄像机的视场建模，并确定航向角、曲率、曲率导数和每个道路边界的有效长度，并考虑任何其他障碍物。

第六章 汽车先进驾驶辅助系统建模与仿真

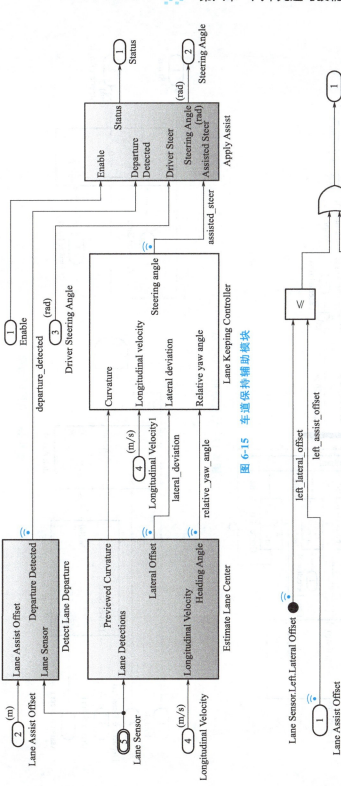

图 6-15 车道保持辅助模块

图 6-16 车道偏离检测模块

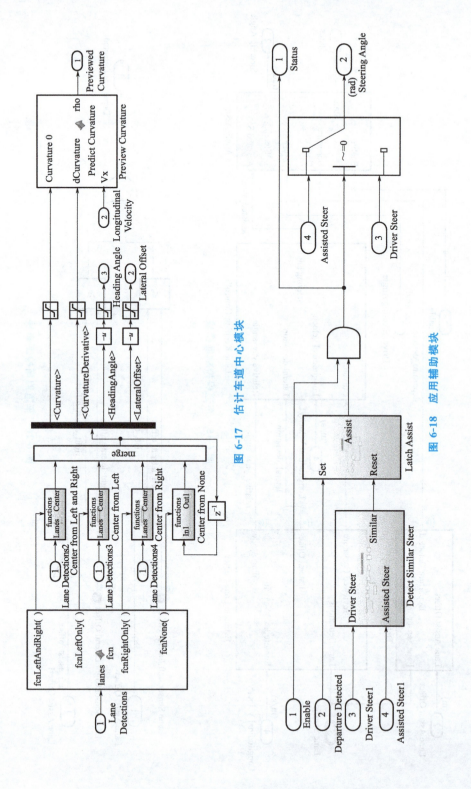

图 6-17 估计车道中心模块

图 6-18 应用辅助模块

第六章 汽车先进驾驶辅助系统建模与仿真

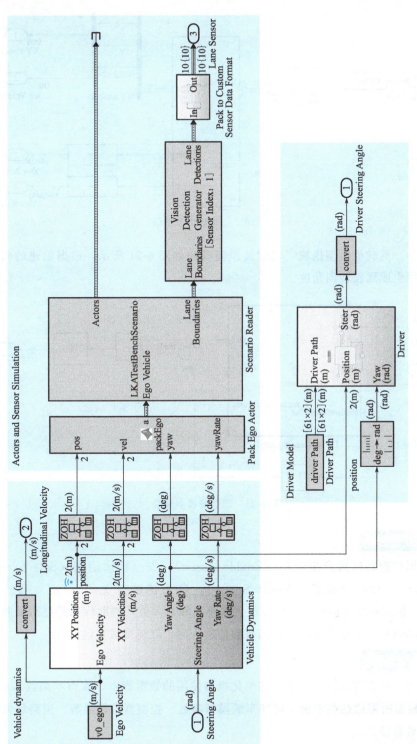

图 6-19 汽车与环境模块仿真模型

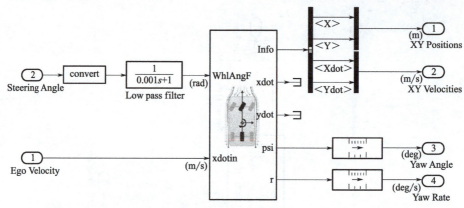

图 6-20　汽车动力学模块

（3）驾驶员模型模块　驾驶员模型模块如图 6-21 所示，根据创建的驾驶员路径生成驾驶转向角度。

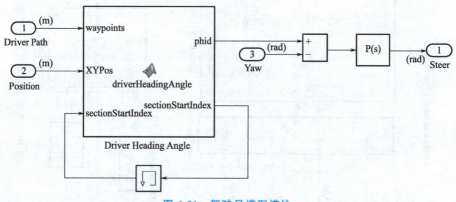

图 6-21　驾驶员模型模块

3. 用户控制

用户控制包括启用辅助（Enable Assist）、安全横向距离（Safe Lateral Distance）和协助状态（Assist Status）。启用辅助有关闭（Off）和打开（On）模式；安全横向距离可以设置最小值和最大值；协助状态是显示反映输入值的颜色，未定义是红色，当有数值输入时，红色变成灰色。

4. 模型按钮

模型按钮打开后，会显示初始化模型使用的数据脚本，该脚本加载 Simulink 模型所需的某些常量，例如车辆模型参数、控制器设计参数、道路场景和驾驶员路径。

五、基于车道保持辅助系统测试平台的仿真实例

在 MATLAB 编辑器窗口输入以下程序,打开车道保持辅助系统测试平台。

```
addpath(fullfile(matlabroot,'examples','mpc','main'));
open_system('LKATestBenchExample')
```

通过启用车道保持辅助和设置安全横向距离来测试其算法。在车道保持辅助系统测试平台的"用户控制"部分,将开关切换到"打开(On)",将横向安全偏移(Safe Lateral Offset)设置为 1m,并运行。

本实例默认的汽车质量为 1575kg,转动惯量为 2875kg·m²,重心至前轴距离为 1.2m,重心至后轴距离为 1.6m,前轮侧偏刚度为 19000N/m,后轮侧偏刚度为 33000N/m。

在 MATLAB 命令行窗口输入以下程序,可以得到汽车的行驶路径,如图 6-22 所示。

```
plotLKAInputs(scenario,driverPath)
```

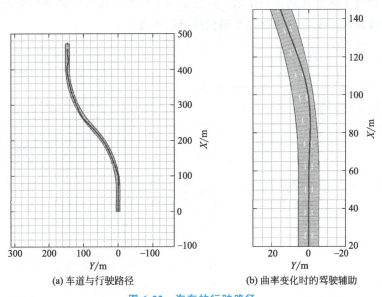

(a) 车道与行驶路径   (b) 曲率变化时的驾驶辅助

图 6-22 汽车的行驶路径

利用鸟瞰图可以看到车道保持辅助系统的工作过程,仿真结果如图 6-23 所示。图 6-23 中的阴影区域为视觉传感器的覆盖区域;红色为检测到的左右

车道边界。

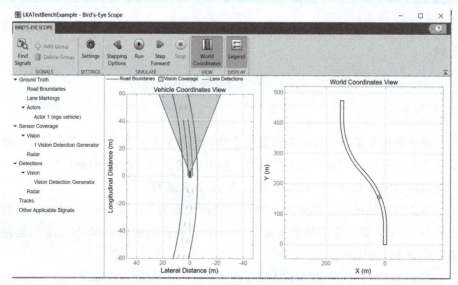

图6-23 车道保持辅助系统动态仿真

在MATLAB命令行窗口输入以下程序,可以得到两种驾驶路径的比较,如图6-24所示。蓝色曲线为驾驶员驾驶路径,当道路曲率发生变化时,驾驶员可能会将车辆驾驶到另一车道。红色曲线为带有车道保持辅助功能的驾驶路径,当道路曲率发生变化时,车辆仍保持在车道中。

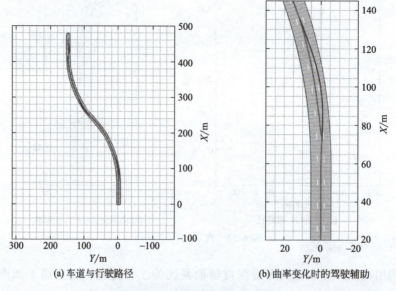

(a) 车道与行驶路径　　(b) 曲率变化时的驾驶辅助

图6-24 两种驾驶路径的比较

```
sim('LKATestBenchExample')
plotLKAResults(scenario,logsout,driverPath)
```

通过模型按钮中的 Edit Setup Script，可以修改车辆参数和驾驶场景等。

第二节　自动紧急制动系统建模与仿真

一、自动紧急制动系统概述

自动紧急制动（AEB）系统是指实时监测车辆前方行驶环境，并在可能发生碰撞危险时自动启动车辆制动系统使车辆减速，以避免碰撞或减轻碰撞的系统。它是基于环境感知传感器（如毫米波雷达或视觉传感器）感知前方可能与车辆、行人或其他交通参与者所发生的碰撞风险，并通过系统自动触发执行机构来实施制动，以避免碰撞或减轻碰撞程度的先进驾驶辅助系统，如图 6-25 所示。

图 6-25　自动紧急制动系统

自动紧急制动系统主要由行车环境信息采集单元、电子控制单元和执行单元等组成，如图 6-26 所示。

汽车 AEB 系统采用测距传感器测出与前车或障碍物的距离，然后利用电子控制单元将测出的距离与报警距离、安全距离等进行比较，小于报警距离时就进行报警提示，而小于安全距离时，即使在驾驶员没来得及踩制动踏板的情况下，AEB 系统也会启动，使汽车自动制动，从而为安全出行保驾护航。

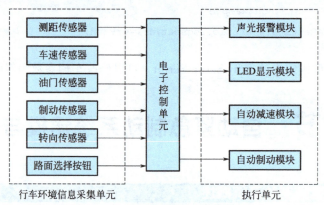

图 6-26 自动紧急制动系统的组成

二、自动紧急制动系统测试平台

MATLAB 提供了自动紧急制动系统测试平台,如图 6-27 所示,它主要由基于传感器融合的 AEB(AEB with Sensor Fusion)模块、车辆与环境(Vehicle and Environment)模块、仪表板显示(Dashboard Panel Display)和模型按钮(Model Button)等组成。

1. 基于传感器融合的 AEB 模块

基于传感器融合的 AEB 模块如图 6-28 所示,它包括跟踪和传感器融合(Tracking and Sensor Fusion)、AEB 控制器(AEB Controller)、速度控制器(Speed Controller)和加速度机器人(Accelerator Robot)模块。

(1) 跟踪和传感器融合模块　跟踪和传感器融合模块如图 6-29 所示,它处理来自车辆和环境子系统的视觉传感器及雷达检测,并生成目标车辆相对于主车的位置和速度。

(2) AEB 控制器模块　AEB 控制器模块如图 6-30 所示。AEB 控制器实现基于停止时间计算方法的前向碰撞预警(FCW)和 AEB 控制算法。

AEB 控制器模块包括 TTC 计算模块(TTC Calculation)、停止时间计算模块(Stopping Time Caculation)和 AEB 逻辑模块(AEB_Logic)。

TTC 是指主车与前方目标车辆的碰撞时间,一般使用与前方目标车辆的相对距离和速度来计算 TTC。TTC 计算模块如图 6-31 所示。

停止时间计算模块如图 6-32 所示,它分别计算 FCW、一级(PB1)和二级(PB2)部分制动和完全制动(FB)的停止时间。

AEB 逻辑模块如图 6-33 所示,它是一种状态机,将 TTC 与停止时间进行比较,以确定 FCW 和 AEB 是否激活。

第六章 汽车先进驾驶辅助系统建模与仿真　249

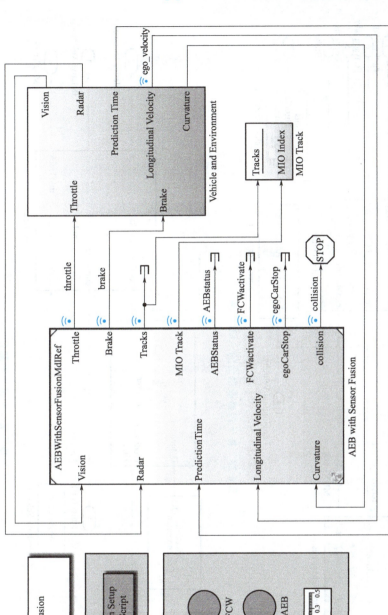

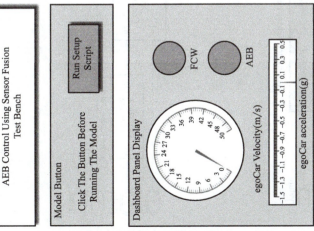

图 6-27　自动紧急制动系统测试平台

250 汽车性能建模与仿真

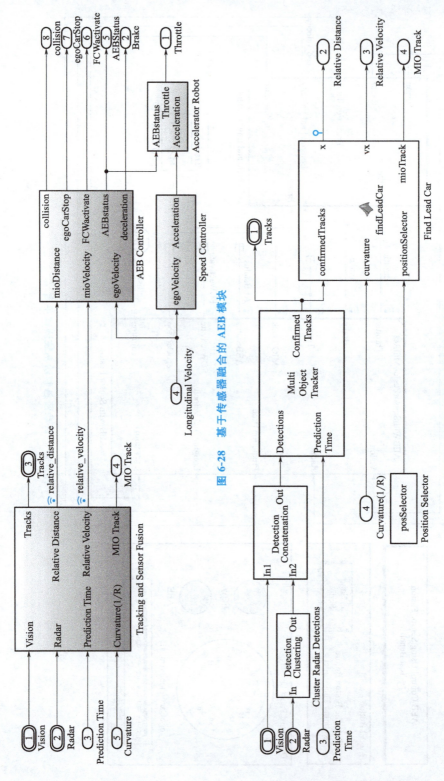

图 6-28 基于传感器融合的 AEB 模块

图 6-29 跟踪和传感器融合模块

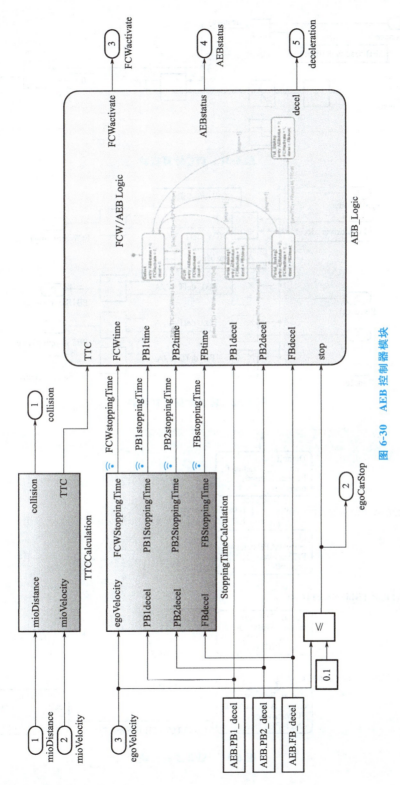

图 6-30 AEB 控制器模块

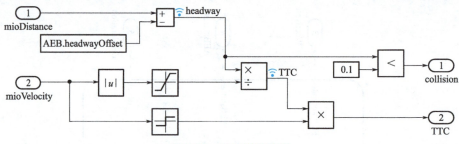

图 6-31 TTC 计算模块

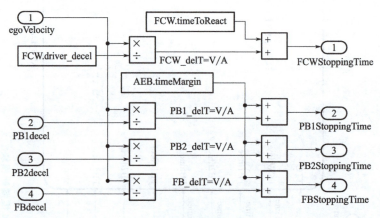

图 6-32 停止时间计算模块

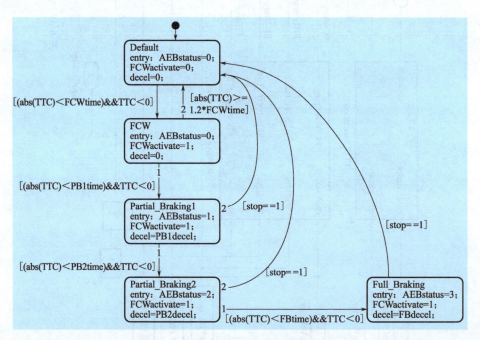

图 6-33 AEB 逻辑模块

(3) 速度控制器模块　速度控制器模块如图 6-34 所示，它通过使用比例积分（PI）控制器使主车按驾驶员设定的速度行驶。

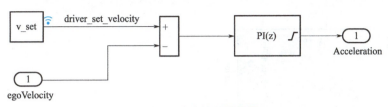

图 6-34　速度控制器模块

(4) 加速度机器人模块　加速度机器人模块如图 6-35 所示，当激活 AEB 时，加速器机器人子系统释放车辆加速器。

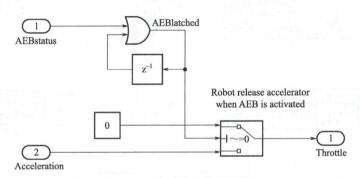

图 6-35　加速度机器人模块

2. 车辆与环境模块

车辆与环境模块如图 6-36 所示，它主要包括车辆动力学（Vehicle Dynamics）模块、驾驶员转向模型（Driver Steering Model）模块以及对象和传感器模拟（Actors and Sensor Simulation）模块。

(1) 车辆动力学模块　车辆动力学模块如图 6-37 所示，用车辆动力学块组中的单轨车辆模型来模拟主车动力学。

(2) 驾驶员转向模型模块　驾驶员转向模型模块如图 6-38 所示，它产生驾驶转向角，以保持主车在其车道上并沿着已定义曲率的弯曲道路行驶。

(3) 对象和传感器模拟模块　对象和传感器模拟模块如图 6-39 所示，它生成跟踪和传感器融合所需的合成传感器数据。在加载 Simulink 模型之后，执行回调函数来创建一个道路和多个交通参与者在道路上移动的模拟环境。

3. 仪表板显示

仪表板显示主车的速度、加速度以及自动制动辅助和前向碰撞预警（FCW）控制器的状态。

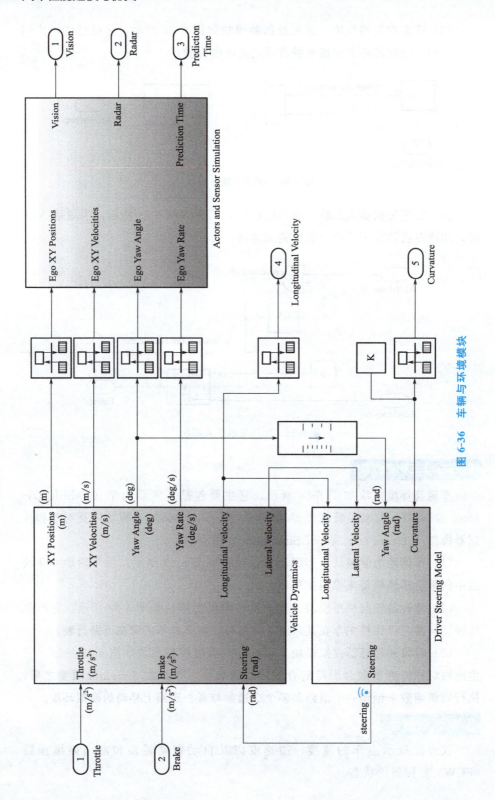

图 6-36 车辆与环境模块

第六章 汽车先进驾驶辅助系统建模与仿真

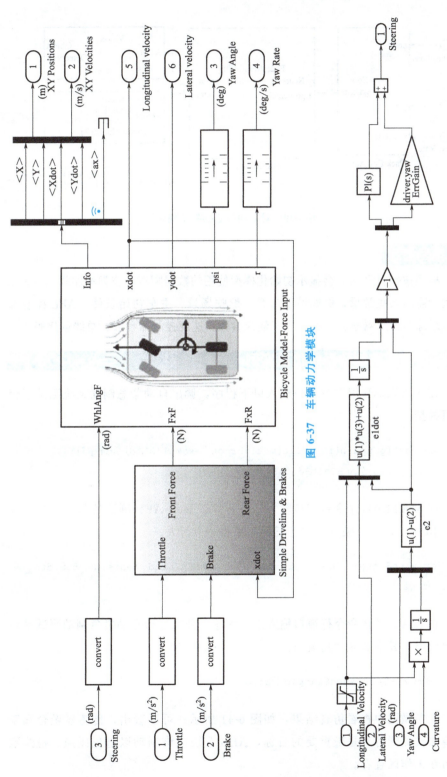

图 6-37 车辆动力学模块

图 6-38 驾驶员转向模型模块

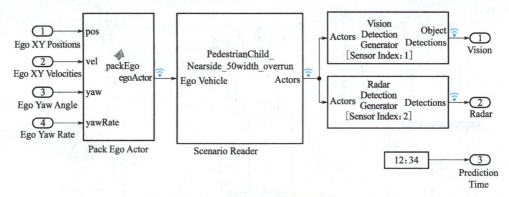

图 6-39 对象和传感器模拟模块

4. 模型按钮

模型按钮打开后,会显示初始化模型使用的数据脚本,该脚本加载 Simulink 模型所需的某些常量,例如模型参数、驾驶场景、主车初始条件、AEB 控制参数、跟踪与传感器融合参数、主车建模参数、速度控制器参数、总线创建等。

三、自动紧急制动系统仿真实例

在 MATLAB 编辑器窗口输入以下程序,调出自动紧急制动系统测试平台仿真模型。

```
addpath(genpath(fullfile(matlabroot,'examples','driving')))
open_system('AEBTestBenchExample')
```

在 MATLAB 命令行窗口输入以下程序,显示 AEB 测试的驾驶场景,如图 6-40 所示,该驾驶场景中有三辆车辆和一个行人。

```
drivingScenarioDesigner('AEB_PedestrianChild_Nearside_50width_o-
verrun.mat')
```

在 MATLAB 命令行窗口输入以下程序,开始运行自动紧急制动测试平台仿真模型,其中 3.8 为仿真时间。

```
sim('AEBTestBenchExample','StopTime','3.8');
```

在鸟瞰图中查看仿真结果,如图 6-41 所示。可以看出,传感器融合和跟踪算法检测到行人是最重要的目标,AEB 系统应该制动以避免碰撞。检测数据可在工作区查看。

第六章 汽车先进驾驶辅助系统建模与仿真

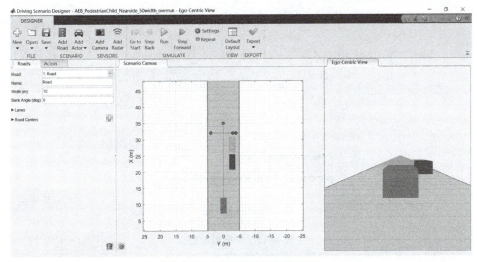

图 6-40　AEB 测试的驾驶场景

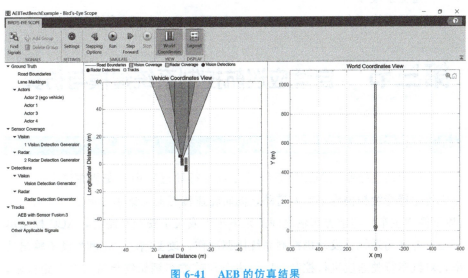

图 6-41　AEB 的仿真结果

仪表板和模拟图显示 AEB 系统应用了多级制动，主车在碰撞前立即停止，如图 6-42 所示。仪表板上 AEB 的状态颜色表示 AEB 激活水平；灰色表示没有激活 AEB；黄色表示第一阶段部分制动器被激活；橙色表示第二阶段部分制动被激活；红色表示全制动被激活。

模拟结果显示：在最初的 2s 内，主车加速到设定速度；在 2.3s 时，传感器融合算法开始检测行人；检测后，FCW 立即被激活；在 2.4s 时，应用第一阶段的部分制动，主车开始减速；部分制动的第二阶段在 2.5s 时再次施加；

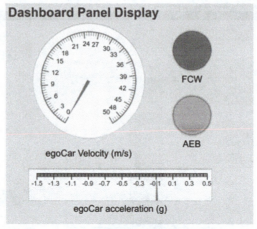

图 6-42 仪表板状态

当主车最终停止时,主车和行人之间的间隔约为 2.4m。AEB 系统在这种情况下完全避免了碰撞。

通过模型按钮中的 Run Setup Script,可以修改车辆参数和驾驶场景等。

第三节　自适应巡航控制系统建模与仿真

一、自适应巡航控制系统概述

自适应巡航控制(ACC)系统是在汽车行驶过程中,安装在汽车前部的车距传感器持续扫描汽车前方道路,同时轮速传感器采集车速信号。当前汽车(以下简称主车)与前方车辆之间的距离小于或大于安全车距时,ACC 控制单元通过与制动系统、发动机控制系统协调动作,改变制动力矩和发动机输出功率,对汽车行驶速度进行控制,以使主车与前方车辆始终保持安全车距行驶,避免追尾事故发生,同时提高通行效率,如图 6-43 所示。如果主车前方没有车辆,则主车按设定的车速巡航行驶。

汽车 ACC 系统主要由信息感知单元、电子控制单元、执行单元和人机交互界面等组成,如图 6-44 所示。信息感知单元主要用于向电子控制单元提供 ACC 所需要的各种信息;电子控制单元根据驾驶员所设定的安全车距及车速,结合信息感知单元传送来的信息确定主车的行驶状态,决策出汽车的控制策略,并输出油门开度和制动压力信号给执行单元;执行单元主要执行电子控制单元发出的指令,实现主车速度和加速度的调整。

图 6-43　自适应巡航控制系统

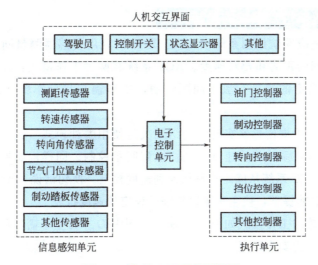

图 6-44　汽车 ACC 系统的组成

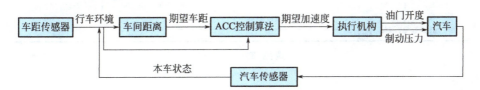

图 6-45　汽车 ACC 系统的原理

汽车 ACC 系统的原理如图 6-45 所示。驾驶员启动 ACC 系统后,汽车在行驶过程中,安装在汽车前部的测距传感器持续扫描汽车前方道路,同时,转速传感器采集车速信号。如果主车前方没有车辆或与前方目标车辆距离很远且速度很快时,控制模式选择模块就会激活巡航控制模式,ACC 系统将根据驾驶员设定的车速和转速传感器采集的本车速度自动调节加速踏板等，使主车达到设定的车速并巡航行驶；如果目标车辆存在且离主车较近或速度很慢，控制模式选择模块就会激活跟随控制模式，ACC系统将根据驾驶员设定的安全车距和转速传感器采集的本车速度计算出期望车距，并与测距传感器采集的实际距离比较，自动调节制动压力和油门开度等使汽车以一个安全车距稳定地跟随前方目标车辆行驶。同时，ACC系统会把汽车目前的一些状态参数显示在人机界面上，方便驾驶员的判断，也装有紧急报警系统，在ACC系统无法避免碰撞时及时警告驾驶员并由驾驶员处理紧急状况。

二、基于模型预测的自适应巡航控制系统建模

1. 自适应巡航控制系统的控制目标

装有自适应巡航控制系统（ACC）的车辆利用传感器测量同一车道中的前方车辆之间的距离和相对速度。ACC系统有两种工作模式：速度控制，汽车以驾驶员设定的速度行驶；间距控制，主车辆与目标车辆之间保持安全距离。

ACC系统根据传感器实时测量结果决定使用哪种模式。例如，如果目标车辆太近，ACC系统将从速度控制切换到间距控制。同样，如果目标车辆离得较远，则ACC系统从间距控制切换到速度控制。换句话说，ACC系统在保持安全距离的前提下，使主车辆以驾驶员设定的速度行驶。

ACC系统的工作模式如图6-46所示。图中D_{rel}为主车辆与目标车辆之间的距离；D_{safe}为安全距离。

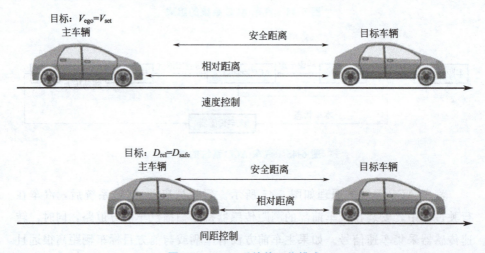

图6-46 ACC系统的工作模式

如果 $D_{rel} \geqslant D_{safe}$，则速度控制模式激活，控制目标是跟踪驾驶员设定的速度。

如果 $D_{rel} < D_{safe}$，则间距控制模式激活，控制目标是保持安全距离。

为了近似逼真的驾驶环境，在模拟过程中，目标车辆的加速度根据正弦波变化。自适应巡航控制系统模块为主车辆输出加速度控制信号。

主车辆和目标车辆的加速度及速度之间的动力学模型为

$$G = \frac{1}{s(0.5s+1)} \qquad (6-4)$$

目标车辆和主车辆之间的安全距离是主车辆速度的函数，即

$$D_{safe} = D_{default} + T_{gap} V_{ego} \qquad (6-5)$$

式中，$D_{default}$ 为静止时的默认间距；T_{gap} 是车辆之间的时差；V_{ego} 为主车辆行驶速度。

2. 基于模型预测控制的自适应巡航控制系统仿真模型

基于模型预测控制的自适应巡航控制系统仿真模型如图 6-47 所示，它主要包括目标车辆模块、主车辆模块和自适应巡航控制系统模块。

（1）目标车辆模块　目标车辆模块如图 6-48 所示，其输入为目标车辆的加速度（Acceleration）、初始位置（Initial position）和初始速度（Initial velocity）；输出为目标车辆的实际位置（Actual position）和实际速度（Actual velocity）。

（2）主车辆模块　主车辆模块如图 6-49 所示，其输入为主车辆的加速度、初始位置和初始速度；输出为主车辆的实际位置和实际速度。

（3）自适应巡航控制系统模块　自适应巡航控制系统模块模拟自适应巡航控制系统，该系统通过调整主车的纵向加速度来跟踪设定速度并保持与目标车辆的安全距离。在满足安全距离、速度和加速度约束的条件下，使用模型预测控制计算最优控制动作。自适应巡航控制系统模块如图 6-50 所示，其输入为设定车速（Set velocity）、车辆之间的时差（Time gap）、主车的纵向速度（Longitudinal velocity）、相对距离（Relative distance）、相对速度（Relative velocity）；输出为主车的纵向加速度（Longitudinal acceleration）。

点击自适应巡航控制系统模块，进入自适应巡航控制系统设置界面，可以对其各种参数进行设置，如图 6-51 所示。自适应巡航控制系统设置包括参数设置和块选项，其中参数设置包括主车模型设置、自适应巡航控制器约束和模型预测控制器设置；块选项包括优化、数据类型、输入选择和自定义。

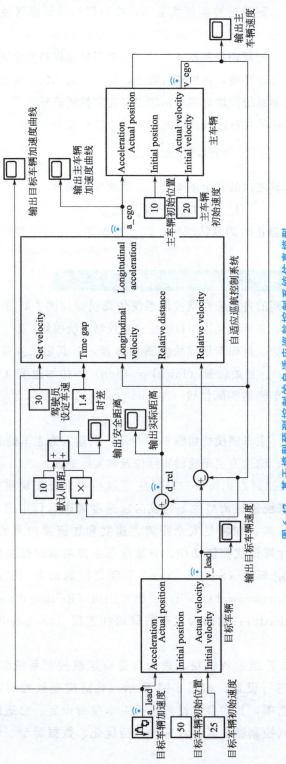

图 6-47 基于模型预测控制的自适应巡航控制系统仿真模型

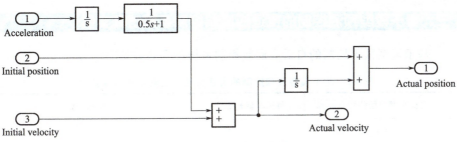

图 6-48　目标车辆模块

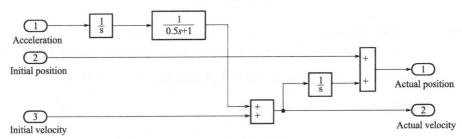

图 6-49　主车辆模块

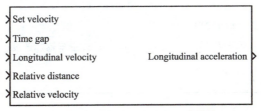

图 6-50　自适应巡航控制系统模块

图 6-51　自适应巡航控制系统设置界面

三、基于模型预测控制的自适应巡航控制系统仿真实例

基于模型预测控制的自适应巡航控制系统仿真参数见表 6-2。

表 6-2 基于模型预测控制的自适应巡航控制系统仿真参数

目标车辆初始位置/m	目标车辆初始速度/(m/s)	主车辆初始位置/m
50	25	10
主车辆初始速度/m/s	车辆之间的时差/s	默认间距/m
20	1.4	10

运行基于模型预测控制的自适应巡航控制系统仿真模型,在 MATLAB 命令行窗口输入以下程序,可以得到加速度仿真曲线,如图 6-52 所示。

```
plot(a1.time,a1.signals.values)
hold on
plot(a2.time,a2.signals.values)
xlabel('时间/s')
ylabel('加速度/(m/s^2)')
text(4,1.5,'目标车辆加速度'),text(12,- 0.5,'主车辆加速度')
```

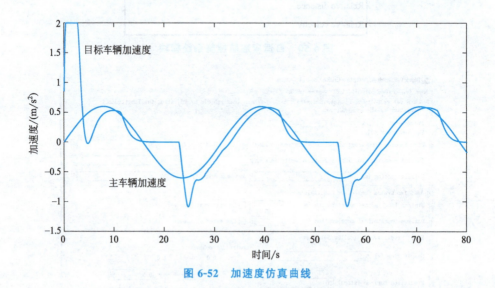

图 6-52 加速度仿真曲线

在 MATLAB 命令行窗口输入以下程序,可以得到速度仿真曲线,如图 6-53 所示。

```
plot(u1.time,u1.signals.values)
hold on
plot(u2.time,u2.signals.values)
hold on
plot([0,80],[30,30])
xlabel('时间/s')
ylabel('速度/(m/s)')
text(12,31.5,'目标车辆速度'),text(30,30.5,'设定速度'),text(28,28,'主车辆速度')
```

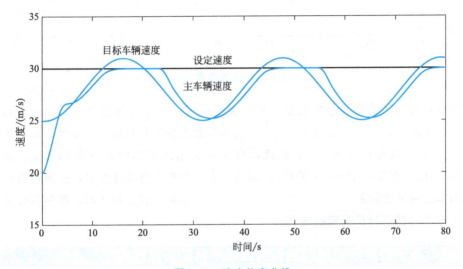

图 6-53　速度仿真曲线

在 MATLAB 命令行窗口输入以下程序，可以得到距离仿真曲线，如图 6-54 所示。

```
plot(d1.time,d1.signals.values)
hold on
plot(d2.time,d2.signals.values)
xlabel('时间/s')
ylabel('距离/m')
text(23,56,'实际距离'),text(14,51,'安全距离')
```

从图 6-52～图 6-54 可以看出，在最初的 3s 内，为了达到驾驶员设定的速度，主车以全速加速；从 3～13s，目标车缓慢加速；因此，为了保持与目标车的安全距离，主车以较慢的速度加速；从 13～25s，主车保持驾驶员设定的

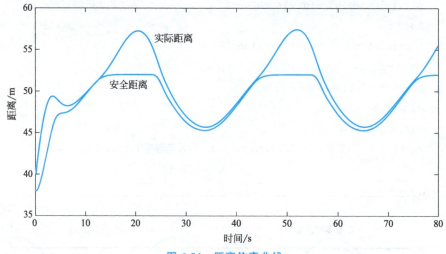

图 6-54 距离仿真曲线

速度；然而，随着目标车减速，间隔误差在 20s 后开始接近 0；从 25～45s，目标车减速，然后再次加速；主车通过调整速度保持与目标车的安全距离；从 45～56s，间距误差大于 0；因此，自主车又达到了驾驶员设定的速度；从 56～76s，重复从 25～45s 的减速/加速顺序。在整个仿真过程中，控制器确保两车之间的实际距离大于设定的安全距离；当实际距离足够大时，控制器确保主车辆遵循驾驶员设定的速度。

四、基于自适应巡航控制系统测试平台的仿真建模

MATLAB 提供了自适应巡航控制系统测试平台，如图 6-55 所示，它主要由基于传感器融合的 ACC（ACC with Sensor Fusion）模块、车辆与环境（Vehicle and Environment）模块、模型按钮（Model Buttons）组成。

1. 基于传感器融合的 ACC 模块

基于传感器融合的 ACC 模块模拟传感器融合并控制车辆的纵向加速度，如图 6-56 所示，它主要包括跟踪与传感器融合（Tracking and Sensor Fusion）和自适应巡航控制器（Adaptive Cruise Controller）模块。

（1）跟踪与传感器融合模块　跟踪与传感器融合模块如图 6-57 所示，它处理来自车辆与环境模块的视觉传感器和毫米波雷达的检测，生成主车周围环境的综合态势图。此外，它还向 ACC 提供主车前方车道上最近的车辆的估计值。

跟踪与传感器融合模块主要由多目标跟踪模块、检测连接模块、检测聚类模块、寻找引导车辆模块组成。多目标跟踪模块的输入是所有传感器检测的组

合列表和预测时间，输出是已确认轨迹的列表；检测连接模块将视觉传感器和雷达检测连接起来，预测时间由车辆和环境子系统中的时钟驱动；检测聚类模块将多个雷达检测进行聚类，因为跟踪器要求每个传感器对每个目标至多进行一次检测；寻找引导车辆模块使用已确认的轨道列表和道路曲率来查找哪辆车最接近主车，并在同一车道上位于主车前面，这辆车被称为引导车。当车辆驶入和驶出主车前方的车道时，引导车可能会发生变化。该模块提供了引导车相对于主车的位置和速度，以及最重要物体的轨迹。

（2）自适应巡航控制模块　自适应巡航控制器有两种：经典设计（默认）和基于 MPC 的设计。两种设计均采用以下设计原则。装备 ACC 的车辆（主车）使用传感器融合来估计与引导车的相对距离和相对速度。ACC 使主车以驾驶员设定的速度行驶，同时保持与引导车的安全距离。

ACC 基于以下输入为主车生成纵向加速度：汽车纵向速度；来自跟踪与传感器融合系统的引导车与主车的相对距离；来自跟踪与传感器融合系统的引导车与主车的相对速度。

在经典的 ACC 设计中，如果相对距离小于安全距离，则首要目标是减速并保持安全距离；如果相对距离大于安全距离，则主要目标是在保持安全距离的同时达到驾驶员设定的速度。这些设计原则是通过最小和开关模块实现的。

自适应巡航控制模块如图 6-58 所示。

2. 车辆与环境模块

车辆与环境模块对主车辆的运动和环境进行建模，毫米波雷达和视觉传感器为控制系统提供综合数据，如图 6-59 所示，它主要包括车辆动力学（Vehicle Dynamics）模块、对象和传感器模拟（Actors and Sensor Simulation）模块和驾驶员转向模型（Driver Steering Model）模块。

（1）车辆动力学模块　车辆动力学模块利用自动驾驶工具箱中的单轨汽车模型力输入模块对车辆动力学进行建模。车辆动力学模块如图 6-60 所示。

（2）对象和传感器模块　对象和传感器模块生成跟踪和传感器融合所需的数据。在运行此示例之前，驱动场景设计器应用程序用于创建一个场景，其中有一条弯曲的道路，多个对象在道路上移动。对象和传感器模块如图 6-61 所示。

（3）驾驶员转向模型模块　驾驶员转向模型模块如图 6-62 所示。

3. 模型按钮

模型按钮打开后，会显示初始化模型使用的数据脚本，该脚本加载 Simulink 模型所需的某些常量，例如车辆模型参数、跟踪与传感器融合参数、ACC 控制器参数、驾驶员转向控制参数、道路场景等。

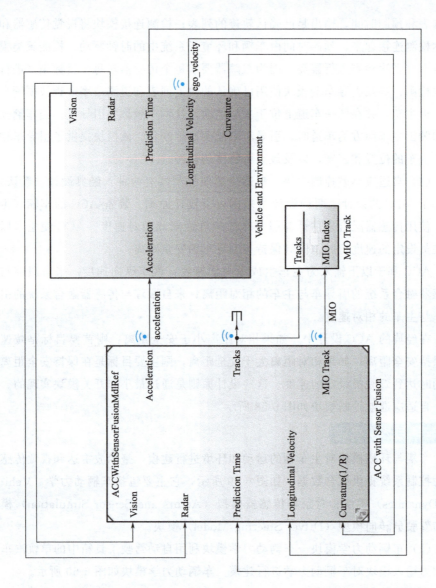

图 6-55 自适应巡航控制系统测试平台

第六章 汽车先进驾驶辅助系统建模与仿真 269

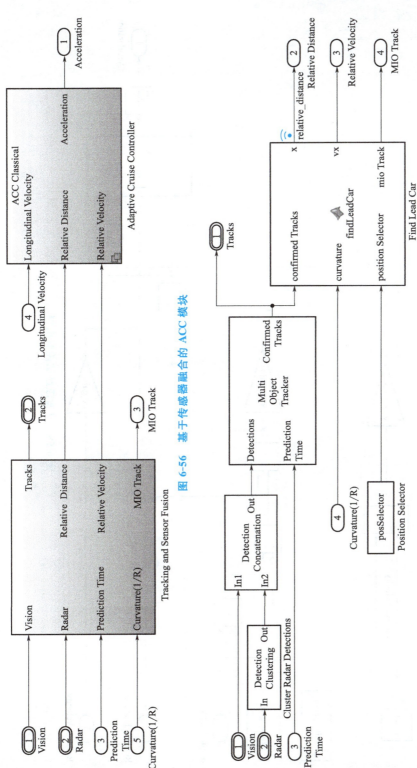

图 6-56 基于传感器融合的 ACC 模块

图 6-57 跟踪与传感器融合模块

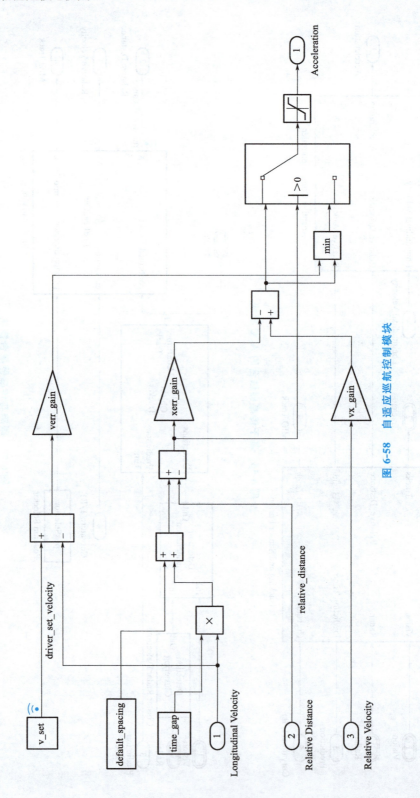

图 6-58 自适应巡航控制模块

第六章 汽车先进驾驶辅助系统建模与仿真

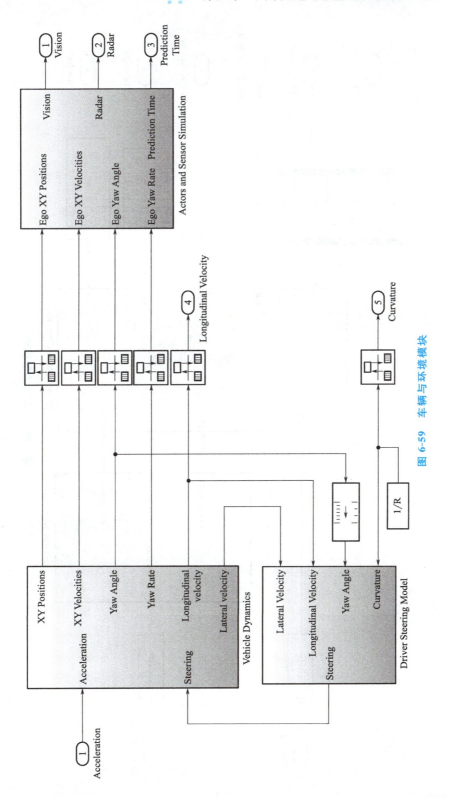

图 6-59 车辆与环境模块

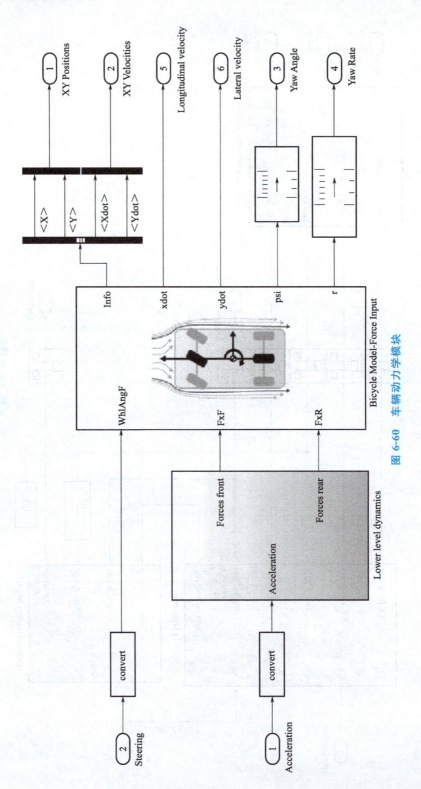

图 6-60 车辆动力学模块

第六章 汽车先进驾驶辅助系统建模与仿真

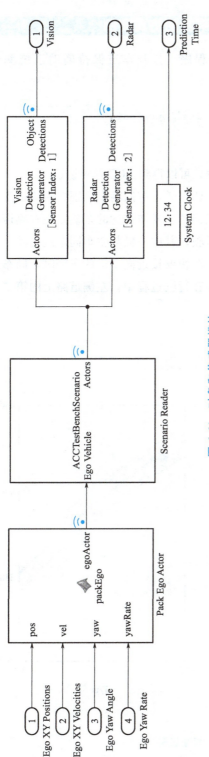

图 6-61 对象和传感器模块

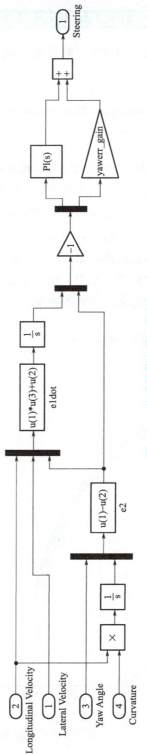

图 6-62 驾驶员转向模型模块

五、基于自适应巡航控制系统测试平台的仿真实例

在 MATLAB 编辑器窗口输入以下程序,打开车道保持辅助系统测试平台。

```
addpath(fullfile(matlabroot,'examples','mpc','main'));
open_system('ACCTestBenchExample')
```

在 MATLAB 命令行窗口输入以下程序,可以得到 ACC 驾驶场景,如图 6-63 所示。该驾驶场景是具有恒定曲率的双向四车道,有四辆车分别在右侧道路上和左侧道路上行驶;主车(安装视觉传感器和毫米波雷达的车辆)在右侧道路的第一车道上行驶,主车前面有两辆车行驶,其中一辆与主车同车道行驶,另一辆在右侧道路的第二车道上行驶;当主车快要接近同车道的车辆时,同车道的车辆驶向第二车道,让主车通过。主车在行驶过程中,左侧道路上的第二车道有一辆车从主车对面驶来。

```
plotACCScenario
```

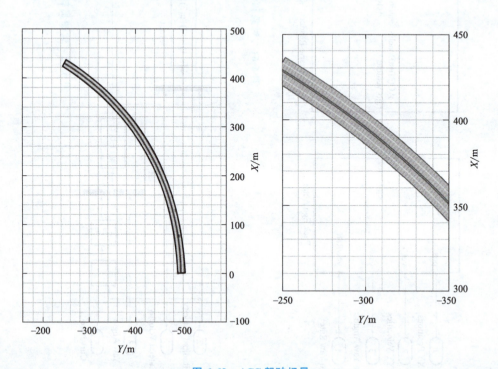

图 6-63 ACC 驾驶场景

在 MATLAB 命令行窗口输入以下程序，开始运行自适应巡航控制系统测试平台仿真模型，其中 15 为仿真时间。

```
sim('ACCTestBenchExample','StopTime','15')
```

通过鸟瞰图可以观察自适应巡航控制系统仿真过程，输出结果如图 6-64 所示。仿真数据可在工作区查看。

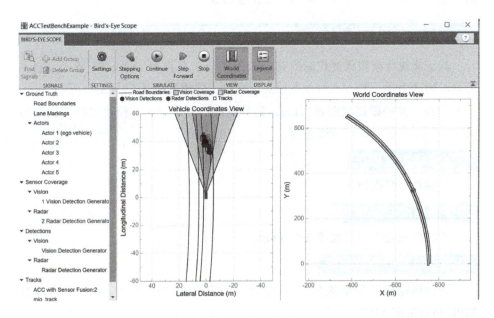

图 6-64　自适应巡航控制系统的仿真结果

通过模型按钮可以修改车辆参数和驾驶场景等。

第四节　路径跟踪系统建模与仿真

一、路径跟踪系统概述

路径跟踪系统使车辆按照设定速度沿参考路径行驶，参考路径与时间无关，只需要在一定误差范围内跟踪参考路径。

路径跟踪与轨迹跟踪不同。轨迹跟踪时，参考路径曲线与时间和空间均相关，并要求车辆在规定的时间内到达某一预设好的参考路径点；路径跟踪和轨迹跟踪，参考路径曲线与时间和空间均无关，只要求车辆的行驶路径趋近于参考路径。

路径跟踪系统是属于 L2 级的先进驾驶辅助系统，它使车辆在高速公路车道内行驶，同时保持驾驶员设定的速度或与前一辆车保持安全距离。路径跟踪系统包括主车的纵向和横向组合控制：纵向控制是通过调整主车的加速度，保持驾驶员设定的速度，并与车道上的前一辆车保持安全距离；横向控制是通过调整主车的转向，使主车沿着其车道路径行驶。

二、基于非线性模型预测控制的路径跟踪系统建模

基于非线性模型预测控制的路径跟踪系统仿真模型如图 6-65 所示，它主要由车辆动力学（Vehicle Dynamics）模块、传感器动力学（Sensor Dynamics）模块、路径跟踪控制器（Lane Following Controller）模块和曲率预测器（Curvature Previewer）模块组成。

1. 车辆动力学模块

车辆动力学模块如图 6-66 所示。

2. 传感器动力学模块

传感器动力学模块如图 6-67 所示。

3. 路径跟踪控制器模块

路径跟踪控制器模块如图 6-68 所示，它有两种供选择，分别是非线性 MPC 和自适应 MPC。

路径跟踪控制器模块设置界面如图 6-69 所示，它包括参数设置、控制器和块选项；参数设置有车辆参数、车辆模型和初始车速的设置以及模型输入和输出之间的传输延迟设置、间距控制；控制器设置包括路径跟踪控制器设置、模型预测控制器约束设置和控制器行为设置；块选项包括优化、数据类型、输入选择和自定义。

4. 曲率预测器模块

曲率预测器模块如图 6-70 所示。

三、基于模型预测控制的路径跟踪系统仿真实例

采用系统默认参数，利用自适应 MPC，对路径跟踪系统进行仿真。

在 MATLAB 编辑器窗口输入以下程序并运行，再运行基于模型预测控制的路径跟踪系统仿真模型。

第六章 汽车先进驾驶辅助系统建模与仿真 277

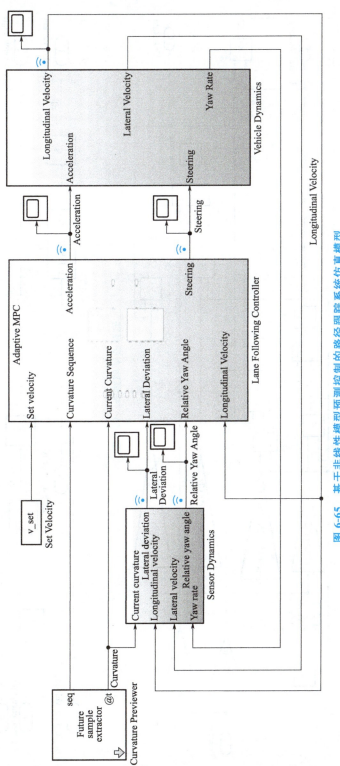

图 6-65 基于非线性模型预测控制的路径跟踪系统仿真模型

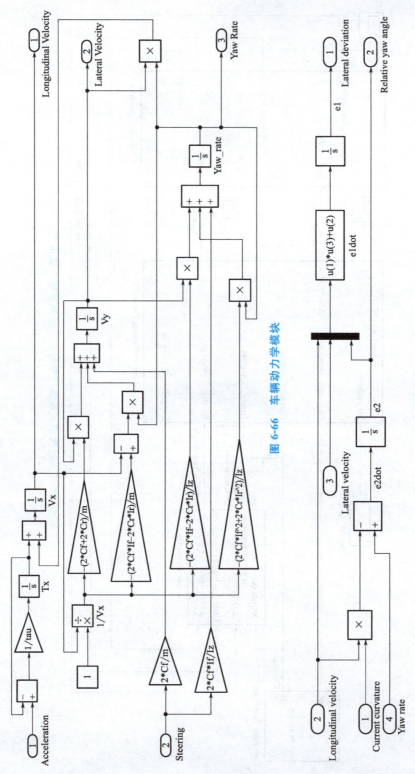

图 6-66 车辆动力学模块

图 6-67 传感器动力学模块

第六章 汽车先进驾驶辅助系统建模与仿真

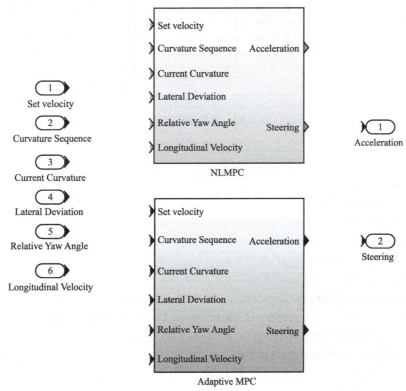

图 6-68 路径跟踪控制器模块

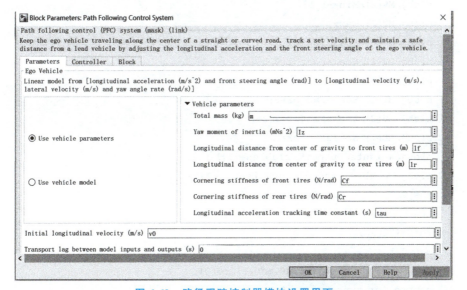

图 6-69 路径跟踪控制器模块设置界面

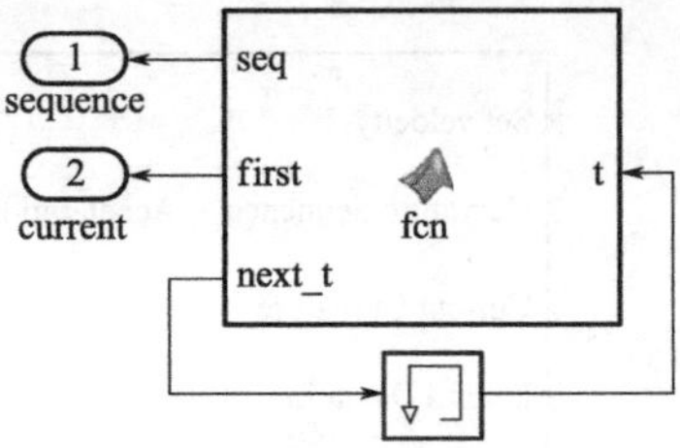

图 6-70　曲率预测器模块

```
addpath(fullfile(matlabroot,'examples','mpc','main'));
mdl='LaneFollowingNMPC';
open_system(mdl)
nlobj=nlmpc(7,3,'MV',[1,2],'MD',3,'UD',4);
nlobj.Ts=Ts;
nlobj.PredictionHorizon=10;
nlobj.ControlHorizon=2;
nlobj.Model.StateFcn=@ (x,u)LaneFollowingStateFcn(x,u);
nlobj.Jacobian.StateFcn=@ (x,u)LaneFollowingStateJacFcn(x,u);
nlobj.Model.OutputFcn=@ (x,u)[x(3);x(5);x(6)+x(7)];
nlobj.Jacobian.OutputFcn=@ (x,u)[0,0,1,0,0,0,0;0,0,0,0,1,0,0;0,0,0,
0,0,1,1];
nlobj.MV(1).Min=-3;
nlobj.MV(1).Max=3;
nlobj.MV(2).Min=-1.13;
nlobj.MV(2).Max=1.13;
nlobj.OV(1).ScaleFactor=15;
nlobj.OV(2).ScaleFactor=0.5;
nlobj.OV(3).ScaleFactor=0.5;
nlobj.MV(1).ScaleFactor=6;
nlobj.MV(2).ScaleFactor=2.26;
nlobj.MD(1).ScaleFactor=0.2;
nlobj.Weights.OutputVariables=[1,1,0];
nlobj.Weights.ManipulatedVariablesRate=[0.3,0.1];
x0=[0.1,0.5,25,0.1,0.1,0.001,0.5];
u0=[0.125,0.4];
ref0=[22,0,0];
md0=0.1;
validateFcns(nlobj,x0,u0,md0,{},ref0);
controller_type=2;
sim(mdl)
```

在 MATLAB 命令行窗口输入以下程序，可以得到转向角随时间变化曲线，如图 6-71 所示。

```
plot(dt.time,57.3*dt.signals.values)
xlabel('时间/s')
ylabel('转向角/(°)')
```

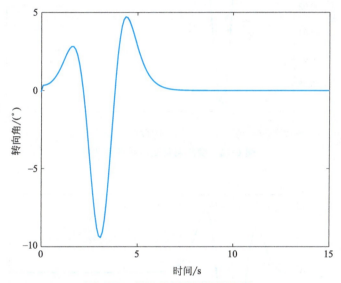

图 6-71　转向角随时间变化曲线

在 MATLAB 命令行窗口输入以下程序，可以得到横向偏差随时间变化曲线，如图 6-72 所示。

```
plot(dy.time,dy.signals.values)
xlabel('时间/s')
ylabel('横向偏差/m')
```

在 MATLAB 命令行窗口输入以下程序，可以得到相对偏航角随时间变化曲线，如图 6-73 所示。

```
plot(dw.time,57.3*dw.signals.values)
xlabel('时间/s')
ylabel('相对偏航角/(°)')
```

在 MATLAB 命令行窗口输入以下程序，可以得到加速度随时间变化曲线，如图 6-74 所示。

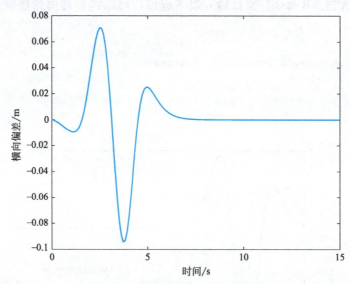

图 6-72 横向偏差随时间变化曲线

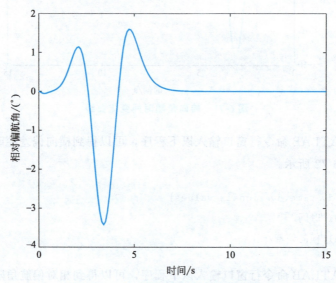

图 6-73 相对偏航角随时间变化曲线

```
plot(a.time,a.signals.values)
xlabel('时间/s')
ylabel('加速度/(m/s^2)')
```

在 MATLAB 命令行窗口输入以下程序，可以得到速度随时间变化曲线，如图 6-75 所示。

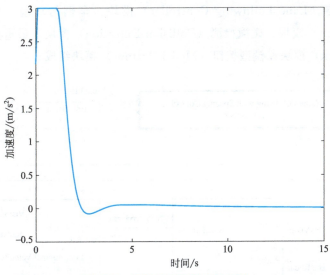

图 6-74 加速度随时间变化曲线

```
plot(u.time,u.signals.values)
xlabel('时间/s')
ylabel('速度/(m/s)')
```

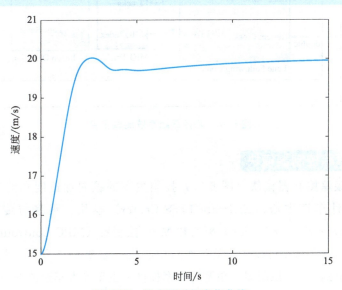

图 6-75 速度随时间变化曲线

四、基于路径跟踪系统测试平台的仿真建模

MATLAB 提供了路径跟踪系统测试平台，如图 6-76 所示，它主要由路径

跟踪控制器（Lane Following Controller）模块、车辆与环境（Vehicle and Environment）模块、碰撞检测（Collision Detection）模块、最重要对象轨迹（MIO Track）模块和模型按钮（Model Buttons）模块组成。

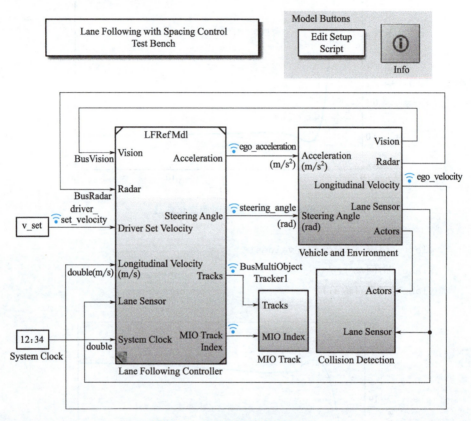

图 6-76　路径跟踪系统测试平台

1. 路径跟踪控制器模块

路径跟踪控制器模块（图 6-77）控制主车的纵向加速度和前轮转向角，它包括估计车道中心（Estimate Lane Center）模块、跟踪与传感器融合（Tracking and Sensor Fusion）模块和 MPC 控制器（MPC Controller）模块。

（1）估计车道中心模块　估计车道中心模块如图 6-78 所示，将车道传感器数据输出到 MPC 控制器；预览的曲率提供了主车前方车道曲率的中心线。

（2）跟踪与传感器融合模块　跟踪与传感器融合模块如图 6-79 所示，它处理来自车辆与环境子系统的视觉传感器和雷达的检测，生成主车周围环境的综合态势图。此外，它还向车道跟踪控制器提供主车前面车道中最近车辆的估计。

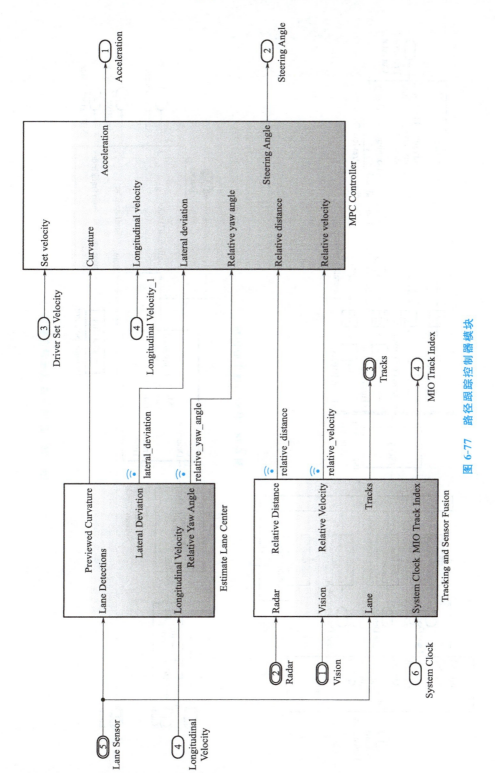

图 6-77 路径跟踪控制器模块

286 汽车性能建模与仿真

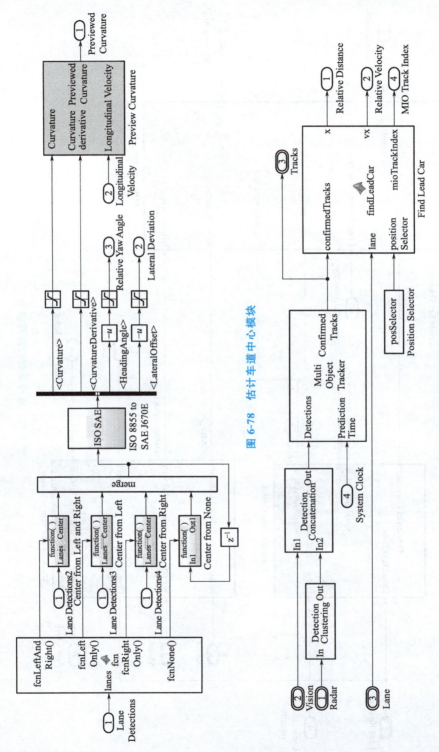

图 6-78 估计车道中心模块

图 6-79 跟踪与传感器融合模块

（3）MPC 控制器模块　MPC 控制器模块如图 6-80 所示，它的目标是：保持驾驶员设定的车速，并与前方目标车辆保持安全距离，该目标是通过控制纵向加速度来实现的；将主车保持在车道中间，即通过控制转向角来减小横向偏差和相对偏航角；当道路弯曲时，减速行驶。

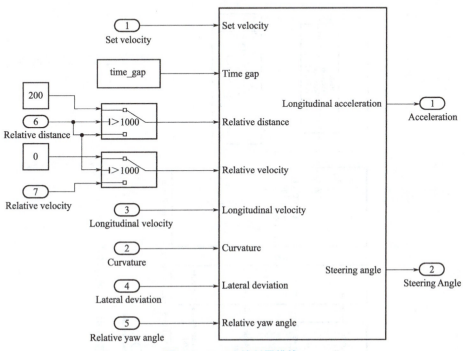

图 6-80　MPC 控制器模块

路径跟踪控制器根据来自车道检测的道路曲率、横向偏差、相对偏航角，来自跟踪与传感器融合系统的主车与前方车辆的相对距离、相对速度以及驾驶员设定速度、汽车纵向速度计算主车的纵向加速度和转向角。

2. 车辆与环境模块

车辆与环境模块（图 6-81）模拟主车的运动并模拟驾驶环境，它主要包括系统延迟模块、车辆动力学模块、SAE J670E 到 ISO8855 模块、场景读取器模块、视觉检测生成器模块、雷达检测生成器模块。

（1）系统延迟模块　系统延迟模块对系统中模型输入和输出之间的延迟进行建模。这种延迟可能由传感器延迟或通信延迟引起。在这个示例中，延迟由一个采样时间（秒）来近似。

（2）车辆动力学模块　车辆动力学模块如图 6-82 所示，使用单轨汽车的力输入模型。

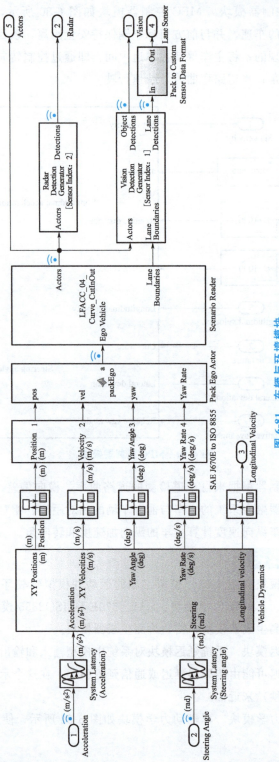

图 6-81 车辆与环境模块

第六章 汽车先进驾驶辅助系统建模与仿真 289

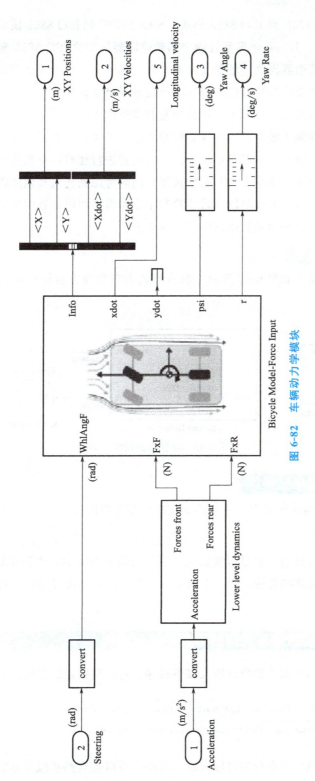

图 6-82 车辆动力学模块

（3）SAE J670E 到 ISO 8855 模块　SAE J670E 到 ISO 8855 模块将车辆动力学使用的 SAE J670E 坐标系转换为场景读取器使用的 ISO 8855 坐标系。

（4）场景读取器模块　场景读取器模块从场景文件中读取交通参与者的姿态数据，并且把交通参与者的姿势从场景的世界坐标系转换为主车的车辆坐标系；场景读取器模块还可以生成理想的左右车道边界。

（5）视觉检测生成器模块　视觉检测生成器模块从场景读取器模块获取理想的车道边界；检测生成器对单目摄像机的视野进行建模，并确定每个道路边界的航向角、曲率、曲率导数和有效长度，同时考虑到任何其他障碍物。

（6）雷达检测生成器模块　雷达检测生成器模块根据场景中定义的雷达横截面和雷达视场中的地面真值数据生成点检测。

3. 碰撞检测模块

碰撞检测模块如图 6-83 所示，当检测到主车和前方目标车辆碰撞时停止仿真。

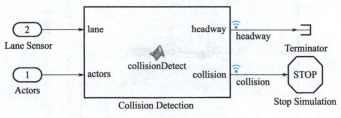

图 6-83　碰撞检测模块

4. 最重要对象轨迹模块

MIO 轨迹模块使最重要对象的轨迹在鸟瞰范围内显示。

5. 模型按钮

模型按钮打开后，会显示初始化模型使用的数据脚本，该脚本加载 Simulink 模型所需的某些常量，例如车辆模型参数、控制器设计参数、道路场景和周围车辆。

五、基于路径跟踪系统测试平台的仿真实例

在 MATLAB 编辑器窗口输入以下程序，打开路径跟踪系统测试平台。

```
addpath(fullfile(matlabroot,'examples','mpc','main'));
open_system('LaneFollowingTestBenchExample')
```

在 MATLAB 命令行窗口输入以下程序，可以得到路径跟踪系统的驾驶场

景，如图 6-84 所示。

```
plot(scenario)
```

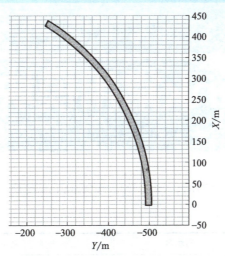

图 6-84　路径跟踪系统的驾驶场景

在 MATLAB 命令行窗口输入以下程序，开始路径跟踪系统仿真，其中 10 是仿真时间，仿真结果如图 6-85 所示。

```
sim('LaneFollowingTestBenchExample','StopTime','10')
```

通过模型按钮可以修改车辆参数和驾驶场景等。

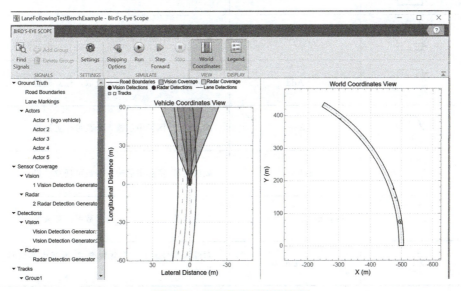

图 6-85　路径跟踪系统的仿真

附录
Simulink常用模块

本书在建立仿真模型时，涉及常用的 Simulink 模块，这些模块的名称及功能如下。

图标	模块名	功　　能
1	Constant	产生一个常值，图标中的常值可任意设置
1	In1	输入端口，图标中的数字可任意设置
1	Out1	输出端口，图标中的数字可任意设置
×	Product	乘法运算，图标中的输入个数可任意设置
×÷	Divide	除法运算，图标中的输入个数可任意设置
++	Add	加法运算，图标中的输入个数可任意设置
++	Sum	求和运算，图标中的输入个数可任意设置
+−	Subtract	减法运算，图标中的输入个数可任意设置
sin	Trigonometric Function	三角函数，图标中的三角函数可任意设置
▷	Gain	对输入信号乘上一个常数增益，图标中的增益可设置

续表

图标	模块名	功能
e^u	Math Function	包括指数函数、对数函数等常用数学函数
$\|u\|$	Abs	取绝对值
$\sqrt{u}$	Sqrt	平方根
	Demux	把向量信号分开输出,图标中的输出个数可任意设置
	Mux	把几个信号合并输出,图标中的输入个数可任意设置
	Ramp	斜坡输入,输出在指定时间开始的斜坡信号
	Step	产生一个阶跃信号
	Band-Limited White Noise	带限白噪声
out.simout	To Workspace	将数据输出到 MATLAB 的工作区中,数据名可设置
untitled.mat	To File	将数据输出到文件中,文件名可设置
	Scope	显示图形的示波器
	Display	数字显示器
In1　Out1	Subsystem	子系统,输入和输出可设置
$\frac{1}{s}$	Integrator	输入信号积分
$\frac{1}{s+1}$	Transfer Fcn	传递函数模型
fcn	MATLAB Function	利用 MATLAB 的函数进行运算,输入和输出可设置

续表

图标	模块名	功能
$\dot{x}=Ax+Bu$ $y=Cx+Du$	State-Space	状态空间方程
>0	Switch	开关选择,当第二个输入端大于临界值时,输出端由第一个输入端而来,否则输出由第三个输入端而来
≤	Relational Operator	关系运算符
	Memory	一阶积分延迟
	Terminator	连接到没有连接到的输出端
STOP	Stop Simulation	仿真停止

参 考 文 献

［1］ 崔胜民.汽车理论［M］.北京：北京大学出版社，2016.
［2］ 崔胜民.汽车系统动力学与仿真［M］.北京：北京大学出版社，2014.
［3］ 崔胜民.基于MATLAB的车辆工程仿真实例［M］.北京：化学工业出版社，2020.
［4］ 崔胜民.基于MATLAB的新能源汽车仿真实例［M］.北京：化学工业出版社，2020.
［5］ 崔胜民，卞合善，等.智能网联汽车技术及仿真实例［M］.北京：人民邮电出版社，2020.